돈의 대폭발

돈의 대폭발

경제 공식이 바뀐다

손진석 지음

planb
DESIGN

추천사

추운 겨울 산속에서 몸이 얼어붙은 채 발견된 조난자에게 이불을 몇 채나 덮어줬느냐고 구조대원을 향해 굳이 묻지 않는다. 이불이 몇 채가 동원됐든 무슨 상관인가. 조난자가 생존했느냐 아니냐가 중요하지. 레이싱을 마친 스포츠카를 물끄러미 바라보면서 이 차가 경기 도중에 내뿜은 배기가스는 얼마나 되느냐고 궁금해한다면 아마 이상한 사람이라는 말을 들을 것이다. 레이싱카는 잘 달리는 데 의미가 있지 배기가스야 많아도 그만이고 적어도 그만이기 때문이다.

시중에 풀려 있는 돈, 통화량도 비슷한 처지다. 통화량에 관심을 갖는 사람은 요즘 좀 이상한 사람 취급을 받는다. 우리는 경제가 잘 성장하지 않으면 금리를 내려서 대출을 유도한다. 그리고 대출을 통해 풀려나온 돈은 통화량을 늘린다. 얼마나 풀려나왔느냐고? 그건 별로 중요하지 않다. 경제가 살아났는지 궁금해할 뿐이다.

당연하다. 통화 정책은 경기를 살려내는 것이 목적이지 통화량을 조절하는 것 자체가 목적이 아니기 때문이다. 그래서 경기가 살아날 때까지 돈을 푼다. 그 생존을 위한 돈의 이불이 계속 겹겹이 쌓이고 있다.

그렇게 경제가 살아난다고 치자. 그 과정에서 그렇게 늘어난 통화량, 시중에 풀려나온 돈다발의 무게는 우리가 신경쓰지 않아도 되는 것일까. 우리 삶에 별 영향을 미치지 않는 숫자일까. 저자는 그 질문을 스스로 던지고 이 책을 통해 우리에게 다음과 같은 결론을 던져준다.

'통화량은 경제라는 몸통의 그림자다. 특히 경제가 잘 성장하지 않는 요즘은 통화량이라는 그림자가 해질녘의 그림자처럼 자꾸 거대해진다. 우리 삶은 이미 몸통보다 그 그림자의 영향을 훨씬 더 많이 받고 있다. 우리가 궁금해하는 거의 모든 경제 현상의 이면에는 넘치는 통화량이 있다. 앞으로는 더욱 그럴 것이다.'

손진석 기자의 전작 『부자 미국 가난한 유럽』을 읽으면서 진작 알아챘어야 했는데, 저자는 평범한 결론이 내려질 만한 이야기는 아예 시작조차 안 하는 경향이 있다. 사실 통화량이라는 지표도 대부분의 경제 전문가들은 창고에 박아두고 잘 꺼내지도 않는 개념이다. 집값에도 주가에도 환율에도 물가에도 영향을 크게 주지만 그렇다고 누가 밸브를 열고 닫으면서 조절할 수 있는 게 아니라 그냥 결과물로서 받아들여야 하는 것이라 그럴 것이다.

그러나 손진석 기자는 통화량이 우리 삶에 크게 영향을 주는 것이라면 얼마나 늘어나고 있고, 어떤 영향을 주며, 우리는 어떤 미래를 준비해야 하는지 알아야 하지 않느냐고, 아무도 깊게 고민하려 하지 않는 주제를 놓고 여러 전문가들을 붙잡고 질문하며 괴롭혔을 것이다. 안 봐도 눈에 선하다.

이 책은 그 오랜 괴롭힘의 결과물이다. 사례도 많고 통계도 많지만 쉽게 읽힌다. 그리고 읽다 보면 아 그게 그래서 그렇게 된 거구나 하며 고개를 끄덕이는 일이 꽤 많을 것이다. 〈삼프로TV〉만 보지 말고 이런 책도 좀 사서 읽자는 얘기다.

— 〈삼프로TV〉 진행자 이진우

'돈의 가격'인 금리에 대한 직관적 설명은 많았지만 '돈의 수량'인 통화량을 다루는 책은 드물었다. 이 책은 일반 투자자들에게 중요하지만 멀게만 느껴졌던 통화량에 대해 쉽게 이해할 수 있는 발판을 제공해준다.

— 신한은행 프리미어 패스파인더 단장 오건영

코로나 이후 엄청나게 풀린 유동성, 전 세계적인 물가 상승, 나아가 세계 경제의 중심인 미국조차 쉽사리 해결하지 못하는 무역적자와 급증하는 부채. 혼란 속에서 현실을 직시하고, 길을 잃지 않을 전략을 제시하는 책이다.

— 경제방송 〈슈카월드〉 대표 슈카

차례

프롤로그 | 정전政錢 분리의 시대   11

I 돈이 폭발한다

2020년대 5년간 늘어난 통화량만 1230조 원	21
왜 21세기는 통화량 폭발 시대인가	29
예산 700조 원 시대, 이재명 정부는 돈을 더 뿌린다	38
부자들이 '통화량 증가'에 관심 쏟는 이유	45
화폐량이 늘어날수록 '돈의 거리' 개념을 탑재하라	55

II 대한민국은 '대출 잔치' 중

한국인은 어쩌다 '대출 공화국'에 살게 됐나	63
'금융시대 신흥귀족' 대기업 정규직	70
직장 내 괴롭힘 방지법이 아파트값 끌어올렸나	81

III 세계는 돈 풀기 경쟁 중

글로벌 통화량 폭증, 20년간 4배로 늘었다	93
2025년 미국 통화량, 코로나 때보다도 많은 이유	99
저성장 덫에 걸린 중국, 통화량이 GDP 2배 넘는다	106
재무장 위해 1000조 원 투입 예고한 유럽	115
돈 살포하는 새로운 기계, 극우 정당	123

IV 돈은 미국으로 향한다

세계 시가총액의 48.5% 차지하는 뉴욕 증시	133
K개미가 보유한 해외 주식의 89%가 미국 주식	141
미국 주식, 한국인이 일본인·독일인보다 많이 갖고 있다	146
中 위라이드, 英 ARM이 뉴욕에서 상장한 이유	156
유럽이 꿈꾸는 '단일 자본시장' 과연 가능할까	163

V 미국은 '빚의 제국'

50년 연속 무역적자 미국, '무이자 국채' 내놓나	173
미국인 자산, 62만 달러일까 12만 달러일까	183
달러 패권 100년 더 지속될 수 있을까	188

VI 새로운 돈의 출현

정치 권력이 손대기 어려운 돈, 가상화폐	199
비트코인, 17세기 튤립처럼 시들어버릴까	205
트럼프는 왜 가상화폐 옹호론자로 돌변했나	212
'디지털 차르' 꿈꾸는 푸틴, '브릭스 페이' 띄운다	219

VII 돈의 대결

스테이블 코인, 통화량 폭발시키는 '발화 물질'인가 227
중앙은행의 반격, CBDC는 상용화될까 236
CBDC 두고 시진핑과 트럼프, 왜 정반대 행보인가 244

VIII 뒤집히는 경제 공식

이례적인 저물가·저금리의 30년이 저물었다 255
엔화의 굴욕, 무너지는 일본의 자존심 264
스텔란티스는 어느 나라 기업일까 273
'전무님은 외교관 출신' 글로벌 대관의 시대 281

IX 돈의 폭발, 어떻게 대응하나

통화량을 알면 주식·부동산·금 가격이 보인다 293
'돈의 홍수' 시대에는 상인이 선비를 누른다 302
거대한 시한폭탄 가계부채, 무너져 내릴까 310
서울 아파트값, 영원히 불패일까 318
미래 대비는 감속과 후진의 구별부터 330

에필로그 | '보여주기식 자본주의'는 이제 그만 338

프롤로그

정전政錢 분리의 시대

파리에서 특파원으로 일할 때 바다가 보고 싶으면 차를 몰고 노르망디를 찾곤 했습니다. 그 길목에 있는 루앙Rouen은 유서 깊은 도시죠. 잔 다르크Jeanne d'Arc가 19세에 화형당한 슬픈 역사를 안고 있는 곳입니다. 시내에 위치한 '잔 다르크 교회'를 둘러보다 그녀가 죽음을 맞은 1431년만 하더라도 세상은 달라도 너무 달랐구나 하는 생각이 문득 들었습니다. 불과 600년 전쯤이었습니다. 긴 인류 역사로 보면 아주 먼 과거는 아닐 것 같습니다. 그 사이 인간과 사회, 그리고 국가를 둘러싼 제도와 관습이 상상하기 어려울 정도로 바뀌었구나 하는 새삼스러움이 다가왔습니다.

잔 다르크는 까맣게 그을려 죽었습니다. 시신은 세 번 더 불태워졌고, 센강에 재로 뿌려졌습니다. 야만적인 처벌은 종교 재판의 결정이었습니다. 정치와 종교가 분리되지 않았던 시절이죠. 지금은 어떤가요. 종교가 국가를 통치하는 권력과 서로 분리돼 있죠. 잔 다르크가 화형대에 오른 시대의 제정일치 시스템은 이제는 상상하기 어려워졌습니다.

인류의 여정에서 변곡점으로서 정교政敎 분리가 차지하는 의미는 이루 말할 수 없이 큽니다. 그렇다면 경제는 어떨까요. 정교 분리 이후에도 경제 활동은 그 이전과 비교해 코페르니쿠스적인 변화를 겪지는 않았습니다. 국가 단위로, 정부 주도로 경제가 굴러간다는 개념이 크게 달라지지 않았다는 이야기입니다.

그러나 21세기 들어서 사뭇 달라진 인상을 받습니다. 특히 글로벌 금융위기가 강타하고 그 여파가 이어진 2010년대 이후에 점점 국가별로 정치 권력이 자국 내 경제를 컨트롤하기 어려워지는 양상이 나타납니다. 일개 국가가 손을 대기 어려울 정도로 경제가 굴러가는 판板이 달라지고 있습니다.

틀을 바꾸는 가장 커다란 힘은 걷잡을 수 없이 폭발하는 엄청난 돈의 양에서 비롯됩니다. 글로벌 금융위기로 무너진 경제 시스템을 재건하기 위해 막대한 돈이 세상에 뿌려졌습니다. 그 여파가 완전히 마무리되기 이전에 코로나 사태가 터졌죠. 권력자들은 세상에 돈의 양을 엄청나게 불렸습니다. 그리고 불어난 돈은 해일처럼 국경을 넘어다니죠.

금리를 올리고 내리는 권한을 손에 쥔 중앙은행은 '20세기 발명품'입니다. 인류가 20세기를 시작할 때 전 세계 중앙은행은 불과 18개였습니다. 하지만 21세기는 170개 이상의 중앙은행과 함께 하고 있습니다. 그만큼 위기마다 금리를 낮추고 시중에 돈을 풀어놓는

'금융 처방'이 흔해지고 있다는 걸 유심히 지켜볼 필요가 있습니다. 2010년대 이후 역사상 전례를 찾기 힘든 초저금리가 이어졌습니다. 거의 모든 선진국에서 나타난 현상이죠. 모두가 인내심을 잃고 있습니다. 경기가 나빠지면 금리를 낮추고 재정을 풀어 사방에 돈을 뿌립니다. 구조적인 수술보다는 세상의 아픈 부분을 돈을 발라 서둘러 마무리하려는 치료법이 흔해졌습니다.

그래서 21세기는 가히 통화량 폭발의 시대입니다. 국제통화기금IMF 집계에 따르면, 2000년 25조 달러였던 글로벌 통화량은 2024년에는 130조 달러에 달해 5.2배로 늘었습니다. 같은 기간 동안 세계의 명목 GDP는 3.2배, 실질 GDP는 2.2배, 소비자 물가는 2.6배 증가했습니다. 다른 어떤 지표들보다 통화량 증가 속도가 훨씬 빨랐습니다. 21세기를 조금 과장하면 '돈이 물처럼 흔해진 시대'입니다.

돈이 공짜로 늘어날까요? 개인이건 정부건 다들 빚쟁이로 전락하고 있습니다. 나라마다 막대한 부채 더미에서 헤어나지 못하고 있습니다. 빚의 무게에 짓눌린 주요국 정부는 자국 경제를 예전처럼 강한 그립으로 컨트롤하지 못합니다. 제구력을 잃은 투수처럼 거시 경제 운용에 있어서 '영점 조절'에 힘겨워하는 모습이 뚜렷해지고 있습니다.

세상의 변화는 한두 가지가 아닙니다. 원래 돈은 만인에게 골고루 분배되지 않습니다. 그런데 돈의 양이 많아지면 원래 많이 가진 사람의 주머니에 더 많이 들어가는 게 돈의 속성입니다. 돈이 흔해지면 인간의 의식 구조도 바꿉니다. 노동을 통해 자산을 불리는 산업

시대식 끈기가 점점 의미를 잃어가고 있습니다. 근로의 가치가 흔들린다는 거죠. 스마트폰 터치로 돈이 돈을 낳게 만드는 재미에 다들 빠져 있습니다. 경제의 금융화가 지나치다 싶습니다. 흔해진 돈 때문에 세상은 분명히 달라지고 있습니다.

21세기가 딱 4분의 1 흘러간 시점에 등장한 이재명 정부는 적극적인 재정의 역할을 강조합니다. 돈을 많이 풀겠다고 공언하고, 서둘러 실행하고 있습니다. 소비 쿠폰은 많은 사람들에게 달달하게 다가왔습니다. 소득 불평등을 지적하는 사람이 아직은 많죠. 하지만 세상은 이미 자산 불평등의 시대로 접어들었습니다. 생존을 위해 통화량의 의미를 새겨야 할 시기입니다. 통화량의 의미를 모르면 부자가 되기 어렵습니다.

게다가 새로운 돈이 생겨나고 진화하는 시대를 맞이하고 있습니다. 가상화폐가 일상에 자리 잡았습니다. '국적 없는 전자식 돈'인 가상화폐는 뉴욕 증시 못지않은 거대한 장터를 만들어냈습니다. 어떤 나라 정부도 가상화폐의 움직임을 마음대로 제어할 수 없죠. 트럼프 대통령의 AI·가상화폐 정책 책임자인 데이비드 색스는 "비트코인이 돈과 국가를 분리한다"고 했습니다. 비트코인이 정부나 중앙은행의 통제 없이 독립적으로 기능하는 화폐 시스템이 될 잠재력이 있다는 거죠. 아울러 "과거에 교회와 국가가 분리될 수 없다고 여겨졌지만 결국 분리된 것처럼, 비트코인은 국가의 개입 없이 존재하는 돈의 미래를 보여준다"고 했습니다. 그렇습니다. 기존의 화폐가 엄청나게 불어나는 가운데 '새로운 돈' 가상화폐가 얹혀졌습니다.

저는 경제 현상을 이론과 학문으로 접근하기보다 저널리스트 관점에서 인간의 삶과 일상에 무게를 싣고 바라봅니다. 국내 경제를 금융과 거시 경제 관점에서 각각 다뤄봤습니다. 또한 해외에서 근무하며 글로벌한 시각에서 경제 현상을 취재하고 전문가들을 만나왔습니다. 이런 경험이 쌓이는 가운데 지금 세상을 사는 사람들이 경제사史에 있어서 커다란 전환점을 통과하고 있다는 생각이 점점 강해지고 있습니다. 그래서 국가 단위로 돈과 경제 흐름을 제어하기 어려워진 새로운 단계를 '정교政敎 분리'에 빗대 '정전政錢 분리'라는 말로 불러보고 싶습니다. 정치와 돈이 분리된다는 의미죠. 이런 정전 분리의 개념에서 이 책은 출발합니다.

우리나라로 설명해볼까요. 한국 정부가 국내 시장을 통제하고 제어하는 힘이 강하지 않다는 건 어제오늘 이야기는 아닙니다. 하지만 그 '불능의 정도'가 갈수록 분명해지고 있죠. 보다 많은 한국인들이 해외 주식에 투자하고 있고, 국내 자본시장에서는 외국인들이 치고 들어왔다가 빠지는 힘이 더 강해졌습니다. 환율을 안정시키기 위해 외환 당국이 개입하더라도 쥐락펴락하기가 점점 어려워지고 있습니다.

변화는 또 있습니다. 오랫동안 상식으로 통하던 경제 공식들이 더 이상 규범대로 움직이지 않는 현상도 분명해지고 있습니다. 예를 들어볼까요. 이제는 자국 화폐 가치가 평가절하되면 수출에 유리하다는 공식이 계속 유효한지 따져봐야 합니다. 기업들의 생산 공장이 점점 더 많이 해외로 빠져나가고 있기 때문이죠. 자국 화폐의 가치는 국력을 상징합니다. 하지만 미국 주식에 투자한 각국의 개인들이 크게 늘어난 요즘은 이야기가 다릅니다. 강달러가 그들의 자산 가치를 높여줍니다. 교과서에 담긴 금언과 같은 경제 상식이 점점 통하지 않는 시대입니다. 어쩌면 이건 혁명일지도 모릅니다.

그래서 2010년대 이후 두드러진 경제 현상들을 '정전 분리'라는 개념으로 밑그림을 그리고, 통화량 폭발로 나타나는 다양한 현상들을 기둥으로 세워 정리하다 보면 미처 생각하지 못했던 하나의 질서가 우리 눈앞에 드러날 것으로 생각했습니다. 한국과 미국을 중심으로 주요 국가에서 통화량이 얼마나 늘어나고 있는지, 그에 따라 자산 시장과 국가 경제에 어떤 영향이 나타나고 있는지를 다각도로 따져봤습니다. 이 과정에서 남들과 다른 관점에서 전후좌우를 깊게 들여다봤다고 자부하는 게 있습니다. 2010년대 이후 한국인들이 어떤 이유로 어떤 과정을 거쳐 예전에 상상하기 어려웠던 막대한 규모의 '머니 파티'를 벌이고, 거대한 액수의 대출을 일으켰는지에 대한 분석입니다.

미국 주식 열풍을 두고 국가 간 비교도 해봤습니다. 한국인들이 '미장'을 사랑하듯 다른 나라 사람들도 마찬가지입니다. 한국인이 보유한 미국 주식 규모를 일본인, 독일인, 프랑스인, 영국인이 보유한 액수와 비교해 봤습니다. 그리고 자국 경제를 제어하기 어려워지는 시대를 맞아 한국, 미국, 유럽, 중국, 일본이 겪는 난제와 고민이 무엇인지 핵심을 추렸습니다. 글로벌 금융위기 이후 2020년대까지 세계 경제의 흐름을 요점만 빼서 손에 쥘 수 있도록 고민을 거듭했습니다. 21세기가 딱 4분의 1 지난 지금은 2050년까지 또 다른 '4분의 1세기'를 준비해야 할 시점입니다.

더불어 개인들이 앞으로 어떻게 미래를 준비해야 하는지도 나름의 관점을 제시했습니다. 부동산과 주식 시장이 어떤 방향으로 나아갈지 개인들로서는 면밀하게 지켜봐야 할 시점입니다. 투자를 위한 조그마한 나침반 역할도 할 수 있게 준비했습니다. 우리는 '돈의 홍수' 시대를 살고 있습니다. 거대한 돈의 물결을 맞아 요령껏 파도를 타야 합니다. 까딱 잘못하면 남들이 파도를 타며 자산을 불리는 사이 해변에서 혼자 손가락 빨다 뒤처질 수 있습니다. 아니면 과욕을 부리다 익사할 수도 있죠. 이 책이 '돈의 파도'를 현명하게 타는 데 도움이 되기를 바랍니다.

저는 전작 『부자 미국 가난한 유럽』(2023)을 통해 변화된 세상의 흐름을 어젠다로 만들어 한국 사회에 던졌습니다. 예상했던 온도보다 뜨거운 반응을 보여주신 분들 덕분에 행복했습니다. 『돈의 대폭발: 경제 공식이 바뀐다』 역시 달라진 세상을 보는 하나의 프리즘으로 역할을 할 수 있기를 소망해 봅니다. 항상 격려를 아끼지 않는 아내와 딸에게 고마움을 전합니다.

2025년 9월

손진석

A Flood of Money

I

돈이 폭발한다

2020년대 5년간 늘어난 통화량만 1230조 원

돈이 흔해지고 있다. 세상에 돈이 넘쳐나는 것 같다. 부자가 많다. 2020년대 들어서 더 그런 것 같다. 체감상 누구나 느끼고 있을 것이다. 특히 40대 이상이라면 어린 시절과 비교해 돈이 무척 흔해졌다고 여길 것이다. 서울 강남 아파트 가격이 상상하기 어려울 정도로 뛴다.

가상화폐며 주식으로 수십억 원을 벌었다는 성공담을 들어봤을 것이다. 내 주변에서도 가상화폐로 10억 원대 대박이 나서 비싼 아파트를 산 사례가 있다. 주식으로 얻은 차익이 수십억 원에 달하는 지인도 있다. 스타트업을 성공시켜 수백억 원대에 지분을 팔아 손을 턴 다음 여유롭게 사는 이도 알고 있다.

가만 생각해 보면 이런 엄청난 '자본 대박'을 오래전에는 들어보지 못한 것 같다. 원래 거대한 부는 이병철, 정주영처럼 커다란 기업을 일으켜 수천, 수만 명을 고용해야 가능하다는 일종의 고정관념이 있었다. 산업화 시대 관념이었다. 요즘은 이게 깨졌다. 조용히 방 안에서 키보드나 스마트폰을 활용한 자본 거래로 수십억 원을 벌어들이는 사람들이 등장했다. '디지털 자본가'들이다. 세상이 달라진 것이고, 근래에 시작된 변화다.

돈이 얼마나 불어나고 있을까. 이것부터 데이터로 확인해보자. 그래야 통화량 광풍이 어느 정도인지 실체를 파악할 수 있기 때문이다. 통화량은 쉽게 말해 화폐량의 총합이며, 집계할 때 가장 널리 쓰는 지표가 M2다. 광의의 화폐 개념이다. 현금과 요구불 예금, 수시입출식 예금 등 협의의 통화^{M1}에 머니마켓펀드^{MMF}, 2년 미만 정기예·적금, 수익증권, 환매조건부채권^{RP} 등을 포함한 넓은 의미의 통화 지표다. 쉽게 말해 M2는 현금에다, 현금은 아니더라도 쉽게 현금화할 수 있는 단기 금융상품에 담긴 돈을 합친 개념이다. 통화량이 얼마나 불어났는지는 대개 M2를 보고 확인한다.

한국은행 발표에 따르면, 2024년 연중 평균 M2는 4045.6조 원이다. 큰 숫자다. 그렇다면 과거에 비해 얼마나 늘어난 것일까. 한은이 M2 통계를 공개하는 가장 먼 과거인 1986년에는 연중 평균 액수로 47.9조 원이었다. 단순 산술하면 38년 사이 84.5배 증가했다. 현기증 날 정도의 빠른 증가다. 탄력이 붙은 증가 속도는 떨어질 줄 모른다. 2025년 5월 평균 M2는 4279.8조 원이다. 2024년 평균치와 비교할 때 불과 1년도 지나지 않아 230조 원 넘게 늘었다는 뜻이다.

시중에 풀린 돈의 양은 줄어들기는 쉽지 않다. 경제 활동의 규모란 대개 늘어나게 되기 마련이고, M2는 쌓아가는 개념이기 때문이

광의의 통화량(M2) 증가 속도

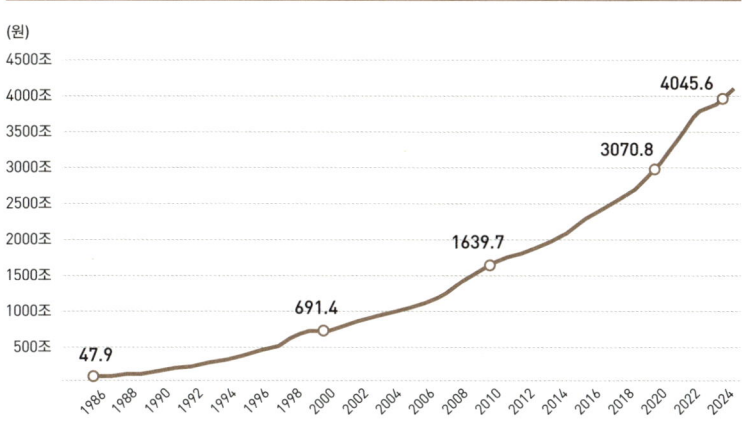

자료: 한국은행

다. 한국은행의 관련 통계가 있는 1986년 이후로 M2는 한 번도 줄어든 적 없다. 줄어들지 않는 정도가 아니다. 1986년부터 2024년에 이르기까지 5% 이하로 증가한 해가 다섯 번에 그칠 정도로 빠르게 늘었다.

정권별로 늘어난 폭을 따져보자. 김영삼 정부 288조 원, 김대중 정부 341조 원, 노무현 정부 372조 원, 이명박 정부 601조 원이었다. 이어 박근혜 정부 4년간 543조 원이 늘었고, 문재인 정부 5년은 증가량이 무려 1087조 원에 달했다. 윤석열 정부 3년간도 증가 폭이 615조 원에 달해 문재인 정부보다 증가 속도가 낮아지지 않았다.

이제는 통화량의 개념을 이해하는 사람들도 늘었다. 통화량은 빠르게 증가하고, 감소하기 어려우며, 통화량이 늘어날수록 돈의 가치가 떨어진다. 이런 현상을 잘 알아야 한다고 여기는 사람들이 많아졌다. 투자와 자산 증식을 위해서다. 1986년부터 2024년까지 M2는 연평균 12.7%씩 늘었다. 1986년에 가진 돈이 1억 원이었다면 이런저런 투자를 거쳐 38년이 지난 2024년에는 9억 3996만 원 이상으로 불려 놓았어야 손해 본 사람이 아니라는 뜻이 된다. 연간 12.7%를 복리로 단순 산술하면 그렇다.

이제는 통화량 자체만 놓고 볼 게 아니라 경제 성장 속도와 맞춰볼 필요가 있다. 거시 경제를 어느 정도 이해하는 사람이라면 어렴풋하게 통화량이 늘어난 속도가 경제 성장 속도보다 더 빠를 것 같다는 생각을 할 것 같다. 이게 어느 정도인지를 가늠해보자는 얘기다.

21세기가 시작된 2000년 우리나라의 명목 국내총생산GDP은 675조 원이었다. 숫자가 너무 많으면 어지러우니까 억 단위는 생략하고 조 단위만 남겨서 보자. 이 해에 M2는 691조 원이었다. 딱 봐도 GDP와 M2가 크게 차이가 나지 않는다. M2가 GDP보다 불과 2.3% 많은 정도였다. 이때는 'GDP＝통화량'에 근접한다고 볼 수 있었다.

그러면 10년이 지난 2010년을 보자. M2는 1639조 원으로 10년 사이 약 948조 원 급증했다. 그럼 GDP는 어떻게 변했을까. 2010년 GDP는 1379조 원으로 10년 사이 703조 원쯤 늘어났다. 이런 통계를 비교해보면 10년 사이 GDP 증가분보다 M2 증가분이 240조 원쯤 더 많았다는 걸 알 수 있다. M2가 GDP보다 2000년에는 2.3% 많았지만 2010년에는 18.9% 더 많았다. 통화량이 늘어나는 속도가 GDP 늘어나는 속도보다 훨씬 가파르다는 게 뚜렷하다.

그렇다면 다시 10년이 지난 2020년은 어떻게 됐을까. 2020년에

광의 통화량(M2)과 GDP 추이

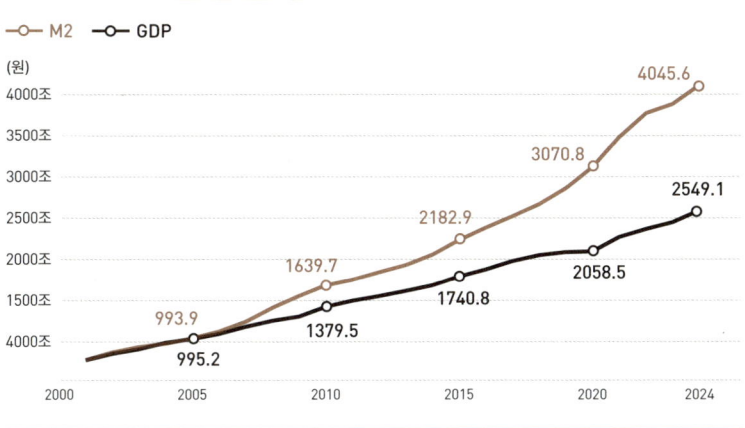

자료: 한국은행

M2는 처음 3000조 원 벽을 뚫고 3070조 원이 됐고, GDP는 2000조 원을 갓 넘은 2058조 원이었다. 둘 사이의 차이는 어떤가. 1000조 원이 넘는 차이가 나면서 M2가 GDP 대비 49.2%나 많아졌다. 2000년만 해도 M2와 GDP가 엇비슷했지만 20년이 지나자 1000조 원 이상 차이가 벌어진 것이다.

2020년대는 어떨까. 한국은행이 마지막으로 연간 단위 통계를 내놓은 2024년을 2020년과 비교해보자. 2024년 M2는 4045조 원으로 불과 4년 사이 975조 원이나 폭발적으로 늘어났다. 코로나 사태 극복을 위해 대출 금리를 낮춰 시중에 엄청난 돈이 돌게 하고, 정부가 지원금을 뿌린 것을 포함해 예산 집행을 큰 폭으로 늘린 결과다.

그렇다면 2024년 GDP는 얼마가 됐을까. 2549조 원으로서 M2보다 약 1496조 원이나 적었다. 통화량과 경제 규모의 격차가 시간이 갈수록 더 벌어진다는 걸 알 수 있다. 경제가 성장하는 속도보다 돈이 불어나는 속도가 훨씬 가파르다는 게 너무나 분명하다. 다들 어렴풋하게 인지하지만, 숫자로 확인하면 뭔가 머리를 한 방 맞는 듯한 느낌을 받는다.

통화량이 1000조 원씩 늘어나기까지 걸린 시간을 따져보자. 2006년 1000조 원 시대가 시작된 M2가 2014년 2000조 원 선을 뚫고 올라가기까지 8년이 걸렸다. 하지만 이후로는 짧아진다. 3000조 원 문턱으로 올라간 2020년까지 6년이 걸렸고, 다시 4000조 원 선에 닿은 건 4년 만인 2024년이었다. 시간이 갈수록 돈이 불어나는 속도가 더 빨라진다. 그만큼 돈의 가치는 빠르게 하락한다. 정책 입안자들이나 경제학자들은 당연하다고 여길 수도 있는 대목이다. 한국은행 간부한테 "25년 전 쯤에는 M2가 GDP와 엇비슷했는데 지금은 60%쯤 더 많다"고 했더니 "아, 그래요? 그게 그렇게 차이가 커졌나요"라고 했다. 대수롭지 않다는 반응이었다.

이상은 긴 흐름상 연도별로 통화량을 본 것이다. 한국은행은 월별로도 M2를 집계한다. 2025년 5월 한 달 평균 M2는 4279.8조 원이다. 5년 전인 2020년 5월에 3050.4조 원이었던 것과 비교하면 2020년대 들어 5년 사이 화폐량이 약 1230조 원이나 많아진 셈이다.

일부 학자들은 플로우flow(일정 시기에 흐르는 양) 개념인 GDP와 스톡stock(쌓아온 양) 개념인 M2를 직접 비교하는 건 어색하다고 말한다. 수학적으로는 그럴 수 있다. 그러나 경제 현상을 손에 잡히게 이해하려면 통화량과 GDP 둘 사이를 비교해 봐야 편리하다. 시간이 갈수록 커지는 돈의 덩어리인 M2와 매년 경제 활동의 총합인 GDP를 저울질해 봐야 경제의 유동성과 성장 패턴을 이해하는 데 도움이 된다.

이미 부동산과 주식에 밝은 평범한 개인들은 스스로 GDP와 M2의 상관관계를 연구한다. 그리고 M2의 빠른 증가에 눈을 일찍 뜬 사람들이 자산을 많이 불렸다. 돈이 흔해졌지만 경제 성장은 더디고 부동산 가격만 많이 오르는 '유동성의 함정'에 빠져 한국 경제는 허우적거리고 있다. 그 와중에 영리한 개인들은 저렴한 비용에 돈을 끌어와 자산을 크게 늘렸다.

앞서 단순 산술로 1986년과 2024년을 비교하면 M2가 84.5배가 늘었다는 걸 확인했다. 이 기간 동안 GDP는 105조 원에서 2549조 원으로 24.3배 늘었다. 커다란 차이 아닌가. 돈이 흔해진다는 느낌, 돈이 한쪽으로 쏠린다는 기분, 정부나 한국은행이 막대하게 풀려 있는 유동 자금을 쉽게 감당하지 못한다는 분위기는 모두 확실한 숫자상 근거가 있다. 21세기 '뉴 노멀'이다.

잠깐만 생각해보라. 돈이 흔해진 이제는 '아껴야 잘 산다' '티끌 모아 태산'이라는 말을 예전만큼 듣기가 쉽지 않다. 월급 상승에 의지하거나 예적금을 들어 이자를 얻는 '모으기식 자산 불리기'의 의미가 자꾸 축소되고 있다. 임금 상승이나 예적금 이자율은 대체로 경제 성장률 추이와 비슷한 궤적으로 움직이는 정도에 불과하다.

적금 통장으로 오랜 시간을 들여 거북이처럼 꾸준하게 돈을 버는 게 정석이었다면, 이제는 비트코인으로 목돈을 단시간에 버는 사람들이 적지 않다. 거대한 양의 돈을 요령 있게 투자해 내 주머니에 주워 담을 수 있느냐가 중요하게 됐다. 돈의 폭발을 빼고 2010년대 이후 인간 사회를 이야기할 수 없다.

왜 21세기는 통화량 폭발 시대인가

통화량은 왜 현기증 나는 속도로 늘어날까. 먼저 역사부터 짚어보자. 과거를 훑어보고 재각인해야 현재를 더 잘 이해할 수 있다. 그리고 미래를 점쳐보는 데도 가이드가 된다.

과거 우리나라 성장 속도는 무척 빨랐다. 1990년대만 하더라도 두 자릿수 가까운 성장률이 유지됐다. 1994년 성장률은 9.4%였고, 그 이듬해는 9.7%에 달했다. 성장이 빠르게 이뤄지던 1990년대까지는 거의 모든 직업군에서 급여가 비슷하게 빠른 속도로 늘었다. 활기 있고 힘이 넘쳤다. 경기가 쉽게 과열될 수 있으니 금리가 높아 저축에 큰 함의를 둘 수 있었다.

한국은행에 따르면, 외환위기가 오기 직전인 1997년 3분기에 정기예금의 평균 금리는 연 10.44%였고, 정기적금 평균 금리는 연 10.16%였다. 지금은 상상하기 어려운 고금리다. 이때는 급여를 예적금에 넣으면 수익이 제법 쏠쏠했다. 월급만 잘 모아도 자산 불리는 속도가 크게 뒤처지지 않았다. 주택 공급이 늘어나는 속도도 가팔랐다. 서울은 계속 확장됐다. 경기도는 농토나 임야가 도심으로 탈바꿈했다.

그래서 1990년대까지는 어디에 투자하느냐의 중요성이 지금처럼 크지 않았다. 어디든 투자하면 돈을 벌 확률이 높았다. 부동산이 지역별 가격 차이가 크지 않던 시절이다. 지역 간, 직업 간 소득 격차도 지금보다 적었다. 누구든 적당한 직장에서 월급을 안정적으로 받으면 비슷한 속도로 부를 늘려 나갈 수 있었다. 그때는 돈이 넘쳐난다는 느낌은 덜했다. 오히려 돈이 귀했다. 1990년대 이전에는 기업 경영자들이 자금을 끌어오기가 쉽지 않았다. 은행 지점장 같은 이들이 어깨에 힘을 주고 갑질을 할 수 있었던 시기다.

예적금 금리가 높다는 건 대출 금리도 높다는 걸 의미했다. 소위 말하는 '영끌'이 쉽지 않았다. 한국은행에 따르면, 외환위기가 벌어지기 직전인 1997년 3분기에 우리나라의 기업대출 금리는 연 11.28%였고, 가계대출 금리는 연 12.14%였다. 중소기업 한 곳이 10억 원을 빌리면 이자만 한 해 1억 원 넘게 갚아야 했다는 얘기다. 과거를 돌아보니 그렇게 길지 않은 시간 속에서 돈을 둘러싸고 혁명적인 변화가 벌어졌다는 걸 느낄 수 있다. 불과 20~30년 사이 벌어진 일이다.

우리나라는 고성장 시대를 지나면서 점점 경제 구조가 개발도상국 모델에서 덩치가 큰 성숙형 모델이 됐다. 2000년대 들어서는 경제 성장률이 낙하하기 시작했다. 5.8% 성장한 2007년을 마지막으로

가계대출 금리 변화

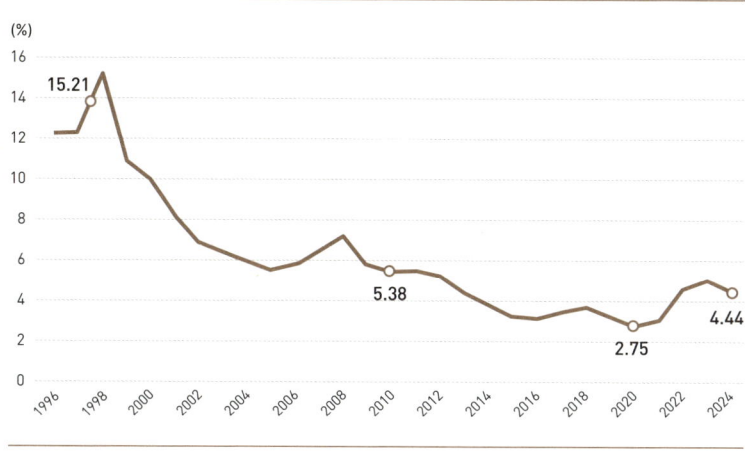

* 신규대출 기준   자료: 한국은행

4% 넘는 성장이 사실상 사라졌다. 2010년 7%, 2021년 4.6% 성장하긴 했다. 하지만 그건 전년도에 각각 글로벌 금융위기(2009년 0.8%), 코로나 사태(2020년 -0.7%)라는 큰 충격이 발생한 직후의 일시적 반등이었다.

경제 성장 속도가 낮아지자 금리를 낮춰 경기를 띄우려는 부양책이 본격적으로 가동됐다. 1990년대 연 10%가 넘던 대출 금리는 2000년대 들어 급격히 낮아졌다. 한국은행에 따르면, 2005년 연평균 대출금리는 기업대출 5.65%, 가계대출 5.49%였다. 10년이 더 지난 2015년에는 기업대출 연 3.69%, 가계대출 연 3.22%로 눈에 띄게 낮아졌다.

한국인들은 욕심이 많고 성질이 급하다. 경제 성장률이 낮아지는 걸 용인 못 한다. 정치 세력은 '성숙한 경제 구조가 됐으니 자연스레 성장률이 낮아지기 마련'이라고 설명할 용기가 없다. 정책 당국은 과다한 부양책을 써왔다. 금리를 낮추고 돈을 푼다. 2010년대 이후 금리 인하는 더욱 두드러졌다. 대출 문턱이 낮아지면서 시중에 풀리는 돈도 빠른 속도로 증가했다. 통화량이 급격하게 증가한 주된 이유가 여기에 있다. 대출이 이뤄지면 통화량이 늘어나는 원리를 이해해 보자.

우선 정부가 돈을 시중에 풀어놓는 과정부터 이해할 필요가 있다. 정부가 다양한 국가 사업에 쓸 자금을 끌어모으는 방식은 세금을 거둬들이거나 시중은행에 국채를 팔고 돈을 받는 것이 대부분이다. 이때는 돈의 소유주가 민간에서 정부로 바뀌는 변화가 이뤄질 뿐 돈의 양이 늘어나지는 않는다. 그래서 이 단계에서 통화량이 증가하지는 않는다. 그 다음 단계부터 돈의 양이 늘어난다. 시중은행은 정부에서 돈을 주고 사온 국채를 담보로 한국은행에서 목돈을 빌려와 영업에 쓸 돈을 융통한다. 이때 한국은행이 시중은행에 빌려주는 돈을 중앙은행의 발권력을 동원해 공급하는 본원통화라고 하며, 이 시점부터 통화량이 늘어나는 효과가 발생한다. 이 책에서 정부가 돈을 푼다고 압축적으로 표현하는 건 이런 과정을 거친다는 뜻이다. 또한 본원통화는 한국은행이 시중에서 유통되는 국채나 환매조건부채권[RP] 등을 현금을 주고 사들이는 방식으로 공급되기도 한다.

이런 과정을 거쳐 한국은행으로부터 본원통화를 공급받은 시중은행이 A라는 고객에게 대출을 해줬다고 치자. 그리고 나서 A씨가 대출받은 돈으로 아파트를 샀다고 하자. 그러면 A씨가 은행에서 빌려온 돈은 아파트를 판 B씨의 수입으로 변신해 B씨 명의의 예금 계좌로 은행에 들어간다. 이 새로운 예금을 바탕 자산으로 삼아 은행은 C씨에게 또 다른 대출을 한다. 이런 과정이 꼬리를 물고 반복되면서 본원통화보다 훨씬 많은 통화가 시중에 풀리게 된다.

이것이 현대 사회에서 신용이 창조되는 원리이며, 통화승수 효과의 핵심이다. 우리나라에서 광의의 통화량을 말하는 M2 가운데 본원통화의 비율은 7% 정도다. 한국은행이 본원통화를 이 정도만 내놓아도 통화승수 효과로 M2가 확 늘어난다. 대체로 우리나라에서는 M2가 본원통화 대비 14~15배 많다. 대출을 통한 신용 창출의 효과로 한국은행이 1억 원만 내놓아도 14~15억 원 수준으로 불어난다는 얘기다. 마치 엄청난 속도로 자기 복제를 하는 괴물을 연상시킨다. 이와 별개로 정부가 국채를 발행해 조달한 돈으로 다양한 국가 사업을 하기 위한 비용을 지불하면 이것 역시 시중에 돈이 더 풀리는 효과를 발생시킨다.

본원통화는 '돈의 씨앗' 역할만 한다. 돈의 양이 확 늘어나는 건 금융회사 대출 창구에서 주로 이뤄진다. 체감하다시피 본원통화에서 시작된 연쇄적인 대출은 개인의 경우 주로 부동산을 구입하면서 이뤄진다. 우리 국민들은 대체로 아파트와 같은 주거 공간을 사기 위해 빚을 낸다. 게다가 기업대출의 규모도 엄청나다. 우리나라 대기업들의 덩치는 어마어마하다. 경제 규모가 커지면서 중견·중소기업들도 과거와 비교할 수 없이 많아졌다. 그렇다면 우리나라의 대출은 어느 정도 규모일까.

한국은행이 은행 대출에 국한해 집계한 통계만 보더라도 엄청나다. 2025년 6월 기준 우리나라 은행들의 가계대출은 1161조 원에 달한다. 그중 923조 원이 주택담보대출이다. 집을 사기 위한 대출 비율이 절대적으로 높다는 걸 알 수 있다. 기업대출은 1343조 원으로 가계대출보다 더 많았다. 그중 대기업 대출은 288조 원이며, 개인사업자를 포함한 중소기업 대출이 1054조 원이었다. 이상은 은행 대출만 집계한 것이다. 보험사, 증권사, 카드사, 저축은행, 대부업체 등도 대출 영업을 한다는 점을 감안해야 한다.

그렇다면 통화량 증가분에서 대출이 차지하는 비율이 어느 정도일까. 전문가들에게 물어보면 "대부분"이라고 말한다. 확실한 답은 없지만 어느 정도 계량이 가능하니 숫자를 제시해 볼 수 있을 것 같다. 한국은행 자료를 보면, 2023년 한 해 동안 우리나라에서 M2는 95.7조 원이 늘었다. 같은 기간 동안 은행을 포함해 금융회사들이 새로 내준 대출을 말하는 민간 신용 증가분이 76.9조 원이었다. 그러면 76.9조 원/95.7조 원×100 = 약 80.4%라는 답이 나온다. M2 증가 기여분 중 대출의 비율이 80%쯤이라고 볼 수 있는 것이다.

다른 곳에서도 근거를 찾을 수 있다. 유럽중앙은행ECB이 매달 내놓는 '경제 보고서Economic Bulletin'에는 유로존 통화량 증감에 기여하는 각 요인별 비율을 그래프로 만들어 놓은 자료가 있다. 이걸 보면 민간 대출이 차지하는 비율이 70~90% 사이에서 움직이는 걸 볼 수 있다. 그래서 통화량이 늘어나는 요인의 80%가 민간 대출이라고 보는 데 무리가 없다. 그러면 나머지 20%는 어디서 나올까. 중앙은행이 본원통화를 내놓거나, 정부 지출이 늘었거나, 기업이나 개인들이 해외에서 벌어오는 이익이 늘었다면 통화량이 늘어난다고 보면 된다.

여기서 고려해야 하는 건 본원통화가 대출이 반복돼 크게 늘어나듯이 정부가 풀어놓은 돈이나 기업들이 해외에서 벌어놓은 돈 역시 대출로 몇 배 이상 늘어나게 하는 효과가 있다는 것이다. D라는 기업이 수출이 잘돼 돈을 많이 벌어 연봉을 크게 높여 주면 이 회사 직원 E씨가 은행에서 대출받을 수 있는 한도가 3억 원에서 4억 원으로 높아지는 식의 원리다. 또 정부가 집행하는 보조금, 지원금을 지원받는 가계의 경우 대출 여력이 커져 빚을 더 낼 확률이 높아진다. 게다가 정부는 재정을 집행하지 않고도 통화량을 늘리는 힘을 갖고 있다. 대출 규제를 풀어서 빚을 많이 내게 할 수 있기 때문이다.

이런 대출을 통한 돈의 자가 복제 속성을 우리가 지나온 여정에 비춰 복기하는 것은 미래를 가늠해보는 데 도움 된다. 개인들의 입장에서는 아파트값 추이와 금리의 추세가 가장 피부에 와닿는다. 돌이켜보면 21세기 들어 국내에서 경제 규모나 소득 수준 대비 수도권 아파트값이 가장 낮았던 시기는 2012~2014년 무렵이다. 이명박 정부 시절 5년간 집값이 거의 제자리걸음에 가까웠다. 집값이 높다는 부담이 없었던 박근혜 정부는 정권 초기부터 부동산 가격을 올려 경기를 띄워보려 했다. 취득세를 대폭 인하하는 방식으로 전례 드문 부양책을 썼다. 저금리에 날개를 붙여준 셈이었다. 서서히 분위기가 달라지기 시작했다.

기획재정부를 출입하던 2014년 6월이 기억난다. 당시 박근혜 정부의 두 번째 경제부총리로 지명된 최경환 전 의원이 부총리로 지명된 소감을 밝힌 자리에 갔다. 그는 "현재의 부동산 규제는 한여름 옷을 한겨울에 입고 있는 격"이라고 했다. 이 말은 다음날 신문 1면에 실렸다. 대대적인 경기 부양책을 쓰겠다는 신호탄이었다. 경기 부양이라는 것이 다양한 수단을 동원할 수 있다. 그래도 그 중심은 금리를 낮추고 대출 규제를 완화하는 돈 풀기일 수밖에 없다.

정부가 본격적으로 돈 풀기 시그널을 보낸 이후 서서히 아파트값이 오르다가 2017년 무렵부터 폭발적으로 상승하게 된다. 약간 시차가 생긴 건 어떤 이유에서였을까. 2010년대가 되면서 대출금리가 많이 낮아졌지만 과거 고금리 시대에 몸에 붙은 관성 때문에 대출을 많이 내는 걸 관성적으로 꺼리는 이들이 많았다. 그래서 2016년까지는 금리가 낮아지는 속도에 비해서 집값이 많이 오르지 않았다.

하지만 빚을 낼 때의 두려움이 조금씩 사라지기 시작하면서 분위기가 달라졌다. 2010년대 중반을 지나면서 금리가 꽤 많이 낮아져 돈을 융통하는 게 과거보다 어려운 일이 아니라고 자각한 사람들이 하나둘 늘기 시작했다. 이들은 수억 원의 대출을 내서 집을 사는 걸 겁내지 않게 됐다. 돈을 둘러싼 패러다임 전환을 감지한 이들이다. 결국 2017년을 지나면서 2021년까지 집값이 큰 폭으로 뛰었다.

부동산 시장에는 다양한 변수가 상호 작용을 한다. 그래도 근본적으로 매입 자금을 어떻게 끌어오느냐가 가장 결정적인 요인이다. 물론 주택 관련 규제나 주택 공급과 같은 건설업계의 관심 요인도 영향이 적지 않다. 그러나 집은 워낙 비싼 물건이고 대개는 대출로 자금을 융통하다 보니 금리와 통화량에 지대한 영향을 받는다. 당장 정부가 2025년 6월 '주택담보대출 6억 원 제한' 조치를 시행하자 매입 열기가 한동안 주춤하지 않았나.

다른 재화는 대개 절대 가격이 낮고 빚을 내지 않고 구입한다. 자동차만 하더라도 비싼 물건이지만 수도권에서는 집값에 비하면 별것 아니다. 빚 없이 사는 경우도 많다. 그러나 부동산은 다르다. 절대적인 가격이 워낙에 높고 대개 빚을 내서 산다. 다른 재화와 극명하게 대비되는 지점이다. 대출, 통화량, 집값은 이렇게 서로 묶여 있다.

예산 700조 원 시대, 이재명 정부는 돈을 더 뿌린다

 통화량 증가는 주로 민간에서 대출의 반복으로 이뤄진다. 그러나 그게 전부는 아니다. 정부가 직접 세상에 뿌리는 돈 자체도 유동성의 한 축이며, 통화량 증가분이 된다. 또한 정부가 시중에 부어준 자금이 밑알이 돼 개인과 기업의 신용 창조 여력을 높여 민간 대출을 늘리기도 한다.

 이런 과정이 두드러지는 시기에 집권한 이재명 정부는 더 큰 폭의 재정 확장을 하겠다고 강조하고 있다. 우리는 대략 최근 10년 사이에 그 이전과 비교해 정부 예산이 크게 늘었다는 걸 알고 있다. 그게 우리 삶에 어떤 영향을 미칠까. 우선 정부가 집행해서 풀어놓는 돈이 얼마나 되는지 짚어보자.

 박정희 정부 시대로 되돌아가본다. 1970년 우리나라 정부의 한 해 예산은 얼마나 됐을까. 1969년 12월 21일 국회 본회의 통과로 확정된 1970년 예산은 4327억 원이었다. 당연히 당시와의 물가 차이를 고려해야 하지만, 1조 원에도 한참 못 미쳤다. 이후 경제 발전에도 가속도가 붙었다. 덩달아 정부 예산은 빠른 속도로 증가했다. 1975년에 처음 1조 원 시대를 열었는데, 5년 만인 1980년에 5조 원대 문턱을 넘었다. 수출 증가로 경제 규모가 부쩍 빨리 커지면서 정부 수입이 크게 늘어난 게 발판이 됐다. 이어서 전두환 정부 시절인 1983년에 10조 원을 넘어섰다.

속도는 가팔라졌다. 노태우 정부 시절인 1990년 20조 원대를 돌파했다. 김대중 정부 시절인 2001년에는 예산 100조 원 시대를 열었다. 처음 1조 원 시대가 된 1975년 이후 불과 26년 만이었다. 이 시절만 하더라도 정부 예산이 늘어난 건 눈부신 경제 성장에 따른 과실을 먹고 덩치를 키운 자연스러운 결과였다.

2005년 정부 예산의 산정 기준이 변경됐다. 중앙정부 지출에 각종 정부 산하 기금을 통한 재정 집행까지 합친 총지출 개념을 쓰기 시작했다. 2005년 과거 기준 정부 예산은 186조 원대였지만, 기금을 합친 총지출로는 207조 원대에 달했다. 첫 정부 예산 200조 원 시대를 시작한 것이다. 기금을 통한 집행을 뺀 과거 기준으로 볼 때 정권별 5년간 예산 증가 폭은 다음과 같다. 노태우 정부 16조 원, 김영삼 정부 33조 원, 김대중 정부 41조 원, 노무현 정부 52조 원. 증가 폭이 김영삼 정부 시절 다소 컸을 뿐 대체로 일정한 성장 페이스로 갔다고 볼 수 있다.

그렇다면 총지출로 정부 예산 개념이 바뀐 이후 각 정권별 예산 증가폭 차이를 짚어본다. 이명박 정부는 5년간 257조 원에서 325조

정부 재정 지출 변화

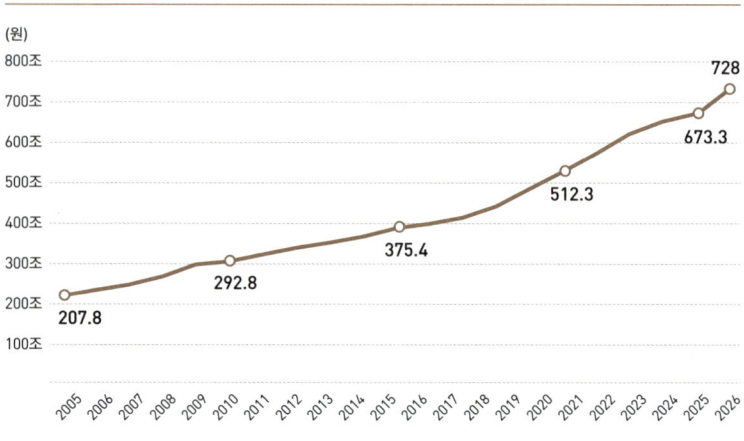

자료: e-나라지표

원으로 68조 원 늘렸다. 박근혜 정부는 4년쯤 존속했지만 2017년 예산안까지 만들었다는 걸 감안하자. 그러면 5년간 342조 원에서 400조원으로 58조 원 늘렸다. 즉 노무현 정부에서 박근혜 정부에 이르기까지는 정권별로 예산 증가폭이 크게 차이 나지 않았다. 대체로 경제 성장 속도와 크게 차이가 나지 않았다고 볼 수 있다.

통화량이 크게 늘어나고 정부 예산이 급격히 늘어난 건 문재인 정부 시절이다. 2018년 428조 원이었던 정부 총지출은 5년이 지난 2023년 638조 원으로 210조 원이나 늘어났다. 특히 607.7조 원을 집행한 2022년은 전년보다 무려 49.7조 원이 더 얹어졌다.

문재인 정부 시절 부동산 가격이 급등한 이유에 대해 과다한 규제가 부작용을 일으켰다는 분석이 많다. 그러나 자잘한 요인들이다. 근본적인 이유는 돈이 너무 많이 돌게 된 탓이다. 돈의 가치가 급락하

연평균 예산 증가율

	연평균 예산 증가율	임기 중 예산 증가폭
노무현 정부	6.8%	52조 원
이명박 정부	4.9%	68조 원
박근혜 정부	4.8%	58조 원
문재인 정부	7.8%	210조 원

자료: 한국재정학회 등

면서 실물 자산을 보유하려는 경향이 강해졌다는 게 다른 어떤 요인보다 강력했다. 부동산도 결국 재화이기 때문에 단기적으로는 수요와 공급, 경기 흐름, 규제에 영향을 받는다. 하지만 기간을 조금만 늘려서 보면 지극히 '통화와 연동된 현상'이라는 성격이 강해진다.

중요한 건 시간이 갈수록 경제 성장이 둔화되는 반면, 통화량은 급격히 늘어난다는 점이다. 점점 더 구조적으로 성장이 느려지고 있어서 정부와 중앙은행이 시중에 마중물 개념의 자금을 풀어 경기를 살리려는 노력을 하는 게 당연한 수순일 수도 있다.

이때 경기 부진을 둘러싼 해결책은 기획재정부나 한국은행이 고민해봐야 하는 것이고 개인의 입장에서는 다르다. 성장률이 낮아지는 가운데 유동 자금이 넘치게 공급되면 자본을 활용해 자산 가치를 늘리는 노력을 하는 사람과 그렇지 않은 사람의 자산 격차가 빠른 속도로 커진다.

문재인 정부 시절 예산을 확 늘린 건 선의가 컸다고 생각한다. 저성장을 막으려 애썼고, 소외계층에 돌아갈 예산 배정을 늘렸다. 또한 코로나 사태를 극복하기 위한 발판이 필요했다. 하지만 선한 의도라고 해서 반드시 좋은 결과를 가져오지는 않는다. 통화량이 늘고 정부 재정 집행이 커지면 그 결과를 정부가 감당하기도 어렵고 컨트롤하기도 어려워진다. 비유하자면 메마른 잔디에 물을 줄 때 너무 강력하게 호스물을 뿌리면 호스를 들고 있는 사람도 물을 주체하지 못해 원하는 대로 뿌리지 못하는 것과 비슷하다. 그러면 잔디에 물이 고르게 뿌려지지 않아서 웃고 우는 사람 간의 차이가 커지게 마련이다. 빈부 격차란 이런 식으로 커진다.

우리나라는 2010년대 중반까지는 성장률이 나쁘지 않았다. 이 무렵까지는 정부가 나서서 시중에 돈을 들이붓는 일을 가급적 자제하려는 경향이 있었다. 그리고 GDP 대비 국가채무 비율을 40% 안팎으로 계속 유지해야 한다는 압박이 많았다. 하지만 어느 정도 선진국 대열에 올라섰으니 복지가 더 두툼해야 한다는 사회적 요청이 커졌다. 또한 성장률이 계속 하락하고 있고, 코로나 사태와 같은 돌발 변수도 있다 보니 재정을 건실하게 유지해야 한다는 의지가 갈수록 희석됐다.

게다가 이재명 정부는 더욱 적극적으로 재정 집행을 늘리겠다고 강조한다. 이 대통령은 대선 유세 당시 "나라가 빚을 지면 안 된다는 무식한 소리를 하는 사람이 있다"며 "우리나라는 국가부채(채무)가 50%가 안 된다. 다른 나라들은 다 110%가 넘는다"고 주장하기도 했다. 그는 취임 이후에도 "경제는 타이밍이다. 위기에 긴축을 고집하는 건 무책임하다"고 했다.

돈이 흔해지고 정부 지출이 늘어나는 건 추가경정예산(추경)을 자주 집행하기 때문이기도 하다. 추경을 한다는 건 쉽게 말해 연초에 쓰기로 한 지출의 규모보다 더 돈을 많이 쓰기로 추후에 결정한다는 것이다. 추경을 집행하려면 정부가 빚을 더 내야 한다. 추경은 필요하면 해야 한다. 하지만 지나치게 자주 집행하고 있다.

2001년부터 2025년까지 25개 연도 중에서 추경을 집행하지 않은 연도는 2007, 2010~2012, 2014, 2023년까지 여섯 해가 전부였다. 나머지 해는 모두 추경이 집행돼 나랏돈이 추가로 풀렸다. 한 해 사이 두 차례 이상 추경을 한 경우도 여섯 차례에 달했다. 2015년부터는 2023년만 빼고 매년 추경이 집행됐다. 추경을 거의 매년 밥 먹듯이 하면서 시중에 불어나게 한 돈의 물결이 상당하다. 'e-나라지표' 등의 정부 발표 자료를 종합하면, 2000년부터 2024년까지 25년간 추경으로 추가 지출한 예산만 404조 원에 이를 정도다.

2025년 총지출은 673.3조 원이다. 두 차례의 추경 규모가 44조 원이니 합치면 717조 원에 달한다. 연초에 첫 추경이 있었고, 이재명 정부가 들어선 지 불과 한 달 만에 31조 원이 넘는 두 번째 추경안이 국회를 통과했다. 전 국민에게 최소 15만 원의 소비 쿠폰을 지급하는 비용이 포함됐다. 이재명 정부가 들어선 이후 연간 단위 예산으로 처음 짠 2026년 총지출은 728조 원에 달한다. 2025년에 비해 54.7조 원이나 늘어나게 돼 한 해 사이 증가 폭으로 역대 최대다. 정부 예산이 2001년 100조 원을 돌파한 지 25년 만에 7배로 불어나게 됐다.

2020년대 들어 시중에 지나치게 돈이 많이 풀리면서 대한민국은 돈에 취한 사회가 되어 갔다. 저금리로 민간에서 대출이 폭발적으로 이뤄졌다. 정부는 코로나 사태 때 국민 지원금을 지급한 것을 비롯해 돈을 널리 뿌렸다. 돈이 흔해지자 경제에서 금융이 차지하는 비율이 증가하는 '금융 심화financial deepening' 현상이 두드러졌다.

노골적으로 표현하자면 돈이 흔하니 '돈 놓고 돈 먹기'가 횡행했다. 가상화폐를 비롯해 도박성 금융 투자가 늘었고, 부동산 시장에 돈이 많이 쏠렸다. 부유한 투자가의 주머니가 두둑해지고, 생계형 서민들의 주머니는 달라질 게 별로 없다. 돈이 넘친다고 모두가 행복해지지는 않는다.

부자들이 '통화량 증가'에 관심 쏟는 이유

　세상에 돈이 엄청나게 늘어나고 있지만 정부나 한국은행은 통화량에 지대한 관심을 기울이지는 않는다. 한국은행은 월별 통화량 보도자료를 내긴 하지만 큰 의미를 부여하는 것 같지 않다. 언론에서도 비중 있게 보도하진 않는다.

　하지만 돈을 많이 버는 사람들은 다르다. 강남에 부동산이 있는 사람, 미국 주식에 통 큰 투자를 한 사람들은 광의의 통화량인 M2 지표를 살핀다. 그들은 자신들의 자산 가치 상승 속도가 M2 증가 속도보다 높아지게 만들려고 부단히 애를 쓴다. 통화량 추이에 대해 정부나 한국은행은 왜 관심이 적어졌는지, 반대로 부자들은 왜 관심을 키우고 있는지를 이해하면 경제 돌아가는 게 눈에 더 잘 들어오게 된다.

　1990년대 이전까지는 한국은행이 총 통화량을 관리했다. 물을 담은 커다란 주머니를 들고 있으면서 안에 담긴 물의 양을 직접 조절

했던 셈이다. 그러나 한국은행은 1998년 통화량 목표제를 폐지해 전체 통화량을 조절하는 방식을 폐기했다. 이후 금리 중심의 통화 정책을 펴고 있다. 통화량이 직접 주무르는 지표가 아니다 보니 관심이 줄었다고 봐야 한다.

정부 내지는 한국은행이 통화량을 직접 컨트롤하지 않게 된 건 여러 가지 이유가 있다. 좀 더 정확히는 통제하지 못하게 됐다고 봐야 한다. 일단 금융 환경이 변화해 2금융권이 급성장했다. 보험사, 카드사, 저축은행 등에서도 천문학적인 규모의 돈이 돌고 돈다. 은행들만 둘러봐도 대략적인 M2가 산출되던 시기와는 달라졌다. 또 오래전에는 정부에서 사실상 시중은행의 금리를 쥐락펴락했지만 1990년대 초중반 금리 자유화를 시행했다. 시장 금리에 직접적인 개입을 하지 않게 되면서 전체 통화량 조절이 어려워질 수밖에 없었다.

자본시장 개방으로 해외에서 돈이 대거 흘러들어오고 나가는 것도 직접 통화량을 조절하기 힘들어진 이유다. 게다가 1990년부터 환율 변동성이 커지는 걸 허용하는 쪽으로 환율 제도를 바꿨다. 그래서 통화량을 정부나 한국은행이 원하는 대로 늘리고 줄이는 게 어려워졌다.

결국 직접적인 통화량 조절은 역사 속으로 사라졌다. 다른 나라들도 비슷하다. 21세기 들어서는 중앙은행이 물가 목표치를 고려해 언제 얼마나 기준금리를 올리고 내리느냐가 사실상 통화 정책의 거의 전부가 됐다. 이제는 경제 전문가들이 기준금리, 시중금리, 물가가 각각 어느 수준이냐는 것만 집중해서 본다. 통화량이 얼마나 늘어났는지는 정책 당국자들 사이에서 관심이 멀어졌다. 마치 공연장에 많은 사람들이 몰려온다고 해서 안에 몇 명이나 입장해 있는지 살피지 않은 채 공연장 입장문의 크기를 넓혔다 좁혔다 하는 것에만 신경 쓰는 것과 같다.

한국은행 간부에게 통화량에 대한 질문을 했더니 "이제 그건 민간의 영역"이라고 잘라 말했다. 풀어서 이야기하면 '민간 금융회사에서 대출로 늘어나고 있으니 우리가 통제할 수도 없고 우리가 신경 써야 할 일인지도 잘 모르겠고…'라는 식이다. 게다가 정부나 한국은행 관리자들은 경기가 나빠 거래가 활발하지 않은 탓에 돈이 도는 속도가 느려지면 돈이 많아져도 별 소용이 없다는 관점으로 접근한다. 이런 시각은 이론적으로 정립돼 있고 통화량을 이해하는 데 중요하니 쉽게 개략적으로 설명해보려고 한다.

통화량 증가를 설명하는 대표 공식은 미국 경제학자 어빙 피셔(1867~1947)가 이야기한 교환 방정식이다. 화폐 수량설이라고도 한다. 피셔는 통화량(M)과 화폐유통속도(V)를 곱하면 물가 수준(P)과 상품 거래량(T)을 곱한 것과 같다고 했다. MV=PT라는 이 공식은 화폐의 흐름과 실물 경제 활동 간의 관계를 나타낸다. 좌변은 화폐의 측면을, 우변은 실물의 측면을 나타낸다. 상품 거래량 T는 사실상 GDP, 즉 국내총생산이랑 같은 뜻이라고 여겨도 된다.

$$M(통화량) \times V(화폐유통속도) = P(물가) \times T(상품 거래량)$$

상식적으로 돈의 양(M)이 시중에 늘어나면 물가(P)가 올라야 맞다. MV=PT인 공식에서 상품 거래량(T)과 돈이 도는 속도(V)가 일정하다면, 화폐량(M)이 늘어날 경우 여기에 비례해 물가(P)가 상승한다. 다른 조건이 일정할 때 통화량이 10% 늘어나면 물가도 10% 올라야 맞다는 얘기다.

미국 경제학자 어빙 피셔

그런데 실물 경기가 나빠 금전 거래가 위축돼 돈이 돌아다니는 속도(V)가 느려지면 이야기가 달라진다. 이럴 때는 상품이나 서비스를 구매하는 데 돈을 사용하는 횟수(V)가 줄어들기 때문에 통화량(M)이 확 늘어나더라도 물가가 별로 오르지 않는다. MV=PT에서 V 값이 감소하면 M 값이 증가하더라도 둘을 곱한 결과가 별로 달라지지 않는다는 것이다.

그래서 정책 당국에서는 경기를 살리려고 할 때 물가가 확 튀어 오르지 않는 선에서 금리를 과감하게 낮추거나 나랏돈을 퍼부어 통화량을 늘리는 처방을 쓰게 된다. 커다란 통 아래 뚫어놓은 구멍으로 물이 나오는 양이 신통치 않을 때 통 위로 물을 더 많이 부어주는 것과 비슷하다. 물의 양이 많아진 힘으로 흘러내리는 속도가 빨라질 것을 기대하는 것과 불경기에 통화량을 늘려 경기를 회복시키려는 게 서로 비슷한 이치다.

미국이 글로벌 금융위기 극복을 위해 한창 돈의 양을 늘리던

2010년대 초반 상황을 가져와 설명을 해보자. 2008년에서 2013년까지 5년간 미국에서 통화량M2은 매년 7%의 속도로 증가했다. 무시무시한 증가율이다. 반면 경제 활동 생산물, 즉 실질 GDP가 늘어나는 연평균 증가 속도는 2%에도 못 미쳤다.

이런 상황을 피셔 방정식에 대입해보자. M2를 연평균 7% 속도로 늘렸다면 인플레이션도 7%쯤 돼야 맞다. 하지만 실제로는 5년간 물가 상승률이 꾸준히 2%를 밑돌았다. 화폐 유통 속도가 현저히 떨어졌기 때문이다. 세인트루이스연방준비은행이 미국의 M2 유통 속도를 지수화한 수치는 1960~2000년 사이 40년 동안에는 최저 1.653(1964년 3분기)에서 최고 2.192(1997년 3분기)였다. 하지만 2010년대에는 지속적으로 역대 최저치를 갱신했고, 급기야 2020년 2분기에는 역대 최저치인 1.128까지 하락했다.

통화량이 엄청나게 늘었는데도 불구하고 미국에서 돈이 도는 유통 속도가 줄어든 이유는 무엇이었을까. 크게 두 가지다. 하나는 글로벌 금융 위기 이후 경기 침체 현상이 오래 지속되며 실물 경기가 살아나지 않았다는 것이다. 다른 하나는 불어난 통화량을 활용해 가상화폐, 주식 등 광범위한 개념의 금융 상품에 거액을 투자한 다음 그대로 두거나, 비싼 부동산을 팔아 벌게 된 큰돈을 금융계좌에 묶혀두는 현상이 나타났기 때문이다. 돈이 지나치게 불어나면서 본래 목적인 실물 경기를 살리기보다는 자본 투자의 비중이 커졌다고 볼 수 있다.

여기서 우리가 주목해야 할 건 전자보다는 후자다. 우리는 기획재정부나 한국은행의 관리자가 아니다. 경제학자도 아니다. 개인의 입장에서 중요한 걸 주목해야 한다. 통화량이 지속적으로 불어나면 돈 가치를 떨어뜨린다. 그러면 흔해지는 현금을 갖고 있을 이유가 없다. 잘못하면 재산의 실질적 가치가 줄어들 위험마저 있다. 그래서 발 빠르고 돈 많은 사람들은 빚을 내서라도 부동산이나 주식 등 실물 자산을 늘려가게 된다. 돈이 흔해질 때 아파트값, 땅값이 오르고 주식시장에 돈이 쏠리는 이유다.

이와 관련해 미국에서는 통화량과 증가 속도가 거의 같은 지표가 두 가지 나타난다. 둘 다 유의미하다. 첫째, 자산 규모 상위 0.1%가 보유한 순자산(전체 자산에서 빚을 뺀 것)의 합계가 늘어나는 속도가 M2 증가 속도와 장기간에 걸쳐 거의 비슷하다. 특히 2010년 이후로는 두 지표의 증가 그래프가 거의 겹쳐 보일 정도로 증가 속도가 흡사하다. 둘째, 집값이 상승하는 속도 역시 M2 증가 속도와 긴 시간에 걸쳐 비슷하며, 2010년 이후로는 놀랄 만큼 비슷한 속도로 증가한다.

결과적으로 돈의 양을 늘려도 경기가 나아지는 효과는 미미한 채 실물 자산이나 금융 자산은 값이 큰 폭으로 뛰게 된다. 이렇게 되면 경제에서 금융이 차지하는 비율이 증가하는 현상을 말하는 '금융 심화financial deepening'가 뚜렷해진다. 이런 현상은 전 세계적으로 1980년대부터 나타났지만 2010년대 이후 주요 선진국에서 더욱 뚜렷해졌다. 한국도 마찬가지다. 왜냐면 돈이 너무 흔하니까.

구조적인 저성장 국면에서는 저금리로 돈을 돌게 해봤자 대부분 주식이나 부동산으로 가게 되므로 통화 정책이 성장을 끌어올리는

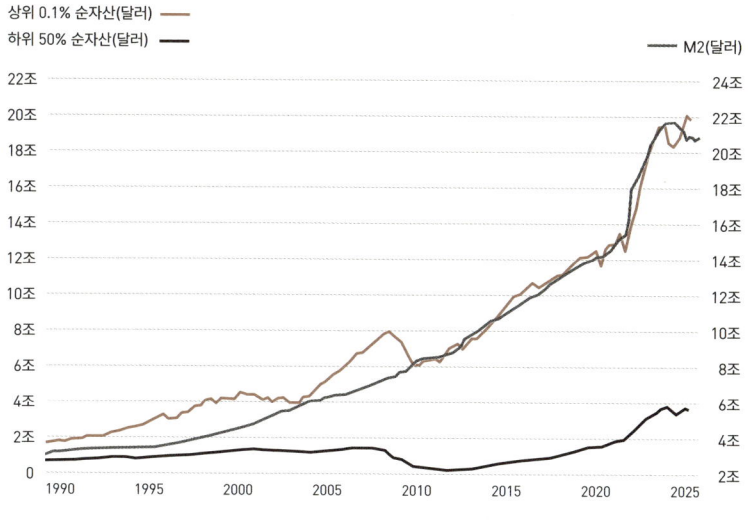

자료: 세인트루이스연방준비은행

건 한계가 있을 수밖에 없다. 결국 경기는 나쁘지만 돈을 융통하기 쉬우니 부자들의 주식과 부동산 가격은 빨리 뛰고 그러다 보면 빈부 격차가 커진다.

그렇다면 자산 거품이 벌어지기 쉽고 양극화가 심각해지는 부작용이 있는데도 불구하고 통화량이 늘어나도록 유도하는 이유는 뭘까. 경기가 더 싸늘하게 식어버리지 않기 위해 부득이하게 처방을 하지 않을 수 없기 때문이라고 봐야 한다. 사람 몸에 비유해보자. 어떤 약을 먹으면 부작용이 생긴다는 걸 알지만 그냥 내버려두면 중환자가 될 위험이 커지기 때문에 할 수 없이 부작용을 감수하고 약을 먹는 것과 비슷하다.

미국 통화량(M2)과 집값 추이

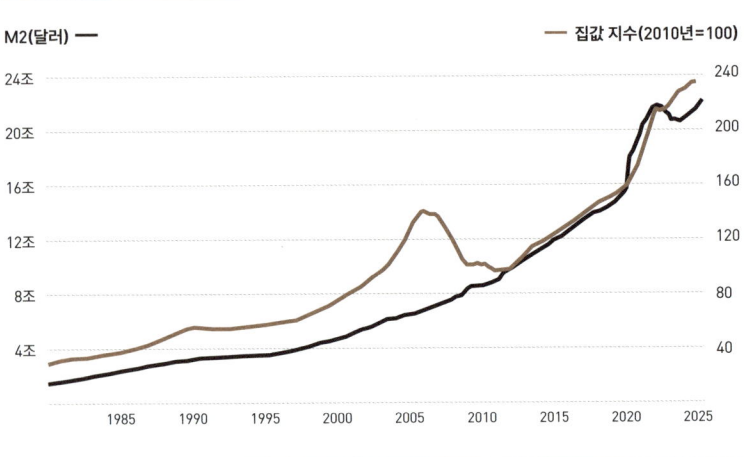

자료: 연방준비제도·국제결제은행(BIS)

돈 풀기의 부작용에 대해 정부나 한국은행은 관심이 크지 않다는 걸 재차 강조한다. 돈 늘어나는 게 주로 민간에서 대출로 이뤄지며, 통화량 자체를 통제할 수 없다는 점에서 나랏님들은 자신들과 거리가 있는 일로 여긴다. 또한 통화량은 경기가 나빠 돈의 유통 속도가 느려지면 늘어나는 속성이 있으니, 통화량 자체만으로는 경제가 돌아가는 전반을 설명하기 어렵다는 점에서도 당국은 큰 관심을 갖기 어렵다.

그러나 개인은 달라야 한다. 시중 금리가 낮아져 '이지 머니'가 늘어나면 이걸 활용하려고 적극적인 자세를 취하는 게 현명하다. 정부나 중앙은행이 돈을 풀겠다는 신호를 보내면 거대해지는 통화량의 파도를 잘 타고 넘으려고 바다로 나가야 한다는 얘기다. 돈 푸는 정책을 손가락질만 해대며 해변에 서서 지켜보기만 하면 남들보다 상대적인 자산 가치가 낮아질 수밖에 없다. 물론 투자 위험은 스스로 감수해야 한다. 너무 무리하게 파도를 타면 익사할 확률이 높아진다.

21세기에 전반적인 저금리 기조가 이어지면서 일하고 저축하는 것보다 금융 투자나 부동산 투자를 잘했을 때 과실이 커졌다. 미국도 그렇고 한국도 그렇고 이런 '경제의 금융화'가 갈수록 분명해지고 있다. 노동의 가치는 조금씩 줄어들고 있다. 2010년대 이후 더욱 두드러지고 있다.

기획재정부를 출입하던 2016년으로 기억된다. 당시 한 과장급 공무원은 "아니, 이렇게 역사적으로 돈 값이 쌀 때 이걸 끌어다 투자 안 하면 바보 아닌가요"라고 했다. 그는 상가에 투자해 상당한 시세 차익을 얻은 발 빠른 투자자였다. 정책을 펴는 쪽 입장과 그에 따라 영향을 받는 개인의 입장을 모두 잘 이해하고 행동에 옮긴 사나이다. 금리는 돈의 가격이다. 금리가 낮으면 돈을 싸게 살 수 있으니 끌어다 활용하는 게 맞다.

지금은 2022년 글로벌 인플레이션으로 금리가 오르면서 '쉬운 돈'의 열기가 코로나 사태 무렵보다는 진정됐다. 하지만 한번 벌어진 자산 격차는 쉽게 좁혀지지 않는다. 게다가 경기 하강으로 2024년부터 다시 주요국들이 금리를 낮추고 있다. 한국은행도 그 대열에 있다. 이런 변화의 흐름을 스스로 잘 읽어내야 한다.

부동산의 경우 돈이 넘치면 선호하는 동네와 선호도가 낮은 동네의 집값 격차가 많이 벌어진다. 그랬다가 금리가 오르면 그 차이가 일부 줄어들 가능성이 없진 않다. 그러나 한번 크게 벌어진 간격이 원래 상태로는 되돌아가기는 어렵다. 상처가 생겼을 때 꿰매고 치료를 하더라도 상처를 입기 이전의 매끈한 피부로 돌아갈 수 없는 것과 같은 이치다.

이런 맥락에서 생각해 볼 건 빈부 격차다. 저소득층으로 갈수록 하루 벌어 하루 먹고 사는 이들이 늘어난다. 미래를 준비하기에는 너무 숨이 가쁜 사람들이다. 당장 오늘의 소득이 급하니 내일의 자산까지 생각하기 어렵다. 그래서 소득이나 자산이 적을수록 통화량이 산더미가 되더라도 그 위에 올라서야겠다는 의지를 갖기가 쉽지 않다. 비정규직이나 중소기업 근로자, 비수도권 거주자들은 '쉬운 돈'이 넘실대고 있어도 엄두를 못 내는 경우가 많다. 돈 잔치가 벌어지고 있다는 걸 감지하더라도 레버리지를 일으켜 유의미한 투자를 할 수 있는 밑천과 소득이 충분하지 않다. 저금리 시대의 비극이다.

빠른 속도로 부풀어 오르는 '돈의 바다'에서 우리는 살아 남아야 한다. 요즘은 똑똑하고 발빠른 개인들이 넘쳐난다. 국내와 글로벌 차원에서 각각 M2를 집계해 보며 돈이 늘어나는 속도를 가늠한다. 그리고 금리와 주가지수의 변동을 접목시켜 분석한다. 우리는 안다. 경제학자나 금융회사 종사자들이라고 해서 재테크에 반드시 능숙하지 않다는 것을. 화폐 교환 방정식을 만든 어빙 피셔는 전 재산을 주식 투자로 날렸다.

화폐량이 늘어날수록 '돈의 거리' 개념을 탑재하라

산 속에서 뿜어져 나오는 신선한 공기가 이동하는 경로와 시간을 생각해보자. 나무에서 갓 뿜어져 나온 공기를 세상 모든 사람들이 동시에 흡입할 수는 없다. 나무와 가까이 있는 사람이 깨끗한 공기를 먼저 마시기 마련이다. 반면 산에서 떨어진 곳에 있는 사람에게는 신선한 공기가 뒤늦게 도달한다.

세상에 새로운 돈이 만들어질 때도 비슷한 현상이 나타난다. 통화량이 늘어나는 순간을 모든 사람이 동시에 맞이하지 않는다. 세상에 추가되는 돈을 가까이에서 먼저 접하는 사람이 있고, 시간이 한참 시간이 흐른 후에야 만져보게 되는 사람이 있다. 통화량이 폭발하듯 늘어나는 시대에는 이 차이를 주목해야 한다. 그래야 자산 불리기 경쟁에서 남보다 뒤처지지 않는다.

이런 원리를 일찌감치 꿰뚫어본 경제학자가 있었다. 프랑스의 리샤르 캉티용(1680~1734)이다. 그는 금융 시스템의 복잡한 역학 관계를 이해하는 데 중요한 통찰을 제공한다. 그의 이름을 딴 '캉티용 효과'는 화폐 공급이 경제 주체들에게 전달되는 속도가 다르며, 이것이 결국 불평등을 키우는 메커니즘으로 작동하는 현상을 말한다. 캉티용 효과의 핵심은 '불균등'이다. 새로운 돈이 어디에서 어떤 경로로 경제에 유입되는지에 따라 경제 주체들 사이에 희비가 엇갈린다. 이런 현상을 설명하는 중심 개념은 '돈의 거리 distance of money'다. 새로운 돈의 생성지에 가까이 있는 사람들은 매력적인 재화의 가격이 오르기 전에 재빨리 투자할 수 있고, 새로운 돈의 출처에서 멀리 있는 사람은 원하는 재화의 가격이 이미 오른 다음에야 소비를 하게 돼 상대적으로 손해를 입는다는 얘기다.

캉티용이 활동하던 18세기 초반만 하더라도 돈을 주조하는 공정을 지근 거리에서 지켜볼 수 있던 사람들이 있었다. 캉티용은 금광 소유주와 광부들을 눈여겨봤다. 이들은 새로운 돈이 언제, 얼마나 출현하는지 남보다 빨리 알 수 있었다. 이런 정보를 활용해 기존 가격으로 고기와 와인 같은 고급 소비재를 남보다 빨리 살 수 있었다. 돈이 언제, 어떻게 주조되는지 몰랐던 평범한 사람들을 따돌리고 자산을 불리기 쉬웠다. 금광 주인이나 광부들뿐 아니라 고위 관료나 왕실 관계자들도 새로운 화폐 주조 계획을 훤히 꿰고 있었다. 그래서 캉티용이 말하는 '돈의 거리'란 단순한 지리적 근접성을 넘어서는 개념이다. 인간 사회에서 제도적·계층적인 거리까지 포함해서 말한다.

캉티용 효과는 16세기 초부터 17세기 중반까지 스페인에서 두드러지게 나타났다. 아메리카 신대륙에서 채굴된 엄청난 양의 금과 은이 스페인으로 유입됐다. 당시 금과 은은 화폐 기본 단위였기 때문에 통화량이 급격하게 늘어난 것을 의미했다. 막대한 금은이 들어온 스페인은 150년 사이 물가가 6배 폭등하는 인플레이션을 겪었다. 이때 세비야 항구를 중심으로 금과 은이 아메리카 대륙에서 들어오던 길목에 있던 상인들은 큰돈을 벌었다. 새로운 돈이 들어올 때 길목에 서서 남보다 빨리 투자할 수 있는 기회를 잡았던 것이다.

현대의 화폐 시스템에서도 '돈의 거리' 개념은 유효하다. 새로운 돈은 중앙은행이나 정부에 의해 생성되고, 그 다음으로 시중은행을 비롯한 금융 회사와 대형 투자자들에게 흘러간다. 이런 분야의 사람들은 금융 시스템상 피라미드의 최상위에 있기 때문에 새로운 화폐에 먼저 접근할 수 있는 이점을 갖고 있다. 반면 평범한 소시민들은 새로운 돈이 자산시장이나 기업을 거쳐 임금의 형태로 다가오기까지 한참을 기다려야 한다. '돈의 거리'란 이런 계층적인 구조를 은유적으로 표현한 말이기도 하다.

'캉티용 효과'와 '돈의 거리' 개념은 현대 사회에서 크게 3단계의 순서로 나타난다. 먼저 1단계는 새로운 화폐가 태어나는 단계다. 금리 인하나 정부의 재정 지출 확대, 중앙은행의 양적 완화 정책 등으로 새로운 돈이 시장에 유입된다. 2단계에서는 초기 수혜자들이 이익을 얻는다. 새로 유입된 돈은 금융회사, 기관 투자자, 거대 자본가들에게 먼저 흘러 들어간다. 이들은 새로운 돈의 유입이 가격에 반영되기 이전에 주식, 부동산, 채권 등 수익성 자산에 투자해 자산 가격을 끌어올린다. 3단계에서는 새로운 돈이 자산 시장을 거쳐 점진적으로 실물 경제 전반으로 확산된다. 이 시점에서는 불어난 통화량에 의해 평범한 국민의 임금과 소득에 변화가 생기기 시작한다. 하지만 슬프게도 이미 자산 가격은 크게 올라버린 이후다. 2단계에서 싼값에 선점한 사람들에 비해 오를 대로 오른 자산이나 재화를 사들여야 한다. 세상에 불평등이 점점 심각해지는 이유다. 문제는 이것이 일회성 현상이 아니라는 것이다. 새로운 돈에 대한 초기 수혜자들이 자산 가격 상승으로 얻는 이익은 복리로 불어나며, 다시 더 많은 투자 기회로 이어져 시간이 지날수록 격차를 더 불리게 된다.

16세기 세비야 항구의 상인들처럼 새로운 돈의 유입을 먼저 향유하는 사람들은 지금 시대에도 형태는 다르지만 존재한다. 세계 최대 자산운용사인 블랙록을 예로 들어보자. 블랙록은 연방준비제도가 양적완화로 풀어놓은 돈을 활용해 글로벌 금융위기 때 압류된 주택을 대량으로 저렴하게 사들였다. 불어난 통화량이 자산 가격을 밀어 올리기 전에 싼값에 많은 주택을 입도선매한 것이다. 시간이 흐른 뒤 블랙록이 수익을 실현하려 내놓은 집을 사는 평범한 사람들은 더 비싼 값을 치러야 했다. 시간차 효과Temporal effect가 발생해 '선행 수혜자'와 '후행 피해자'가 발생한 것이다. 현대 사회에서는 블랙록의 사례에서 보듯 위기 대응이라는 명분 아래 돈에 대한 거리 차이와 시간 차이가 빚어내는 불평등이 더욱 구조화되고 정당화되는 경향이 있다. 코로나 사태를 겪는 동안 있었던 일을 돌이켜보자. 선진국 정부나 중앙은행들이 위기 극복용이라며 통화량을 늘려 놓으면, '돈의 거리'가 짧은 투자 회사나 자본가들이 먼저 낚아채 효율적으로 투자했다. 반면 '돈의 거리'가 먼 서민들은 물가 상승, 월세나 임대료 급등에 시달릴 수밖에 없었다.

그러나 평범한 사람들에게도 기회는 있다. 캉티용이 살던 시절엔 돈을 주조하는 데 꽤 시간이 많이 걸렸고, 돈의 주조와 직접적 관계를 맺지 않은 일반인은 관련 정보를 알 수 없었다. 하지만 지금은 돈이 생성되는 시간이 짧고, 정보가 빨리 유통된다는 특징이 있다. 안테나만 잘 세우면 평범한 개인들도 기회를 포착할 수 있다는 뜻이다. 가상화폐가 처음 등장했을 때 '캉티용 효과'가 나타나긴 했었다. 비트코인의 채굴에 일찍 참여했던 사람들은 강력한 채굴 장비를 갖춘 부유층이 많긴 했다. 이들은 비트코인이 널리 사용되기 전에 싼 값에 손에 쥐었다. 하지만 정보가 빠르고 남다른 감각이 있었던 사람들은 비트코인 외에 다양한 가상화폐가 등장했을 때 초기 코인 공개ICO나 토큰 출시 행사에 참여해 저렴한 가격에 남들보다 '새로운 돈'을 먼저 확보했다. 동물적 감각을 발휘해 스스로의 능력으로 '돈의 거리'를 가깝게 만들었던 사람들이다.

다른 방식으로 '돈의 거리'를 좁힐 수도 있다. 기관 투자자들은 중앙은행의 정책 변화를 예측하고 투자 포지션을 재빨리 조정한다. 전문 투자 인력이 많아서 일찍 움직이기 좋다. 그런 점에서 일반인들은 대체로 불리한 편이다. 하지만 일반인들 중에서도 금융 지식으로 무장하고 시장의 변화와 정책 당국의 스탠스를 빨리 읽는 사람들은 기관 투자자들과 '돈의 거리'를 비슷하게 유지할 수 있다. 이런 사람들이 자산을 늘리는 데 있어서 신공을 발휘하는데, 그렇게 하려면 정보를 빠르게 소화하려는 노력이 필요하다. 미국에서 물가가 오르는지 내리는지, 그렇다면 연방준비제도는 금리를 올릴지 내릴지를 내다보고, 그런 영향으로 한국은행은 어떤 선택을 하게 될지 미리 점쳐 보는 촉을 키워야 '돈의 거리'를 좁힐 수 있다. 정부가 소비쿠폰을 뿌리는 방안을 검토한다는 뉴스를 보는 순간 실제로 뿌려진 이후에 어떤 업종에 수혜가 집중될지 내다봐야 한다. 소비쿠폰이 지급되고 난 이후에는 이미 늦다. 대선에서 특정 후보가 당선될 가능성이 높은 시점이 되면 정책을 미리 가늠하는 것도 '돈의 거리'를 좁히는 데 도움이 된다. 그가 당선되고 나서 움직이면 조금 늦어지게 되고, 그가 취임한 이후에 정책과 연동한 투자를 시작하면 그건 '지각비'를 물어야 할 확률이 높다.

현대 사회에서 새로 창조되는 돈과 거리가 가까운 집단은 금융회사·정부·부유한 개인들이며, 거리가 먼 집단은 평범한 월급쟁이·소상공인·연금 생활자 등이다. 하지만 개인의 노력에 따라서는 돈이 움직이는 시간차로 인한 불평등을 극복해 낼 수 있다. '돈의 거리' 개념을 탑재하고 살아가는 사람과 그렇지 않은 사람의 인생은 크게 달라질 수 있다. 세월이 지나도 바뀌지 않는 보편적 진리다.

II

대한민국은 '대출 잔치' 중

한국인은 어쩌다 '대출 공화국'에 살게 됐나

 대한민국에서는 본격적인 저금리 시기에 접어든 이후 대출이 확 늘어났다. 대출이 늘어나 가계 빚이 불어났고, 이는 통화량 급증으로도 연결된다. 그렇다면 가계 빚과 통화량이 얼마나 늘어났는지 비교해 상관 관계를 살펴보자. 가계 경제가 어떻게 굴러가는지 감지해 보면 큰 그림이 손에 잡힌다.

 한국은행에 따르면 2004년 말 우리나라의 가계부채는 494조 원이었다. 가계부채는 각 가정이 금융회사로부터 이끌어 낸 가계대출과 신용카드·할부금융으로 외상을 쓴 액수를 합친 개념을 말한다. 즉 가계부채가 가계대출보다 더 넓은 범위의 개념이다. 가계부채 총량은 꾸준히 늘어나 2013년 1000조 원 문턱을 넘어섰다. 2021년에는 1800조 원 선을 돌파했다. 정부가 강력하게 대출 증가를 누르고 있지만 결국 2024년 말에 1926조 원에 달했다. 20년 사이에 3.9배 늘었다. 엄청나게 빠른 속도다.

가계부채 증가 추이

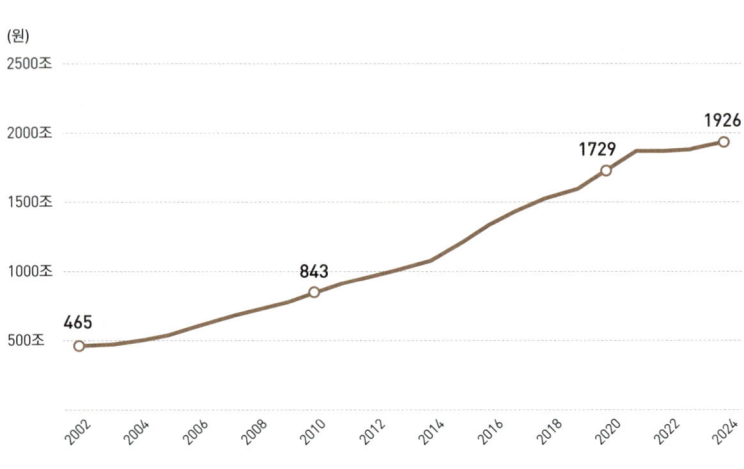

자료: 한국은행

앞에서 우리는 경제 성장 속도보다 통화량 증가 속도가 현저히 빠르다는 걸 확인했다. 그러면 가계부채와 통화량이 서로 늘어나는 속도를 비교해 보자. 한국은행 자료를 분석하면, 2002년에는 통화량이 813조 원이었고, 가계부채는 465조 원이었다. 통화량 대비 가계부채의 비율이 56.4%였다. 그런데 이 비율은 시간이 가더라도 큰 변화를 보이지 않는다. 집값이 폭발적으로 오른 2017~2018년에만 58%대로 올랐을 뿐이다. 2021년에도 54.3%였을 정도로 가계부채는 통화량과 비율을 맞춰가며 오랜 기간 55% 안팎에서만 움직였다. 통화량 증가, 부동산 가격 급등, 가계부채 급증이 한 궤를 타고 유기적으로 연결돼 있다는 걸 증명한다. 그야말로 '부채의 축Axis of Debt'이 작동한다는 얘기다.

중요한 건 상대적인 속도다. 지금까지 비교해 본 것처럼 가계부채가 늘어나는 속도는 통화량이 불어나는 속도와 거의 엇비슷한 반면, 경제 성장 속도는 훨씬 느리다. 개인의 입장에서는 이 대목을 잘 봐야 한다. 금리와 맞물린 통화량 변화는 비중 있게 고려하지 않으면서 '왜 경제 성장 속도나 내 월급이 오르는 속도보다 집값이 더 빨리 오르냐'고 한탄하면 자산 불리기 대열에서 뒤처질 가능성이 높아진다.

통화량 대비 가계부채 비율은 2022년 이후에는 50%대 초반으로 낮아졌다. 물가 상승으로 금리가 오르면서 대출이 빡빡해지고 부분적으로 정부가 가계부채 증가를 억제하는 정책을 썼기 때문이다. 하지만 2025년 들어 금리가 낮아지고 있는 데다, 이재명 정부가 상당한 규모의 재정 투입을 본격화하고 있기 때문에 분위기가 달라지고 있다.

그렇다면 왜 한국인들은 대출을 많이 내서 돈의 양을 크게 늘리게 됐을까. 당연히 금리가 저성장 시대로 가면서 뚝 떨어진 게 기본적인 토양을 마련했다. 하지만 이와 별개로 대출을 대하는 심리적 태도가 2010년대부터 크게 바뀌었다. 낮아진 금리와 별개로 인간의 마음에 변화의 소용돌이가 있었다는 것이다.

이 이야기는 우리나라에만 있는 전세 제도에서부터 풀어내야 한다. 전세는 기회비용을 포기하면 되는 제도다. 갖고 있는 목돈만 집주인에게 맡기면 주거를 위해 별도의 실질적인 지출을 하지 않는 게 본래의 전세 개념이다. 그런데 2008년 무렵부터 무주택 서민들을 돕는다는 명분으로 정부 독려 아래 은행들이 전세대출 상품을 출시하면서 심상치 않은 변화가 생겼다. 모자라는 전세금을 대출로 융통하는 사람들이 대거 늘어나면서 전세대출 이자를 갚는 세입자들이 늘어났다.

인간은 돈 계산에 본능적이다. 세입자가 전세대출을 받아오면 더 높은 전세금을 받을 수 있다는 걸 집주인들이 알게 됐다. 전세금을 확 올려 받아 다른 집을 한 채 더 매입하는 식으로 자산 투자를 늘릴 수 있었다. 세입자 입장에서는 어떨까. 처음에 전세대출이 요긴하다 느꼈지만 이내 '매달 이렇게 전세대출 이자를 내느니 차라리 집을 사서 내 집을 갖고 주택담보대출 원리금을 갚는 게 낫겠다'고 생각하는 이들이 늘어났다.

이런 원리로 '21세기 한국의 발명품'인 전세대출은 전세금을 높이고 집값을 밀어 올리는 요인이 됐다. 그뿐 아니다. 시나브로 월세 비중도 점점 늘어났다. 2025년 1~2월 기준 전국 세입자 가운데 61.4%가 월세를 산다. 결국 세입자들은 주거를 위해 매월 적게는 수십만 원, 많게는 수백만 원의 현금을 지출하게 됐다.

매달 주거를 위해 쓰는 돈이 늘어난 건 세입자뿐만이 아니다. 집주인들도 그렇다. 국내에서는 2010년대 중반 이전에는 일시상환식 주택담보대출이 꽤 많았다. 원금은 갚지 않고 이자만 내다가 집을 팔 때 원금을 전액 상환하고 다른 집을 사는 방식이었다. 이건 원리금을 갚는 요즘 방식보다 실제 부담하는 액수가 절반에 못 미친다.

이런 일시상환식 주택담보대출이 가계부채를 키운다는 지적이 잇따르자 금융당국의 지침으로 2010년대 중반 이후로는 거의 다 원리금을 매달 갚는 식으로 바뀌었다. 결국 세입자든 집주인이든 주거를 위해 매달 지출하는 현금이 2010년대 이후로 갑자기 확 늘어났다. 이건 가계 경제의 커다란 변화다.

이처럼 세입자든 집주인이든 매달 뭉텅이로 거주를 위한 비용을 치르게 되면서 뒤늦게 '주거 지출의 세계 표준'에 가까워졌다. 무슨 말일까. 4년간 특파원을 하면서 유럽에서 지내보니 다른 나라에서는 주거를 위해 매달 지불하는 현금이 엄청나다는 걸 실감했다. 세입자들은 매달 적지 않은 월세를 따박따박 지불하고, 집을 가진 사람들도 집값의 70~90%씩 빌려서 매달 상당한 원리금을 갚고 살아간다.

즉, 월세냐 주택담보대출 원리금이냐의 차이만 있을 뿐 어느 나라나 평범한 월급 생활자 기준으로 소득의 3분의 1 정도는 주거비로 지출하고 살아간다. 옆 나라 일본만 해도 그렇다. 한국인들만 특이하게 다른 시스템을 선택하다가 뒤늦게 비슷해졌다. 뒤집어보면 비정상의 정상화일 수도 있다.

결국 한국인들도 '거주를 위해 매달 적지 않은 비용을 치러야 한다'는 인식을 부지불식간에 새기게 됐다. 이런 인식은 2010년대에야 완전히 자리 잡았다. 주거를 둘러싼 금융 비용에 대한 관념의 변화다. 빚을 많이 내는 걸 두려워하지 않게 된 심리적 기제가 됐다. 이런 생각의 변화가 우리 사회에 자리 잡은 게 불과 최근 10년 정도다. 때마침 금리는 눈에 띄게 낮아졌다. 결론적으로 짧은 시간 사이에 금리는 내리고, 빚 내는 걸 당연시하는 사람이 늘어나는 현상이

동시에 진행됐다. 우리를 '대출 공화국'에 밀어넣은 핵심이다.

그러면 가계부채를 세분화해보자. 한국은행이 주택담보대출 총량을 처음 집계한 2007년에는 GDP 대비 주택담보대출이 30.3%였다. 이후 이 비율은 점점 우상향하면서 2023년 44.3%가 됐다. 미국과 비교하면 어떨까. 미국의 온라인 대출기업 렌딩트리의 집계에 따르면, 2024년 3분기 기준 미국 전체의 모기지론 대출 합계는 12조 5640억 달러다. 2024년 미국 GDP와 비교하면 43.1%다. 경제 규모 대비 주택담보대출 비율로 보면 우리나라가 미국을 넘어섰다는 얘기다.

대출 열풍이 불면서 한국인들은 겁을 상실하고 있다. 영끌이라는 단어는 이제 식상하다. 점점 더 가능한 선에서 빚을 많이들 얻으려고 애쓴다. 가장 큰 원인은 부동산 양극화다. 대출이 무섭다는 이유로 적당한 선에서 빚을 내는 쪽으로 일종의 타협을 했던 사람들이 이제는 이구동성으로 이렇게 외친다. "빚을 최대한 당겨 와서 더 비싼 물건을 샀으면 집값 상승 폭도 더 컸을 텐데 후회된다."

시장의 흐름으로 보면 분명 그렇다. 서울에 사는 직장인 A씨를 가정해보자. 그의 세전 연봉은 1억 원이고 집을 구매할 수 있는 밑천이 7억 원 있다고 치자. A씨의 소득이라면 주택담보대출이 은행에서 5억 원 정도는 너끈하다. A씨는 5억 원씩이나 되는 대출을 가져오면 원리금을 갚는 게 너무 빡빡할 듯했다. 그래서 5억 원을 빚내면 가능한 12억 원짜리 아파트를 포기하고 대신 3억 원만 대출을 내서 10억 원짜리 아파트를 샀다.

통화량 대폭발의 시대를 맞아 A씨와 같은 선택을 하는 사람들은 대부분 후회하고 있다. A씨가 산 10억 원짜리 아파트가 3년 후 12억 원으로 2억 원 올랐다면, 그가 포기한 12억 원짜리 아파트는 15억 원으로 3억 원이 오르게 마련이다. 오름폭이 다른 것이다. 지역별 양극화가 심해지기 때문이다. 비쌀수록 오르는 폭이 더 커지는 현상이 2020년대 들어 분명하다. 돈이 흔해진 파장이 이렇다.

A씨가 애초에 3억 원이 아니라 5억 원을 빌렸다고 가정해보자. 2억 원의 빚을 더 낼 때 추가로 부담해야 하는 액수는 대출금리가 연 4%이고 원리금 균등 상환일 경우 월 100만 원에 못 미친다. 1년에 1100만 원 조금 넘는 액수다. 그런데 그가 매입한 아파트가 3년간 2억 원 오르는 사이, 포기한 아파트가 3억 원이 올랐다면 당연히 '빚을 더 내고 더 비싼 걸 샀어야 했는데'라고 생각할 수밖에. 다들 가능한 대로 비싼 걸 사려고 한다. 음주에 비유하자면 적당히 마시는 게 아니라 몸이 받아 줄 수 있는 최대량을 마시는 것과 같다. 그 결과로 우리는 천문학적인 가계부채를 짊어지고 신음하고 있다.

'금융시대 신흥귀족' 대기업 정규직

　대한민국은 지독한 '대출 공화국'이 됐다. 금리가 짧은 기간 동안 확 내렸고, 많은 사람들이 대출을 겁내지 않게 됐다. 하지만 이것만으로는 대출이 크게 늘어날 수 없다. 중요한 게 하나 빠졌다. 은행은 절대 못 돌려받을 돈을 빌려주지 않는다. 빌리려는 사람이 충분한 소득과 신용을 바탕으로 갚을 만한 능력이 있는지를 본다.

　그렇다. 이 능력 역시 가파르게 향상됐다. 상환 능력의 획기적 향상, 이것이 대출이 늘고 통화량이 불어난 큰 축이다. 그 중심에 대기업 정규직이 있다. 이들은 '금융시대의 신흥귀족'이라고 부를 만하다. 왜 그런지 들여다보자. 대한민국 사회의 커다란 변화가 눈에 들어올 것이다.

　근년에 경제 성장률이 낮아지고 체감 경기가 나쁘다고 아우성이다. 그래도 여전히 대한민국은 해외에서 돈을 많이 벌어들이고 있다. 밖에서 들어오는 돈 역시 통화량을 늘리는 커다란 기둥 중 하나다. 나라 전체로 봤을 때 수입이 많은 것이고, 그게 바탕 자산이 돼서 대출을 늘린다.

이걸 파보려면 경상수지부터 봐야 한다. 경상수지는 상품과 서비스 교역의 득실만 보는 무역수지보다 훨씬 넓은 개념이다. 상품과 서비스뿐 아니라 배당금, 이자 수익, 관광 비용, 운송료, 지적 재산권 사용료 등을 망라한다. 나라 전체에서 나간 돈과 들어온 돈을 종합적으로 계산해 상계한다.

우리나라는 경상수지 흑자 폭이 상당히 큰 나라다. 1986년에 처음 흑자 전환을 했다. 21세기 들어서는 한 해도 적자가 없다. 2000년부터 2024년까지 25년 동안 경상수지 흑자 폭을 합치면 1조 1045억 달러에 달한다. 1500조 원쯤 달하는 막대한 액수가 해외에서 국내로 들어왔다는 얘기다. 특히 2015년부터 2024년 사이에는 경상수지 흑자 폭이 7342억 달러에 이를 정도로 최근 10년 사이 밖에서 달러를 많이 긁어 왔다.

비결은 간단하다. 한국의 대기업들이 뛰어난 제품을 해외에서 워낙에 많이 팔았기 때문이다. 특히 한미 FTA는 유리한 가격에 장사할 수 있는 훌륭한 운동장을 제공했다. 트럼프가 열받을 만큼 반도체, 스마트폰, 자동차를 원 없이 팔았다. 돈을 많이 벌어오니 수출 대기업들의 실적과 회사 규모가 부쩍 커졌다. 정부의 세금 수입도 늘어서 재정으로 돈을 뿌릴 만한 힘도 세졌다. 잘사니까 나라의 신용도가 높아졌다. 통화량이 늘어나는 기반이 단단하다는 얘기다.

모든 나라가 마냥 금리를 낮추고 정부가 돈을 살포해 통화량을 늘릴 수 있을까? 짐바브웨나 스리랑카나 파키스탄이 우리나라처럼 빚 내다가는 골로 갈 수 있다. 그러면 돈이 휴지 조각 된다. 대한민국은 돈 잘 버는 부자 나라다. 트럼프가 우리나라를 가리켜 "머니 머신"이라고 일갈하지 않았던가.

그렇다면 엄청난 과실은 어떻게 분배되고 있을까. 돈을 기업이 많이 버니까 당연히 민간 부문이 신났다. 대기업 정규직이 최고 수혜자다. 급여가 빠른 속도로 뛰었다. 삼성전자가 공시한 사업 보고서에 따르면, 2000년에 삼성전자 직원의 평균 연봉은 3669만 원이었다. 2020년에는 1억 2700만 원으로 20년 사이 3.5배 뛰었다. 2024년에는 1억 3000만 원까지 올랐다. 반면 인사혁신처가 밝힌 2024년 공무원 평균 연봉은 6624만 원이다. 삼성전자 직원이 공무원보다 2배 더 버는 셈이다. 20세기에는 이 정도로 차이가 크지 않았다.

연합뉴스가 2024년 기준 100대 상장사(금융회사 제외) 직원 평균 연봉을 분석했더니 절반이 넘는 55곳에서 1억 원이 넘었다. 직원 평균 연봉이 1억 원이 넘는 회사에서 20년 정도 근속한 부장급은 2억 원 근처에 도달했다고 봐야 한다. 일반 대기업만 연봉 잔치를 벌인 게 아니다. 한국에서 은행, 보험사, 증권사, 카드사 등 금융권의 급여 수준은 일반 대기업보다 높으면 높았지 낮지 않다. 나라가 돈 잔치로 들썩거리니 돈 장사를 하는 회사들이 신났다.

다른 나라와 비교하면 어떨까. 한국경영자총협회(경총)가 분석한 바에 따르면 한국의 대기업 직원들은 다른 선진국 대기업 직원들에 비해 급여를 확실히 많이 받는다. 2022년 기준으로 달러로 환

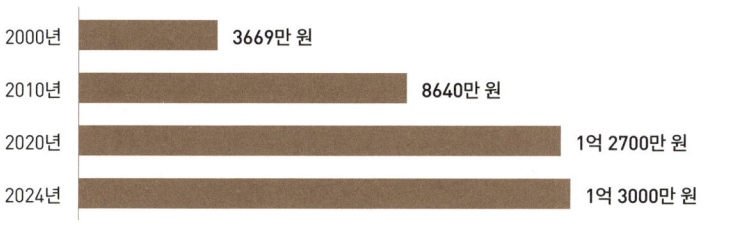

삼성전자 직원 평균 연봉 추이

- 2000년: 3669만 원
- 2010년: 8640만 원
- 2020년: 1억 2700만 원
- 2024년: 1억 3000만 원

자료: 삼성전자

산하면 대기업 근로자 평균 임금이 8만 7130달러로서 일본보다 52.9%나 높았다. EU와 비교해도 8.2% 더 받는 걸로 나타났다. 대만의 세계적인 반도체 기업 TSMC의 직원 평균 연봉은 2020년 기준 7600만 원이었는데, 그해 삼성전자(1억 2700만 원)의 60% 수준에 그쳤다. 한국 대기업은 신입 때부터 많이 받는다. 경총이 2023년 기준 대기업 정규직 대졸 초임을 조사했더니 평균 5001만 원이었다. 이걸 구매력 기준으로 환산해 일본 대기업 초임과 비교하면 30.5%나 높았다.

대기업 급여 수준이 경제 수준이 엇비슷한 다른 나라와 이 정도로 현격히 차이 나는 건 이상하지 않은가. 단지 실적이 좋다고만 해서 이렇게 격차가 클 수 없다. 여러 구조적인 이유가 있다. 먼저 세금이 대기업 직원 임금을 과다다 싶을 정도로 올려놓는다는 게 중요하게 작용한다. 세금은 나라가 뜯어가는 돈인데 어떻게 임금 인상 요인이 된다는 말인가. 흐름은 이렇다.

우리나라 상속세는 세계 최고 수준이다. 그래서 평소 이익이 많이 나면 대기업 오너 일가는 상속세 납부를 준비하기 위해 거액을 배당받는다. 아무리 재벌이라도 회사 지분 가치를 빼면 당장 가용한 돈을 수백억, 수천억 원씩 손에 쥐고 있지는 않기 때문이다. 대주주가 거액 배당을 받으면 혼자 배를 불린다는 반발에 직면하기 쉽다. 한국의 노조 간부들은 협상 능력이 좋다. 결국 직원들 불만을 달래려 사측이 대폭 임금을 올려주는 게 관행처럼 굳어졌다. 노동시장 이중구조의 문제점을 시정하자는 운동을 벌이는 한석호 한국노동재단 사무총장이 대기업과 중소기업의 임금 차이를 크게 벌리는 중요한 원인이라고 지목하는 지점이다.

사례를 하나만 들여다보고 넘어가자. 누구나 아는 굴지의 대기업인 A사는 2022년부터 2025년까지 4년간 9%, 8.2%, 5.2%, 4.3% 순으로 눈이 휘둥그레질 만큼 임금을 인상했다. 직원 평균 임금이 1억 원이었다면 4년 만에 1억 2940만 원이 되는 급격한 변화다. 이 기간 동안 A사가 속한 그룹의 지주회사는 배당 성향(당기순이익 가운데 주주에게 지급한 배당금의 비율)을 16.7%에서 60.5%로 급하게 끌어올렸다. 이건 적극적인 주주 환원 정책일 수도 있다. 하지만 이런 흐름을 두고 지나친 상속세가 야기한 결과 아니냐는 해설은 충분히 가능하다. A사 임직원들의 대출 여력이 단기간에 급상승한 것만은 분명하다.

상속세뿐 아니라 법인세도 임금 상승과 연관이 있다. 이익이 나면 법인세를 덜 내고 직원들 급여를 높여주는 대기업들도 흔하다. 급여 지급액은 법인세 산정 과정에서 비용으로 처리된다. 그래서 번 돈이 워낙 많을 경우 세금으로 내느니 직원들한테 뿌린다. 대주주는 성과급을 잔뜩 주는 데 적극적이다. 자신이 상속세 납부를 대비하는 실탄을 추가로 마련하고, 직원들 불만을 잠재우고, 법인세도 덜 낼 수 있으니까 마다할 이유가 없다. 그래서 의도한 바는 아니겠지만 결과적으로 세금 제도가 대기업 직원 임금을 확 올려준다.

이렇다 보니 국내 대기업들은 21세기 들어 벌어들인 돈을 재투자하는 데 과감하지 않고 직원들에게 나눠주는 현상이 뚜렷하다. 2000년 이후로 대기업들의 임금 상승세는 가파르지만 수익 대비 투자에 쓴 비율은 계속 하락하고 있다. 대주주가 상속세 낼 돈을 마련하는 데 관심을 많이 쏟게 하는 세금 제도가 유지되다 보니 투자가 우선 순위에서 밀리는 양상이다. 오지윤 명지대 교수에 따르면, 한국의 노동소득분배율(나라 전체가 번 돈에서 근로자들이 임금으로 받은 돈의 비율)은 2000년 57.5%에서 2023년 67.7%로 꽤 올랐다. 이건 기업 이익 증가보다 임금 증가 속도가 더 빨랐다는 걸 의미한다.

전문 경영인 체제가 확산되는 것 역시 대기업 직원 임금 인상 요인이다. 재벌 오너가 직접 경영하는 경우가 조금씩 줄어들고 전문 경영인들이 속속 기업을 이끌면서 단기 실적이 중요해졌다. 과거 오너 경영인 체제에서는 길게 보고 임직원들이 승진을 중요시했다. 오너 눈에 들어 승진하고 나면 돈이 따라온다는 식이었다. 전문 경영인 체제에서는 다르다. 성과를 빨리 내야 한다. 더 많은 연봉을 제시하고 두뇌들을 서로 차지하려 애쓴다.

전문 경영인들은 실적을 빨리 높이기 위해 성과 보수 체계를 강화하는 경향도 보인다. 파격적인 보상이 일반화되고 평범한 직원이라도 이탈을 막기 위해 가능한 대로 두둑하게 준다. 신입사원들의 질적 수준도 많이 따진다. 돈 더 주고 더 뛰어난 젊은이들을 데려오려 한다. 요즘 젊은 인재들은 이직을 밥 먹듯 하고, 한번 옮길 때마다 연봉이 뛴다.

대출과 통화량이 늘어나는 원리는 간단하다. 남편이 삼성전자 과장이고 아내가 신한은행 대리인 부부가 있다고 하자. 나이는 대략 30대 초중반이다. 성과급과 수당까지 포함해 부부가 한 해 동안 버는 돈 전체를 12분의 1로 나누면 월 실수령액이 1000만 원은 족히 넘는다. 이 부부가 집을 사려고 한다. 원래 갖고 있는 돈이 6억 원 있다고 치자. 그러면 대출 6억 원을 보태 12억 원짜리 집을 사는 건 쉬운 일이다. 6억 원을 연 4% 금리에 30년 원리금 균등으로 갚는다면 한 달에 286만 원씩 갚으면 된다. 무리라고 하기 어렵다.

이 정도 수입의 부부들은 2025년 6월 28일 주택담보대출 상한이 6억 원으로 묶이기 이전에는 8~10억 원 정도 대출을 내는 사례도 드물지 않았다. 신용 창출 여력이 몰라보게 커졌다. 서울 마용성(마포·용산·성동구)의 20평대 아파트 가격이 15억 원을 넘어가는 가장 핵심적인 이유가 바로 여기에 있다.

대기업과 금융회사 종사자들의 급여가 급격하게 뛴 건 2010년대 이후다. 우연찮게도 이 시기에 금리가 확 낮아졌다. 결과는 뻔하다. 아파트값이 뛰고 부채와 통화량 늘고, 빈부 격차가 커졌다. 이런 큰 변화에 대해 둔감한 사람들이 의외로 많다. 이재명 정부가 주택담보대출 상한을 6억 원으로 제한한 이후 다양한 반응이 나왔다. 그중 10억 원 안팎의 대출을 낸 평범한 대기업 맞벌이 부부들이 제법 있다는 걸 비로소 알게 돼 놀랐다는 사람들이 한둘이 아니었다.

반론이 있을 수 있다. 대기업 정규직으로 일하면서 고소득을 누리고 큰돈을 빌리는 사람들이 일부에 지나지 않느냐고 할지도 모른다. 숫자로 확인해 보는 게 좋다. 국내 전체 임금 근로자는 2025년 5월 기준 2261만 명이다. 그중 대기업으로 간주하는 300인 이상 사업장의 정규직은 아무리 적게 잡아도 180만 명은 된다. 이들은 전체 임금 근로자의 10%에 못 미친다. 비율로는 높지 않다고 여길 수도 있다. 하지만 최소 180만 명이란 건 절대 숫자로는 결코 적지 않은 집단이다.

좀 더 구체적으로 대출 여력이 확실한 사람들의 숫자를 살펴보자. 국세청의 국세 통계에 따르면, 2023년 기준 월급 생활자 중에서만 연봉 1억 원이 넘는 사람이 139만여 명에 달했다. 전체 근로자의 6.7%였다. 적은 숫자가 아니다. 2009년만 하더라도 연봉 1억 원 이상 월급쟁이는 19만 7000명으로 월급 생활자의 1.4%였다. 하지만 2014년에는 52만 6000명으로 늘어나더니, 2021년부터는 100만 명을 넘어섰다. 매우 빠른 속도의 임금 상승이다. 2025년 통계가 나오려면 멀었지만 족히 150만 명을 넘었을 것이다.

이 대목에서 그동안 많은 한국인들이 인지하지 못했던 한 가지 놀라운 팩트를 짚고 넘어간다. 급여 생활자 중 연봉 1억 원 이상인 사람은 대한민국의 모든 공무원 숫자보다도 많다. 연봉 1억 원 이상

월급쟁이 중 연봉 1억 원 이상인 사람 추이

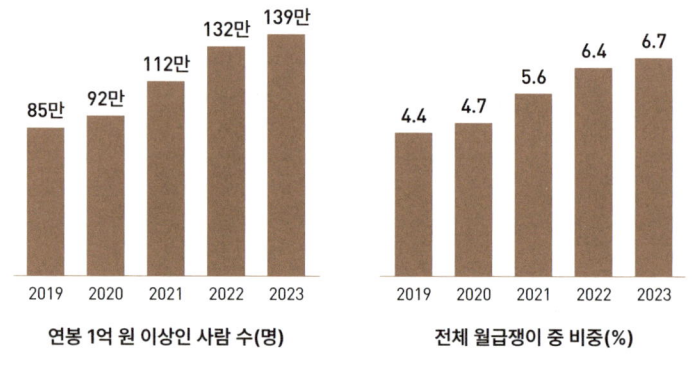

자료: 국세청

연봉 1억 이상 월급쟁이와 공무원 숫자 비교

자료: 국세청·인사혁신처

월급쟁이는 2023년 기준 139만여 명인데, 우리나라 전체 공무원은 2024년 말 인사혁신처 집계로 정확하게 129만 2545명이기 때문이다. 이게 뭘 의미하겠는가. 대기업과 금융회사 종사자의 연봉 수준이 공공 부문 종사자의 급여에 비해 비교 불가 수준으로 높아졌다는 뜻이다.

더 뜯어봐야 한다. 이런 급여 통계는 월급쟁이만 한 사람씩 카운

트한 것이다. 종합소득세를 내는 개인 사업자 가운데 1억 원 이상 버는 약 20만 명도 포함시키고, 부부의 합산 소득으로 보면 가구 단위로는 연간 1억 원 이상 버는 사례가 흔해졌다. 통계청·한국은행·금융감독원이 매년 발표하는 가계금융복지조사에 따르면, 2023년 기준 연소득 1억 원 이상인 가구의 비율은 22.6%였다. 2022년 기준 딱 20%였기 때문에 1년 사이 2.6%포인트 늘어났다는 얘긴데, 우리나라 전체 가구의 2.6%는 무려 59만 가구에 해당한다. 급속도로 소득 수준이 높아진다는 얘기다. 게다가 이건 전국 기준이며, 수도권의 연소득 1억 원 이상 가구 비율은 30%쯤 될 것이다.

가계소득이 1억 원이면 가계대출의 총합은 대략 6억 원 정도 나온다. 이처럼 소득이 1억 원이 넘는 가계가 100가구당 23가구에 달하니 대출이 늘지 않을 수 없고, 집값이 안 오를 수 없다. 한국인들의 미국 주식 투자 액수가 엄청난 것도 다 소득이 확 늘어난 데서 시작한다.

높은 연봉을 받는 대기업과 금융회사 임직원들은 대출을 많이 일으켜 수도권의 비싼 아파트들을 많이 샀다. 그런 과정 속에서 통화량이 확 늘었다. 자연스레 자산 불평등 수위가 높아졌다. 중소기업 직원들, 비정규직들, 지방 거주자들, 공공 부문이나 학계 종사자들은 급여가 오르는 속도가 더뎠다. 자산을 불리는 속도 역시 뒤처졌다.

우리나라에서는 다른 선진국보다 과중한 상속세가 대기업 직원들 임금 인상에 상당한 역할을 했다. 다른 나라와 크게 다른 부분이다. 결과적으로 무거운 상속세는 아파트값을 올리는 데 일조했다.

한국·EU·일본 대기업 직원 임금 변동

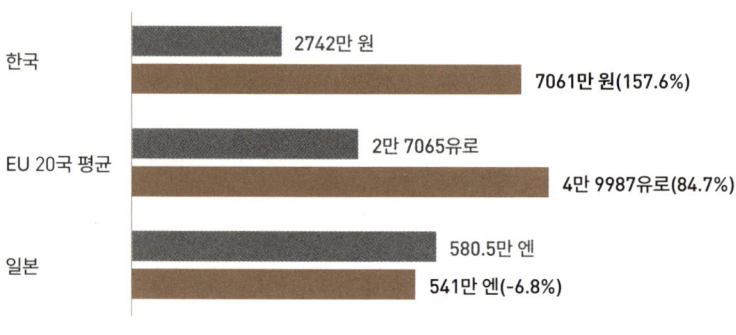

자료: 한국경영자총협회

 수도권과 지방의 부동산 격차가 커진 건 수도권 자체가 더 매력적이기 때문이다. 그러나 이것만 보면 1차원적이다. 소득이 높아 많은 빚을 낼 수 있는 대기업 임직원이 대부분 서울과 수도권에 거주한다는 것도 이유가 된다.
 한국은 2010년 무렵 이전까지만 하더라도 정부 주도형 국가였다. 하지만 경제 규모가 훨씬 커지고 기업들이 기술 혁신으로 돈을 많이 벌어들이면서 민간 기업 종사자들에게 돈이 확 쏠렸다. 선진국으로 변해가는 필연적인 단계를 밟은 것일 수도 있다.

직장 내 괴롭힘 방지법이 아파트값 끌어올렸나

경제 현상이 구조적으로 방향을 틀어버리는 경우 한 가지 요인으로만 결정되지 않는 경우가 많다. 여러 요인이 복합적으로 작용하거나, 아니면 우연이 겹쳐서 시대적 조류를 변화시킨다. 여기까지 읽은 독자는 대기업들의 높은 실적 덕분에 직원들의 급여 상승 속도가 빨라졌고, 이것이 대출과 통화량 증가로 이어졌다는 그림을 그릴 수 있을 것이다. 하지만 더 중요한 포인트가 남았다. 이제부터 이야기할 부분이 우리의 사고 체계를 바꿔놓았고, 사회 시스템도 변화시켰으며, 금융·자산 시장도 회오리를 몰고 왔다고 생각한다.

민간 부문 종사자들의 대출 여력이 확 늘어난 건 단순히 대기업 직원들의 연봉이 짧은 시간 동안 빠르게 불어났기 때문만은 아니다. 이들의 직업 안정성이 부쩍 높아졌다는 점이 어쩌면 더 폭발력 있는 변화다. 나는 2005년 기자가 되기 전에 2004년 초 삼성그룹 공채로 들어가 신입사원 연수에 참여했다. 당시 입사 동기들 중에서는

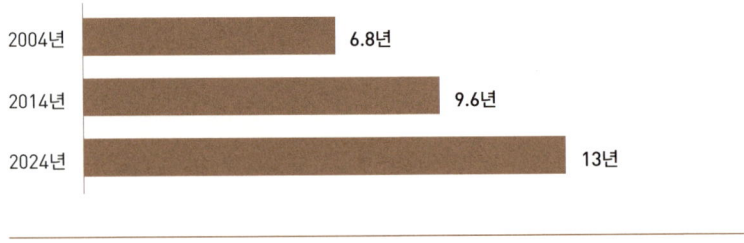

자료: 삼성전자

임원이 되지 않더라도 20년 이상 일할 수 있을 것으로 기대하는 이들이 별로 없었다. 이제는 달라졌다.

우리는 1990년대 외환위기 기억이 짙게 남아 있다. 그래서 어떤 사람들은 아직도 대기업에서 임원 승진이 안 된 40대 중후반이 쫓겨나는 줄 안다. 요즘은 그렇지 않다. 최근 10년 사이 대기업 정규직의 직업 안정성은 눈에 띄게 높아졌다. 임원 승진에 실패한 이후 50대에도 그대로 버티는 사람들이 많아졌다. 팀장을 맡는 지인들 가운데 임원이 안 되면 팀원으로 내려온 뒤 정년까지 다니겠다는 사람들(일명 면팀장)도 많다.

대기업의 평균 근속 연수는 통계상으로도 계속 길어지는 중이다. 기업 데이터를 연구하는 CEO스코어에 따르면, 대기업들의 근속 연수는 2020년 13.55년에서 2024년 14.03년으로 늘었다. 실질적으로는 0.48년만 증가한 게 아니다. 왜냐하면 이 통계는 한 직장에서 근속한 평균 기간을 말하는데, 2030세대의 이직 열풍으로 젊은 월급쟁이들이 평균 근속 연수를 대폭 깎아 먹는데도 불구하고 전체적으

자료: 통계청

로는 늘어났기 때문이다. 그러니 장기 근속자가 직장 생활을 하는 기간은 큰 폭으로 길어졌다는 걸 뜻한다.

보다 긴 시간을 놓고 추이를 보면 변화는 훨씬 드라마틱하다. 삼성전자 사업보고서를 보면, 이 회사의 평균 근속연수는 2004년 6.8년에 불과했다. 하지만 2014년에는 9.6년으로 늘더니 2024년에는 13년으로 늘어났다. 신입사원 한 명이 입사해서 쭉 다닐 것으로 예상되는 기간이 20년 사이 2배 가까이 길어졌다는 얘기다. 일부 대기업은 2020년대 들어 평균 근속연수가 20년을 넘겼다.

대기업 직원이 회사를 오래 다니게 된 건 대출과 통화량에 적지 않은 영향을 미쳤다. 예전 같으면 직장 생활이 얼마 안 남았다는 압박을 느낄 만한 40대들이 거침없이 빚을 내는 현상이 포착되고 있다. 통계청의 '임금 근로자 부채' 통계를 보면, 주택담보대출을 낸 월급쟁이 중 1인당 평균 대출액 대비 40대 평균 대출액은 2021년에 159.4%였는데, 2023년에는 2년 만에 165.5%로 높아졌다.

시간이 갈수록 40대들이 빚을 더 많이 낸다는 뜻이다. 50대까지 꾸준히 일할 수 있다는 안정감이 뒷받침되니까 나타나는 현상이다. '몇 년 있으면 쫓겨나겠네'라는 생각이면 이렇게 빚을 늘리기 어렵다.

젊은 직장인들의 '영끌' 역시 같은 맥락이다. 예전 같으면 30대 초반 대기업 직원은 '임원이 안 될 경우 앞으로 15년 정도밖에 못 다닌다'는 압박감이 있었다. 요즘은 그렇지 않다. 대기업 다니는 30대 초반이라면 임원이 되든 안 되든 25년 이상은 다닐 수 있을 거라는 안정감이 있다. 그러니 가능한 대로 빚을 끌어 써도 괜찮겠다는 심리가 작동한다.

원래 우리나라 노동법은 정규직을 자의적으로 해고하지 못하게 규정하고 있다. 하지만 이건 오랫동안 원칙상 그럴 뿐이었다. 현실에서는 암묵적으로 사람을 솎아내는 행태를 저질러 왔다. 업무를 할당하지 않는다든가, 화장실 입구에 책상을 배치한다든가, 대놓고 나가달라고 요구한다든가 했다. 모멸감을 줘서 제 손으로 사표를 쓰게 했다.

그러나 2019년 7월부터 시행된 '직장 내 괴롭힘 방지법'은 대기업의 인사관리에 근본적 변화를 가져왔다. 모멸감을 줘 퇴출시키는 게 사실상 불가능해지면서 민간 분야에서 직업 안정성은 크게 향상됐다. 두둑한 월급을 받는 대기업 정규직들이 회사에 잘리지도 않으면서 대출을 많이 낼 수 있는 발판이 되고 있다. 직장 내 괴롭힘 방지법이 수도권 아파트값을 올리는 데 적잖은 역할을 한 것이다.

여전히 희망퇴직이나 권고사직은 이뤄지고 있다. 하지만 당사자의 확실한 동의를 받지 않으면 불가능에 가깝다. 동의해서 내보낼

때는 수년 치 연봉에 해당하는 위로금을 지급한다. 정규직을 강제로 몰아낼 수 없다는 걸 간파하면서 임원 승진에 시큰둥한 사람들이 늘었다. 가늘고 길게 가자는 사람이 많아졌다. 그래서 기업의 조직문화도 달라졌다. 후배 밑에서 일해도 괜찮다는 사람들이 이제 적지 않다. 게다가 연공서열 임금체계가 완전히 바뀌지도 않았으니 대기업 부장이면 세전 2억 원 안팎까지 받으면서 정년을 향해 간다.

뿐만 아니라 한 직장에 모든 걸 바치는 풍토도 사라지고 있다. 회사를 옮겨 다녀도 정년까지 일할 수 있을 것이라는 안정감이 커졌다. 이런 현상은 저출산으로 젊은 고급 인력이 줄어들면서 점점 뚜렷해지고 있다. 주52시간제 실시도 고용 안정성을 높이는 방향으로 영향을 미치고 있다. 제한된 근로 시간 내에 업무 효율성을 높이기 위해 기존 직원의 고용을 유지하면서 생산성을 높이는 방향을 대기업들이 선택하고 있다.

대기업들의 연봉 급상승과 고용 안정성 대폭 상승은 최근 10년 정도의 짧은 시간 안에 동시에 급격하게 이뤄졌다. 그러니 이제는 안정성에 방점을 찍고 공무원, 공기업, 교사를 선택한 사람들의 상대적인 손해가 커졌다. 이들은 '대기업이 월급 더 많이 받을지 몰라도 금방 짤린다'는 전제로 지금의 직업을 선택한 경우가 적지 않지만, 그 전제가 사라지고 있기 때문이다.

요즘 공무원들이 급여가 적다고 아우성이다. 하지만 원래부터 공무원은 박봉이었다. 어떻게 일해도 정년까지 간다는 믿음 때문에 저임금을 견뎠다. 이제는 대기업과 월급 차이가 커졌을 뿐 아니라, 예전보다 오래 다닐 수 있게 된 대기업 직원에 비해 생애 전체 소득이 크게 밀리게 될 것이라는 걸 공무원들이 의식하지 않을 수 없게 됐다. 예전처럼 민간 기업에서 직장 수명이 짧다면 공무원들의 월급에 대한 불만 수위는 높지 않을지도 모른다.

대기업 직장인들의 대출 여력이 크게 늘어난 또 하나의 중요한 이유가 있다. 바로 대기업에서 여성 정규직이 크게 늘어났다는 것이다. 그리고 이들이 회사를 오래 다닐 수 있게 됐다. CEO스코어에 따르면, 대기업의 여직원 근속 연수는 2020년 11.38년에서 2024년 12.94년으로 큰 폭으로 늘어났다. 이 통계는 1~3년 안에 자발적으로 이직한 경우까지 합쳐 계산하기 때문에 이젠 대기업에서 20년 이상 근무하는 여직원이 흔해졌다는 걸 의미한다. 여성 정규직이 늘어나면서 부부가 나란히 대기업이나 금융회사의 정규직인 경우 공공 부문이나 중소기업에 종사하는 외벌이 직장인을 소득으로 3~5배가량 압도하게 됐다.

특히 '50대 여성 대기업 정규직'이라는 새로운 사회적 계층이 대한민국에서 생겨난 걸 눈여겨봐야 한다. ① 나이가 50대이고 ② 여성이고 ③ 직장이 대기업이고 ④ 정규직이라는 4가지 조건을 모두 충족시키는 사람은 10년 전까지만 해도 대한민국에 아예 없었다고 해도 과언이 아니다. 50대 여성이 대기업에서 일하면 극소수 임원이거나 단순 계약직이었고, 정규직은 대개 30대 이전에 퇴사했기 때문이다. 40대 정규직도 보기 드물었다.

이제는 달라졌다. 대기업에서 나이 오십을 넘기고 부장, 차장, 매니저 직함을 갖고 있는 정규직 여성들이 속속 등장하고 있다. 이들은 대부분 억대 연봉자이며, 남편이 비슷한 사회적 위치에 있다면 부부가 세전 3억 원은 벌어들인다. 이런 부부의 대출 여력은 2025년 6월 6억 원 대출 한도가 생기기 이전에 10억 원을 훌쩍 뛰어넘었다. 그리고 이들은 노후 대비를 할 때도 외벌이나 공공 부문 종사자보다 월등히 유리하다. 이런 세상의 변화를 볼 줄 알아야 한다. 지금은 1990년대가 아니다.

정리해 보자. 통화량이 폭발적으로 늘어나는 건 그냥 되는 게 아니다. 그건 대출이라는 신용 창조의 과정을 거쳐 이뤄진다. 소득이 높고 안정적이어야 돈의 레버리지를 이용할 수 있다. 2010년대 이후 급격하게 대기업 급여가 늘었고, 동시에 빠른 속도로 신분 보장이 이뤄졌다. 우리나라 대기업들은 이런 변화를 뒷받침할 만큼 많은 돈을 해외에서 벌어왔다.

뿐만 아니라 부부가 함께 대기업이나 금융회사에서 높은 수준의 고용 안정과 임금 혜택을 누리는 사례가 빠르게 늘었다. 이들의 신용 수준이 획기적으로 높아졌다. 그래서 가계대출이 엄청나게 늘고, 통화량도 폭발하고, 수도권 아파트 가격이 놀랄 정도로 뛴 것이다. 강조하지만 다수의 부동산 전문가들은 주로 건설업계 시각으로 본다. 몇만 세대가 새로 공급된다는 식의 해설들이다. 그런 분석도 중요하지만 그림의 한 조각밖에 못 보게 한다. 2010년대 이후는 '금융자본의 시대'다.

고용 안정성의 맥락에서 보면 대기업에 들어간 1970년대생들과

1980년대 초반생들은 어떻게 보면 행운아들이다. 직업 가치가 사회생활을 시작할 때 예상했던 것보다 훨씬 높아졌기 때문이다. 앞으로는 어떨까. 나라 체질이 민간 중심으로 이미 바뀌었다. 똑똑한 사람은 전문직에 종사하거나, 대기업에서 일하거나, 창업을 해서 민간에서 일할 확률이 계속 높아질 것이다. 인구 구조 변화로 젊은층이 줄어들면 일본처럼 완전 고용에 점점 가까워질 것으로 본다. 게다가 사회적으로 정년 추가 연장 논의를 하고 있지 않은가. 갈수록 취업할 때 공공 부문의 문을 먼저 두드리려고는 하지 않을 것이다.

앞으로 관건은 대기업 정규직들이 '대출 시장의 주인공' 역할을 계속 이어갈 수 있느냐다. 이건 한국 대기업들이 2030년대 이후에도 계속 장사를 잘하고 성장할 수 있을지에 달려 있다. 모든 게 기업의 실적에서 출발하기 때문이다. 아쉽게도 이건 아주 밝다고 보기 어렵다. 2020년대 들어 한국의 대기업들이 예전보다 지지부진한 건 단지 중국에 추격을 허용해서만은 아니다. 고용 안정성이 높아진 직장에서는 절실함이 이전보다 덜할 수밖에 없다.

2020년대 들어 대기업에 다니는 지인들은 공히 "요즘은 일하는 사람만 일하고 일 안 하려는 사람이 많다"고 말한다. 한창 달릴 때와 조직 문화가 다르다는 것이다. 사람은 직장에서 쫓겨날 수 있다는 불안감이 없으면 맹렬하게 일하지 않는다. 유럽이 미국과 비교해 서서히 몰락한 건 민간 기업에서 사람을 내보내기가 지나치게 힘들어지다 보니 혁신에 둔감해지고 새로운 산업의 개척에서 뒤처졌기 때문이다.

다른 부작용도 있다. 고용 안정성이 갑자기 높아지니 50대 정규직이 많아졌고, 그에 따라 젊은이들이 새로 대기업에 진입하는 문이 좁다. 세대 간 자산 격차를 키우는 요인이다. 삼성전자가 2025년 6월 공시한 지속가능경영보고서를 보면, 2022년에서 2024년 사이 2년간 20대 직원은 23.6% 급감했고, 40대 이상은 12.7% 늘었다. 전 세계 임직원 숫자의 변화이긴 하지만 삼성전자 임직원들이 고령화되어 간다는 건 분명하다. 공무원처럼 삼성을 다닌다는 '삼무원'이 늘어나고 있다는 언론 보도가 줄을 잇는다. 다른 대기업들도 마찬가지다.

이상 살펴본 것처럼 통화량의 증가란 단지 금융의 바운더리 안에서만 벌어지는 일이 아니다. 다층적이다. 산업계의 흥망성쇠와 연결이 되어 있다. 고용 시스템으로부터의 영향도 무시 못 한다. 신용 창조를 통한 '돈의 홍수'라는 건 일단 기업이 많이 벌어야 지속 가능하다. 그게 가장 큰 엔진이다. 계속해서 '머니 파티'를 벌일 수 있을지 지켜볼 일이다.

A Flood of Money

III

세계는 돈 풀기 경쟁중

글로벌 통화량 폭증, 20년간 4배로 늘었다

　우리나라만 돈이 많이 늘어난 건 아니다. 21세기 들어 전 세계적으로 나타난 현상이다. 특히 글로벌 금융위기가 결정적인 계기였다. 세계 경제에 예상치 못한 커다란 구멍이 생겼고 이걸 돈을 뿌려 막으려 했다. 그 여파는 2020년대 중반에도 여전하다.

　글로벌 통화량의 추이를 왜 우리가 유심히 지켜봐야 할까. 이제 한국의 평범한 투자자도 자산을 늘리고 미래를 내다보는 능력을 키우려면 전 세계적인 돈의 흐름을 면밀하게 감지해야 할 필요가 있기 때문이다. 선진국 큰손들의 전략을 그들 입장에서 생각해보는 것과 우리 입장에서만 생각해보는 건 적지 않은 차이가 있다.

　먼저 전 세계 통화량이 얼마나 늘었는지를 살펴보자. 전부 다 집계하는 건 어렵다. 그래도 경제 규모가 큰 주요국의 통화량 합계는 집계가 가능하다. 대체로 글로벌 통화량은 4대 중앙은행(미국의 연방준비제도·유로존의 유럽중앙은행·중국의 인민은행·일본의 일본은행)이 각자 집

글로벌 통화량(M2) 증가 추이

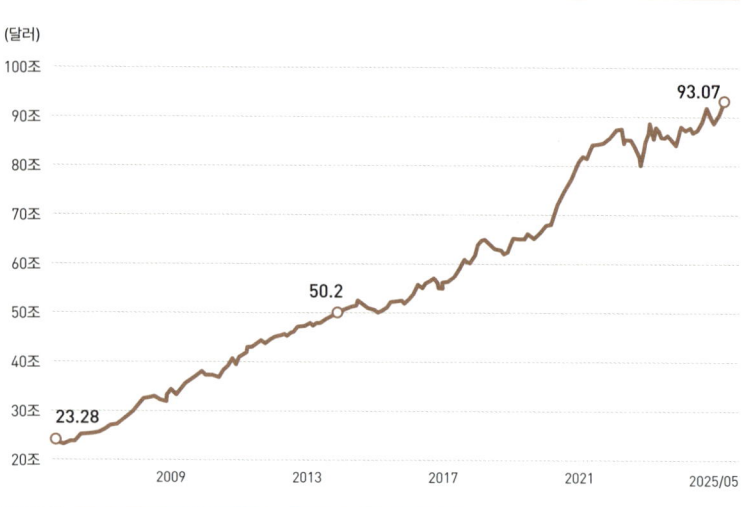

※미국·유로존·중국·일본 M2 합계 자료: 미국·유로존·중국·일본 중앙은행

계한 통화량의 합계로 보면 윤곽은 나온다. 이들 4개 대규모 경제 지역에서 광의의 통화량을 말하는 M2를 합친 액수를 '글로벌 M2'라 하자. 그러면 세계에 뿌려진 돈의 총량 변화가 머릿속에 들어온다.

먼저 지난 20년 사이 세계의 통화량이 얼마나 불어났는지 따져보자. 2005년 5월 글로벌 M2는 23조 2800억 달러였다. 3년쯤 지나 글로벌 금융위기 직전인 2008년 8월이 되자 32조 5200억 달러로 늘었다. 그랬다가 불과 5년이 지난 2013년 12월 50조 2000억 달러로 50조 달러 문턱을 넘어섰다. 글로벌 금융위기 이후 초저금리를 발 아래 용수철처럼 달아 통화량이 엄청나게 튀어 오른 것이다.

이후로도 좀처럼 속도 제어가 되지 않더니 2024년 9월에는 91조

2200억 달러로 90조 달러 벽을 넘어섰다. 2025년 5월에는 93조 700억 달러까지 늘어났다. 20년간 4배가 늘어난 것이다. 같은 20년 간 미국의 S&P500지수는 4.77배 뛰었다. 엄청난 돈 잔치를 벌였고, 그만큼 화폐 가치가 낮아졌다. 자산의 명목 가격은 비교적 짧은 시간 안에 큰 폭으로 뛰었다.

이처럼 2010년대 이후 두드러진 '글로벌 머니 파티'는 미국이 이끌었다. 글로벌 금융위기라는 초유의 사태를 맞아 미국은 돈이 돌게 만드려고 돈을 무제한으로 풀어놓았다. 사람이 크게 다쳐 출혈이 심해 생사가 오락가락할 때 수혈량을 크게 늘려 살리려고 기를 쓰는 것과 비슷하다.

미국 중앙은행인 연방준비제도가 사용한 수단은 양적완화[QE, Quantitative Easing]였다. 이건 20세기 중앙은행의 전통적인 시장 조절 수단이었던 공개시장 조작과는 다르다. 공개시장 조작은 중앙은행이 채권을 매입 또는 매각해 통화량을 조절하거나 시중은행에 자금을 대출할 때 적용하는 금리를 높이거나 낮추는 조치를 말한다. 양적완화는 다르다. 금리를 극단적으로 낮춘 이후에 막대한 유동성을 뿌려놓는다. 금리를 제로(0)로 만든 것도 모자라 시중에서 채권을 대량 매입하는 방식으로 현금을 살포하는 정책이다.

2008년 9월 글로벌 금융위기 충격이 강타하자 연방준비제도는 연 2%를 유지하던 기준금리를 3개월 만에 제로 금리(0~0.25%)로 낮췄다. 그리고 양적완화를 동원했다. '돈의 봇물'이 터졌다. 하천의 폭을 넓히는 것에서 그치지 않고, 양수기로 물을 대서 엄청난 유량을 만들어내는 것이라 보면 되겠다.

연방준비제도의 양적완화는 2008년 11월부터 2014년 10월까지 세 차례에 걸쳐 거의 6년간 지속됐다. 3차례에 걸쳐 연방준비제도가 매입한 자산 규모는 모두 3조 6000억 달러에 달했다. 원화로 환산하면 5000조 원 안팎에 달하는 엄청난 규모였다. 게다가 연방준비제도가 제로 금리를 유지한 시기는 2008년 12월부터 2015년 12월까지 무려 7년이나 계속됐다. 역사에 없던 초유의 일이었다. 양적완화와 제로 금리가 방아쇠가 되면서 미국·유로존·중국·일본의 통화량을 합친 '글로벌 M2'는 글로벌 금융위기 이후 2025년까지 거의 3배가 늘었다.

그렇다면 미국의 통화량M2은 어떻게 변했을까. 이 흐름을 잘 봐야 글로벌 경제에 대한 이해가 깊어질 수 있다. 세인트루이스연방준비은행 통계에 따르면, 미국의 M2는 21세기에 접어들기 직전인 1999년 12월 기준 4조 6393억 달러였다. 1989년 12월에 3조 1525억 달러였으니 1990년대 10년 동안 47.2% 늘어난 셈이었다. 이후에는 속도가 달라진다. 2000년 터진 IT 버블의 충격은 엄청났다. 여기에서 벗어나기 위해 연방준비제도는 저금리를 유지하며 경기 살리기에 매진했다. 미국의 M2는 1990년대보다 더 빠른 속도로 늘었다. 2008년에는 글로벌 금융위기가 닥치자 돈 풀기 속도는 더 가팔라졌다.

2009년 12월 미국의 M2는 8조 5125억 달러였으니 2000년대 들어 10년간 M2 증가율이 83.5%였다. 그 이전 10년에 비해 2배 가까

미국 통화량(M2) 추이

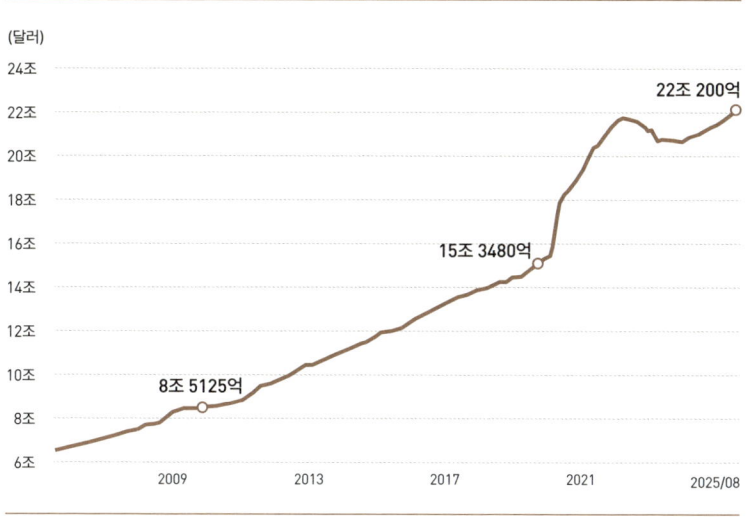

자료: 연방준비제도

이 빨라졌다. 2010년대 들어서는 제로 금리와 양적완화 콤보가 이어지면서 통화량이 계속 빠른 속도로 늘었다. 코로나 사태 직전인 2019년 12월 미국의 M2가 15조 3480억 달러가 됐으니 2010년대 증가율은 80.3%였다. 증가 속도가 그 이전 10년과 크게 차이가 나지 않았지만, 여전히 절대적인 기준에서 증가 속도가 엄청 빨랐다. 정리하면 21세기에 들어서 코로나 사태 직전까지 20년간 미국의 통화량은 3.3배 늘어났다. 하지만 이건 그 다음 단계인 코로나 사태 이후 돈이 폭발한 것에 비하면 애교 수준이었다.

2020년 코로나 사태가 터지자 미국 정부는 미증유의 사태에서 벗어나기 위해 국채 발행을 크게 늘려 갖가지 보조금을 뿌렸다. 이것이 M2를 폭발적으로 늘어나게 했다. 민간 대출이나 중앙은행 정책이 아니라 정부가 직접 뿌리는 돈이 통화량 증가의 큰 비중을 차지하는 초유의 일이 벌어진 것이다. 2020년 2월 15조 4670억 달러였던 미국의 M2는 2022년 4월에는 역대 최고치인 21조 7499억 달러까지 불어났다. 26개월 사이 무려 8000조 원이 넘는 6조 2829억 달러나 통화량이 불어난 것이다. 경제규모 세계 3~4위를 다투는 일본의 2020년 GDP(5조 556억 달러)보다도 훨씬 큰 규모였다. 가히 전대미문의 돈 풀기였다.

유례 없는 돈 잔치가 이어지면서 미국에서 주가는 폭등하고 부동산 가격도 오름세가 가팔랐다. 게다가 미국에서 풀린 막대한 자금은 세계 각지로 퍼져 나갔다. 유럽과 비교해봐도 미국의 통화량 증가는 훨씬 가파르다.

선진국, 특히 미국의 돈 퍼붓기가 21세기에 지속되면서 가히 지구 전체에 돈이 넘실댔다고 해도 과언이 아니다. 주체할 수 없는 돈의 흐름이 이어지면서 어두운 그림자도 짙게 드리워졌다. 넘치는 돈을 원래 부자들이 더 많이 차지하면서 빈부 격차가 훨씬 커졌다. 선진국들은 부채의 늪에 빠져 불안함을 안고 미래를 향해 가고 있다.

2025년 미국 통화량, 코로나 때보다도 많은 이유

　선진국 중에서도 미국의 통화량 증가 추세는 특별히 의미가 깊다. 한국의 자산 시장은 미국의 통화 정책에 민감하게 반응한다. 한국은행의 2024년 보고서를 보면, 한국과 미국의 10년물 국채 금리 변동의 상관계수는 2013~2021년 0.61에서 2022~2024년 0.94로 치솟았다. 미국의 금리와 통화량이 한국에도 즉각적이고 직접적으로 영향을 준다고 봐야 한다. 이젠 우리가 미국 경제가 돌아가는 원리를 알아야 할 이유가 차고 넘친다.
　미국은 원 없이 돈을 늘린다. 2010년대에 연방준비제도가 앞장서서 양적완화로 무제한 돈 풀기를 주도했다면, 2020년대는 코로나 사태를 계기로 연방정부 차원에서 국채 발행을 예년보다 드라마틱하게 늘려 빚으로 돈을 풀었다.
　그런데 뭔가 한 가지 이상하다. 앞서 우리나라에서 통화량이 늘어나는 이유의 약 80%가 민간에서 이뤄지는 대출이라는 점을 살펴봤다. 그러나 미국은 민간의 대출로 통화량이 늘었다고 하기에는 지나칠 정도로 단기간에 통화량이 너무 많이 늘었다. 코로나 사태가 터지고 나서 26개월 사이 무려 8000조 원이 넘는 6조 2829억 달러나 통화량이 불어났다. 아무리 미국이라 하더라도 민간에서 이 정도로 단기간에 대출을 늘릴 여력이 있을까.

세상에는 미국만 다른 '게임의 법칙'이 많은데 통화량 역시 그렇다. 미국은 통화량 증가분에서 민간 대출의 기여도가 55~60% 수준인 것으로 추정된다. 다른 나라보다 훨씬 낮다. 미국 재무부나 IMF(국제통화기금), BIS(국제결제은행) 등에서 공통적으로 분석하는 내용이다. 통화량 증가 기여분 중 민간 신용 비율이 대략 80%라는 건 유럽도 엇비슷하다. 주요국 중에서 오직 미국만 다르다.

이유는 짐작했듯 달러의 힘이다. 많이 찍어도 가치가 하락하지 않는 기축통화의 힘을 활용해 미국 정부는 엄청난 돈을 직접 집행한다. 우리나라를 포함해 대부분의 나라가 통화량 증가 기여분 중 정부 재정의 비율이 10% 안팎이지만 미국은 25%쯤에 달한다. 정부가 국채를 발행해 재정 집행의 방식으로 시중에 뿌리는 돈의 양과 비율이 다른 나라와 근본적으로 다르다.

이건 기축통화의 괴력이다. 다른 나라에서는 흉내 내기가 어렵다. 프랑스 중앙은행인 '방크 드 프랑스' 분석에 따르면, 2007년 4분기부터 2020년 2분기 사이 유로존의 M2 증가율은 60.5%였는데, 이 기간 동안 미국의 M2 증가율은 143.6%에 달했다. 달러와 유로의 힘의 차이다. 미국은 달러의 힘으로 정부 스스로 엄청난 돈을 뿜어낸다.

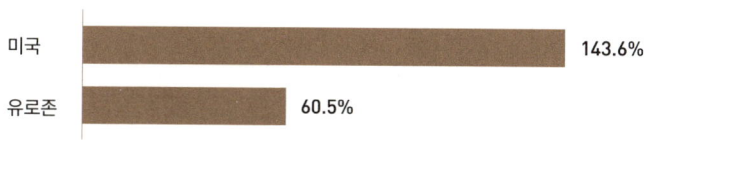

※ 2007년 4분기부터 2020년 2분기 사이 자료: 프랑스 중앙은행

　다른 건 또 있다. 우리나라는 경상수지 흑자국이라 해외에서 벌어온 돈이 통화량을 일부 늘려놓지만, 미국은 거의 매년 경상수지가 적자인 나라이기 때문에 해외에서 들여와서 통화량을 늘려놓는 일은 없다고 봐야 한다. 대신 연방준비제도가 양적완화로 2010년대에 늘려놓았던 게 요즘 미국 통화량의 15% 정도인 것으로 추산된다. 경제와 금융이 돌아가는 엔진의 구성이 다른 나라와 판이하게 다르다는 게 미국의 특징이다.

　엔진이 다르니 뿜어내는 돈의 양이 다르다. 코로나 사태로 2020년 한 해 동안 미국은 통화량^{M2}이 25.2% 늘었다. 가히 극단적인 통화팽창이었다. 하늘에서 돈이 쏟아져 내렸다고 해도 과언이 아닐 정도로 '돈의 홍수'를 겪었다. 아니나 다를까 2021년 하반기부터 본격적으로 물가가 상승할 조짐을 보였다. 2022년 1월 소비자 물가 상승률이 7.5%에 달할 정도로 물가가 치솟았다.

　그래도 오랜 저금리·저물가에 젖어 있던 연방준비제도는 한동안 팔짱만 끼고 있었다. 2022년 3월이 되어서야 물가를 잡는다며 기준

금리를 인상했다. 3년 만의 금리 인상이었다. 이후로 2023년 5월까지 11차례 금리를 올리면서 무려 5%포인트를 인상했다. 급격하게 금리를 올리니 은행들은 대출을 줄였고 유동성이 감소했다. 통화 정책이 냉탕과 온탕을 급격하게 오갔다.

이런 미국의 행보를 보면 이젠 경제 정책이나 통화 정책이란 게 구조적인 경제 체질 개선은 뒷전이고 주로 돈을 풀었다가 회수하는 식이다. 미국만 그런 게 아니라 주요 선진국이 대체로 그렇다. 돈의 밀물과 썰물을 잘 감지한 사람들이 돈을 벌었다. 앞으로도 우리가 살아가는 동안은 이런 통화량의 파도가 몰려왔다 밀려가는 반복이 계속될 확률이 높다.

2022년 연방준비제도가 무식하리만치 금리를 올리다 보니 M2는 쑥 가라앉았다. 미국의 M2는 코로나 사태 당시 피크인 2022년 4월 21조 7499억 달러에서 1년 후 같은 달 20조 7300억 달러로 1조 달러 넘게 감소했다. 비율로는 불과 1년 만에 4.7% 줄어들었다. 미국에서 이만큼 통화량이 감소한 건 대공황 이후 근 100년 만에 처음이었다.

그러나 갑작스러운 냉탕에서 벗어나는 시간은 얼마 걸리지 않았다. 연방준비제도는 2024년 초부터 금리 인하 신호를 보냈고, 그해 9월부터 세 차례에 걸쳐 금리를 1%포인트 낮췄다. 미국 땅에 다시 돈이 늘어나기 시작했다. 미국의 M2는 2025년 4월 21조 8624억 달러로 기존 사상 최대치였던 2022년 4월을 추월했다. 코로나 사태로 풀어놓은 돈을 빨아들이느라 2022년부터 2023년으로 가는 사이 1조 달러 넘는 통화량이 줄었지만, 2023년 이후로 2년 만에 다시

1조 달러 이상 늘어나 역대 최대치로 불어난 것이다.

여기서 우리에게 중요한 건 미국의 통화량이 단기간 늘어나는 힘이 다른 어떤 나라보다도 강하다는 것이다. 달러의 힘으로 정부가 직접 짧은 시간 동안 거대한 돈을 쏟아낼 수 있다. 연방준비제도 역시 자체적으로 달러를 뿜어내는 에너지가 다른 나라 중앙은행들과는 차원이 다르다.

통화량이 엄청나게 들쭉날쭉하다는 건 그만큼 큰 투자 기회가 생긴다는 뜻도 된다. 이런 기회는 21세기 들어 글로벌 금융위기와 코로나 사태로 두 번이나 있었다. 2050년까지 시간을 보면 한두 번 더 있으리란 기대를 할 수 있다. 앞으로도 경제 위기가 닥치면 미국은 가공할 만한 속도로 '초저금리+돈 풀기' 처방을 쓸 가능성이 높고 개인들은 '돈의 쓰나미' 위에서 부유하게 될 가능성이 높다. 미국에 큰 경제 위기가 닥치고 나면 뉴욕 증시에 돈이 해일처럼 밀려들게 될 확률이 적지 않다는 걸 눈치 빠른 한국의 투자자들은 알고 있을 것이다.

그러나 미국 정부라고 해서 문제 없이 경제를 운용하는 건 아니다. 통화량을 늘리는 원천이 정부가 국채 발행으로 빚을 많이 내는 것이다. 그래서 재정이 나쁘고 국가 채무가 쌓일 수밖에 없다. 특히 미국 정부는 씀씀이에 비해 세금 수입이 적어 재정적자에서 헤어나지 못하고 있기 때문에 나랏빚이 쌓이는 속도가 엄청나다. 미국 재무부에 따르면, 미국의 국가 채무는 2010년 10조 3100억 달러에서 폭발적으로 증가해 2024년 12월 31일, 36조 2186억 달러에 도달

미국 국가 채무 추이

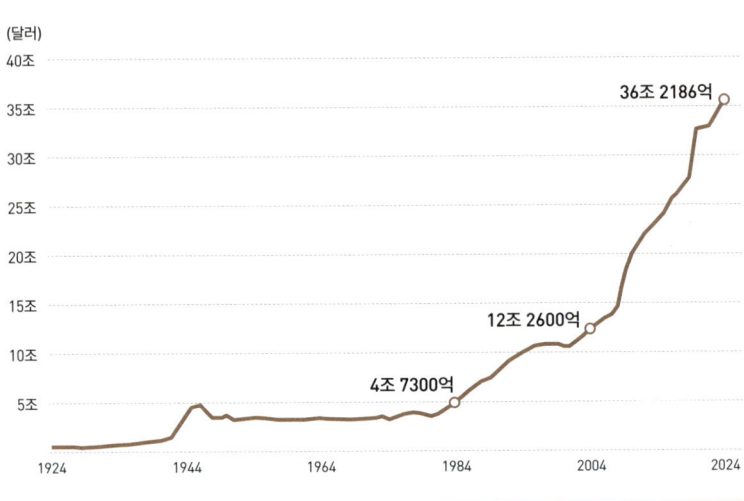

자료: 미국 노동통계국

했다. 가히 무시무시한 속도로 빚이 쌓인 셈이다. 자그마치 5경 원에 가까운 액수다.

미국 정부의 빚은 중국, 일본, 독일, 인도, 영국까지 경제 규모 세계 2위부터 6위까지 다섯 나라의 GDP를 모두 합친 액수와 엇비슷하다. 산술상으로 미국인 1인당 10만 3000달러씩 빚을 지고 있다. 미국의 GDP 대비 국가 채무 비율은 1974년에는 32%였지만 50년이 지난 2024년에는 123%가 됐다. 건국 초기 지도자였던 벤저민 프랭클린이 "빚을 지고 아침에 일어나느니 저녁을 먹지 않고 잠자리에 드는 게 낫다"고 했건만 그의 경고는 먹히지 않고 있다.

빚이 늘어나면 당연히 이자를 갚기 버거워진다. 시중 금리가 올라가면 더욱 그렇다. 코로나 사태 무렵까지는 금리가 낮아 미국 정부가 확장적인 재정 정책을 써도 버틸 만했다. 그러나 코로나 사태를 수습하기 위해 뿌린 유동성이 넘치고 글로벌 공급망 대란까지 겹쳐 물가가 오르자 상황이 달라졌다. 2022년 연방준비제도가 물가 저지를 위해 초저금리에서 벗어나자 미국 정부는 직격탄을 맞았다.

미 의회 예산국^{CBO}은 2024년 국가 채무에 대한 이자 비용이 전년보다 34% 급증한 9500억 달러에 달한다고 했다. 1년 동안 이자 갚는 돈이 1000조 원을 훌쩍 넘어서는 것이다. 아무리 미국이 초강대국이라고 하더라도 이런 거대한 빚더미와 이자 부담은 버겁지 않을 수 없다.

우리는 미국의 통화량이 거대하게 불어나는 광경뿐 아니라 막대한 빚에 어떻게 대응해 가는지 관심을 갖고 계속 지켜봐야 한다. 당연히 시장에 지대한 영향이 있을 테니 관심을 꺼버릴 수도 없을 것이다. 미국이 거대한 빚을 해결하는 방향으로 나아간다면 그 실마리를 어디에서 찾아 풀어가는지 유심히 볼 필요가 있다. 아니면 확률상 상당히 낮기야 하겠지만 미국이 빚더미로 크게 흔들리는 사태가 생기지 말라는 법도 없을 것이다. 글로벌 금융위기를 겪어 봤지 않은가. 만에 하나 그런 일이 벌어진다면 우리 일상이 송두리째 뒤집히는 직접적이고 막대한 타격을 받을 것이다.

저성장 덫에 걸린 중국, 통화량이 GDP 2배 넘는다

2023년 1월 17일 중국 국가통계국이 2022년 전국 인구를 발표했다. 14억 1175만 명. 전년도인 2021년보다 85만 명 감소한 수치였다. 우리나라 청주시 인구만큼이 증발해버렸다. 이건 신호탄이다. 인구 대국 중국에서 인구가 줄어들기 시작한 역사적 전환점을 맞이한 것이다.

왜 중국 이야기를 꺼내며 인구부터 점검해보는 것일까. 중국의 날개 달린 고성장의 가장 큰 밑천은 폭발적으로 늘어나는 사람 숫자였다. 하지만 이제는 인구 순감 시대다. 중국과 어울리지 않던 저성장이란 꼬리표가 달리게 됐다. '경제의 고령화'에서 벗어나기 위해 중국 공산당은 거의 미쳤다고 할 만큼 돈을 뿌린다. 어쩌면 미국의 양적완화보다 더 과감하다. 원화 가치는 위안화와 연동되는 경우가 잦기에 남의 일로 치부할 수 없다. 우리를 둘러싼 일부다.

중국 정부가 발표한 2024년 말 인구는 14억 828만 명이다. 2021년과 비교할 때 불과 3년 만에 부산과 광주 인구를 합친 숫자만큼 감소했다. 물론 절대적 기준에서는 여전히 엄청난 인구 대국인 건 맞다. 하지만 경제는 늘 과거와 비교해 나아지거나 나빠지면서 진로를 찾아간다. 그래서 중국 경제는 거함은 분명하지만 엔진의 힘은 점점 약해질 수밖에 없다.

  40년 전으로 돌아가보자. 1984년 중국의 경제 성장률은 15.2%였다. 가히 놀라운 기세였다. 10년이 지난 1994년에도 13%의 초고속 성장을 했다. 다시 10년이 흐른 2004년에도 10.1%로 두 자릿수 성장세는 지켰다. 하지만 2014년 7.4%로 떨어지더니 2024년에는 5%가 됐다. 코로나 사태 영향이라지만 2020년에는 2.1%, 2022년에는 3%라는 '중국답지 않은 성장률'도 보여주기도 했다.

  중국 정부가 가만히 있겠는가. 갖가지 부양책을 쓴다. 그중에서도 눈에 띄는 건 역시나 돈의 살포다. 미국이 2010년대 초반 양적완화를 할 때 헬리콥터로 돈을 뿌린다고 했다. 하지만 중국에 비하면 미국의 돈 살포는 아이들 장난 수준이다.

  통화량을 말할 때 흔히 쓰는 광의 통화인 M2를 기준으로 보자. 중앙은행인 인민은행이 밝힌 자료를 달러로 환산하면, 중국의 M2는 1997년 9285억 달러였는데, 2024년에는 44조 457억 달러로 47배 이상 늘었다. 같은 기간 우리나라의 M2는 482조 원에서 4045조 원으로 8.4배 늘어났다. 중국의 통화량 증가세가 훨씬 더 폭발적이었다는 걸 알 수 있다.

  중국은 위기를 맞을 때마다 돈을 늘렸는데, 입을 못 다물게 만든

중국 통화량(M2) 추이

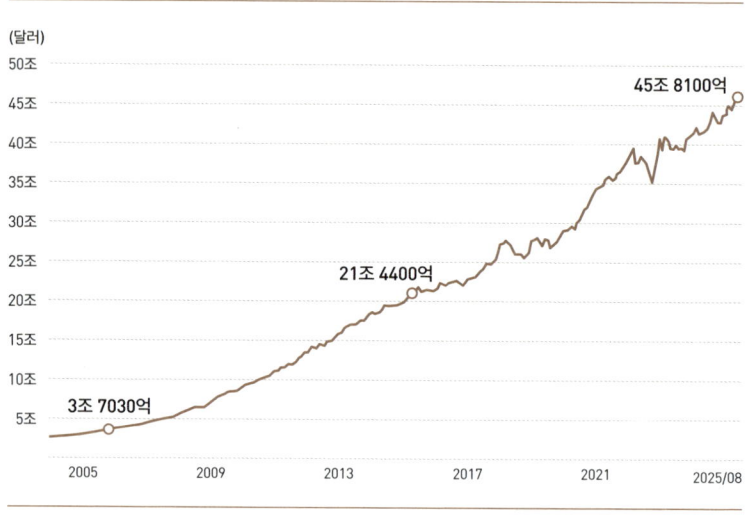

※ 달러 환산 기준
자료: 인민은행

다. 미국에서 글로벌 금융위기라는 대형 폭탄이 터지자 중국은 방어를 위해 돈 풀기 스위치를 눌렀다. 세상에. 2009년 11월 M2 증가율(전년도 같은 달 대비)은 무려 29.7%에 달했다. 무지막지하다고 할 수밖에 없다. 연간으로 보면 코로나 바이러스가 강타한 2020년에 전년도보다 10.1% 급증했다.

눈여겨볼 건 통화량 증가 속도가 거의 매년 경제 성장 속도보다 배 이상 빠르다는 것이다. 미국, 한국을 비롯해 선진국들이 다들 돈 풀기에 빠져 있지만 중국만큼은 아니다. 그래서 국가 경제가 금융화 financialization된 정도가 중국이 미국보다 더하다. 겉모양은 제조업 국가지만 속을 들여다보면 거대한 돈다발을 부어 달리는 기차 같다.

2025년 7월 기준 중국의 M2는 달러로 환산해 45조 8100억 달러

미국·유로존·중국·일본 통화량(M2) 증가 비교

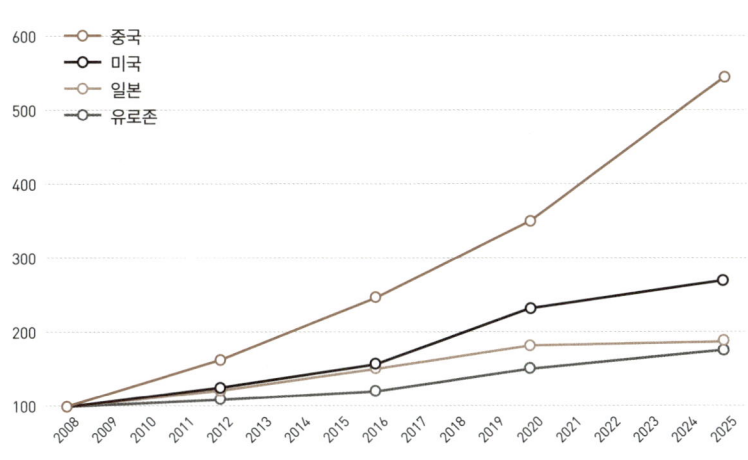

※ 2008년 통화량을 100으로 지수화할 때

다. 22조 1200억 달러인 미국의 2배가 넘는다. 여기서 중요한 건 경제 규모가 미국이 중국보다 크지만, GDP 대비 M2 비율은 중국이 더 높다는 것이다. 중국의 GDP 대비 M2 비율은 220%대다. 90%쯤인 미국이나 110% 정도를 유지하는 유로존보다 아찔할 만큼 높다.

거대한 돈 살포와 인구 감소 및 성장률 저하를 하나의 캔버스에 놓고 그림을 그려보면 이미 중국 경제는 공산당의 의도대로 굴러가지 않는다는 걸 알 수 있다. 필사적으로 액셀을 밟지만 자동차가 골골거리며 좀처럼 전진하는 걸 힘들어한다고나 할까. 경제가 시들시들해져서 돈을 푸는 만큼의 경기 부양 효과를 얻지 못한다.

중국 경제를 사회주의 시스템이라고 단정짓는 사람들도 있지만, 좀 더 정확하게는 '정부 주도형 자본주의'라고 봐야 맞다. 하지만 정부 주도가 예전처럼 안 먹히는 시대로 접어들었다. 앞에서 살펴본 어빙 피셔의 통화량 공식을 통해 보면 화폐 유통 속도가 너무 낮기 때문에 뿌려야 할 돈이 더 많아진다고 볼 수 있다.

이제는 중국 경제에 '밑 빠진 독' 현상이 분명하다. 쏟아붓는 돈의 양에 비해 실제로 시중에 돌아다니는 돈은 미미하다. 이론적으로 통화 공급을 늘리면 인플레이션을 유발한다. 하지만 중국의 경우 2023년 소비자 물가 상승률이 전년 대비 고작 0.2%에 그쳤다. 2023년 한 해 추가로 방출된 돈이 5000조 원을 상회하는 28조 위안에 달한다는 걸 감안하면 놀랍도록 물가를 끌어올리지 못한 셈이다. 이걸 '통화 증발monetary evaporation'이라고 한다. 소방 호스를 동원해 물을 대거 뿌렸는데도 흐르지 않고 수분이 죄다 증발해버린 것과 같은 이치다. 요즘 중국은 AI 기술 발전이 돋보이지만, 거시 경제의 측면에서는 내수 부진이 심각하다. 통화량과 물가와의 관계를 보면 분명 그렇다.

인민은행 발표 자료를 토대로 언론들이 계산한 바에 따르면, 2022년 경우 인민은행이 추가로 방출한 28조 위안 중 6조 위안만 GDP 증가로 이어졌다. 1위안의 부가가치를 창출하기 위해 4.8위안이 투입됐다는 얘기다. 성장률을 끌어올리려고 안간힘을 쓰지만 투입하는 돈에 비해 효과는 미미하다. 중국인들도 상식적인 판단을 한다. 저성장이 미래에도 계속될 것으로 예상되니까 투자를 하지 않고 돈을 쌓아두는 경향을 보인다. 2023년 중국의 정기예금은 무려 26% 증가했다. 물을 뿌려도 흐르지 않고 웅덩이에 고이는 현상이다.

성장률 하락세가 뚜렷한 중국에서 나타나는 특징은 통화 공급을 크게 늘려도 M2만 늘어날 뿐 M1의 증가는 미미하다는 것이다. 인민은행 자료에 따르면, 2024년 12월 기준 M2는 전년도 같은 달 대비 7.3% 늘어났지만 M1은 불과 1.3% 증가하는 데 그쳤다. 6%포인트인 M1과 M2의 증가율 격차는 사상 최대 수준이다.

그렇다면 M1과 M2의 차이는 무엇이며 어떤 의미가 있을까. M2가 광의의 통화라면 M1은 협의의 통화다. M1은 동전과 지폐 같은 현금, 수시로 입출금할 수 있는 예금을 말한다. 쉽게 말해 즉시 사용 가능한 화폐를 말한다. M2는 M1을 모두 포함한 다음 정기 예적금, 금융채권, 투자상품, 수익증권 등을 더한 것이다. 즉 M2는 'M1+유동성은 다소 낮지만 비교적 쉽게 현금화할 수 있는 자산'의 범위다.

상징적으로 이야기하면 M1은 구매를 말하고 M2는 투자를 의미한다. 그런데 중국에서는 유독 확장적인 통화 정책을 가동해도 M2만 빠르게 늘어나고 M1은 늘어나는 속도가 비실비실하다. 이건 수요 부진을 의미한다. 돈을 많이 공급해도 부유층 중심으로 금융상품에 묻어두기를 많이 할 뿐 시중에 돈이 돌게 하는 데는 한계가 있다는 얘기다.

돈을 몰래 파묻어 보관하려 드는 건 개인들뿐만이 아니다. 기업들이 더 심하다. 중국 기업들은 유동 자금을 M1에 해당하는 수시입출금식 예금이 아니라 M2에 해당하는 정기예금에 넣어두려는 움직임이 뚜렷하다. 기업이 돈을 수시입출금식 예금(M1)에 둔다는 건 금방 쓰려고 한다는 걸 뜻한다. 반면, 연간 단위로 뭉칫돈을 넣어두고 꾸

우리나라의 M2 대비 M1 비율

자료: 한국은행

준히 보관하는 정기예금(M2)을 선호한다는 건 돈을 적극적으로 쓰지 않고 보관하는 데 비중을 둔다는 걸 의미한다. 위험을 줄이는 데 혈안이 돼 있다는 얘기다. 실물 투자를 해서 큰돈을 벌려고 하지 않고 연 3~4% 정도 이자 수익이 생기는 예금에 넣어두는 정도로 만족하며 간을 보고 있다는 뜻이다. 정기예금이 늘어난다는 건 돈의 유통 속도가 떨어진다는 의미이기도 하다. 대량의 자금을 풀어도 실물 경제로 흘러가지 않고 금융 시스템 내에 머무는 '금융 저장Financial Hoarding' 현상이 중국에서 두드러지게 나타나는 것이다.

그렇다면 우리나라는 M1과 M2의 관계가 어떨까. 2001년부터 2024년 사이 M2 대비 M1의 비율은 22.5~37.4% 사이를 왔다 갔다

했다. 중국처럼 극단적이지는 않다. 하지만 2021년 이후에는 M2는 증가하는 반면 M1이 감소하면서 중국과 비슷하게 돈이 돌지 않고 투자 상품에 묶이는 현상이 뚜렷하게 나타나고 있다.

조금 더 구체적으로 보자. 2021년에는 M2 대비 M1의 비율이 37.4%로서 이번 세기 들어 가장 높았다. 즉, 코로나 사태 극복용 자금이 시중에 비교적 원활하게 돌면서 경기 회복에 꽤 도움이 됐다고 볼 수 있다. 하지만 3년이 지난 2024년을 보면 M2 대비 M1 비율은 30.4%로 눈에 띄게 낮아졌다. 구체적으로 3년 사이 M1은 3.9% 감소했고, M2는 무려 17.9%나 급증했다. 액수로 이야기해야 더 실감난다. 3년 사이 줄어든 M1은 50조 원이며, 늘어난 M2는 615조 원에 이른다. 코로나 사태 때 풀어놓은 거대한 돈이 돌고 돌다가 부유층이나 기업의 금융상품에 점점 더 많이 고이게 됐다는 얘기다.

M1 감소와 M2 증가가 동시에 나타난다는 건 돈을 풀어도 실물 경제로 흘러가지 않고 금융 시스템 안에만 머무르는 '유동성 함정'이 분명하다는 걸 의미한다. 기업이 설비 투자를 기피하는 경향이 두드러진다는 것도 엿볼 수 있다. 또한 고령화로 저축을 선호하고 소비가 줄어든다는 걸 뜻하기도 한다. 돈의 사이클이 중국화되어 가고 있다는 건 가볍게 볼 문제가 아니다.

한국이든 중국이든 어느 나라든 정책적으로 돈을 많이 뿌릴 때 공통으로 나타나는 부작용은 빈부 격차의 확대다. 중국에서는 돈을 풀면 중국 인구의 7%에 해당하는 1억 명가량의 공산당 당원들이 평범한 중국인들과의 경제적 격차를 벌릴 수 있게 된다. 우리나라도 이미 그렇다고 봐야 한다. 성장률이 워낙에 낮고 돈은 폭포수처럼 쏟아지지만, 그걸 갈퀴로 긁어가듯 주머니에 많이 쑤셔 넣는 사람은 일부에 그친다.

중국은 경제 규모에 비해 사회 안전망이 미흡하다. 미래가 불투명하니 중국인들은 돈을 쓰지 않고 저축하는 경향이 강하다. 성장 동력이었던 부동산업은 망가졌다. 방송에는 상하이의 화려한 업무단지가 자주 나오지만 중국은 저소득·저소비 국가다. 노동소득분배율(나라 전체가 번 돈에서 근로자들이 임금으로 받은 돈의 비율)은 51%로서 주요 선진국이 60%대인 것과 비교하면 현저히 낮다. 돈은 넘치지만 소수의 자본가와 기업이 쥐고 있다는 걸 단적으로 보여준다.

중국의 거시 경제 차원에서 병들어 있는 지점들은 AI, 전기차, 배터리, 반도체 등 첨단산업에서 중국이 최근에 약진하고 있다는 점이 부각되면서 덜 언급되고 있다. 근년에 우리나라 언론은 중국이 기술 분야에서 우리를 쫓아오거나 추월했다며 위기감을 불어넣는 데만 주목한다. 그건 경고로서 역할을 제대로 하는 것이다.

하지만 현명한 투자자는 더 넓게 봐야 한다. 중국의 구조적인 저성장은 기본 뼈대가 흔들리는 본질적인 약점이다. 가볍지도 않고 단기간에 해소되기도 어렵다. 2010년대에는 중국이 경제 규모로 미국을 넘어설지 모른다는 전망이 많았다. 이런 전망은 2020년대 들어서는 쑥 들어갔다.

재무장 위해 1000조 원 투입 예고한 유럽

독일인들은 고지식하다. 변화를 싫어한다. 여전히 신용카드를 잘 안 쓰는 데서 그들의 의식 구조를 엿볼 수 있다. 현금 거래를 하거나, 카드를 쓰더라도 직불카드다. 산업 구조도 좀처럼 안 바꾼다. 대표 기업들의 면면은 수십 년 전과 별로 달라진 게 없다.

하지만 아무리 변화에 굼뜨더라도 외부에서 강한 자극을 받으면 달라지게 마련이다. 2025년 중도우파 기민·기사당 연합이 총선 승리로 정권을 탈환한 시기를 기점으로 독일이 달라지고 있다. 한마디로 소극적인 나라에서 적극적인 나라로 변신하고 있다. 조심스레 한 발짝씩 내딛던 나라가 과감해지고 있다. 이유는 전쟁에 대한 공포다. 그러면서 돈을 펑펑 쓰는 '큰손'으로 변신할 채비를 마쳤다.

2025년 3월 18일 독일 연방의회는 512 대 206으로 헌법 개정안을 통과시켰다. 요지는 정부 차원에서 국방비를 중심으로 화끈하게 돈을 풀겠다는 것이다. 어떤 의미일까. 사실 독일은 유럽의 다른 나라와는 비교할 수 없을 정도로 부채를 조이는 힘이 강력했다. 글로벌 금융위기 당시 미국에서 빚이 폭발해 지축이 흔들리자 독일은 2009년 '부채 브레이크'를 만들었다. 연간 정부의 재정적자가 GDP의 0.35%를 넘지 않아야 한다고 규정했다. 이것을 정부 지침이나 법률이 아니라 헌법에 넣었다. 강력한 의지였다.

그러나 2020년 전후로 초저성장 국면에 들어서자 '부채 브레이크'를 풀어야 한다는 주장이 힘을 얻었다. 어떻게든 불황에서 벗어나는 게 급선무 아니냐는 것이다. 독일은 GDP 대비 국가채무 비율이 2024년 9월 기준 62.4%로서 G7 중에서 가장 낮다. 나라 곳간의 문을 쉽사리 열지 않았기 때문이다. 독일 주류의 정서는 '빚에 대한 공포'다. 2차 대전 때의 아픈 기억이 남아 있다. 이런 독일의 재정 운용상 보수적 스텝을 바꾼 건 푸틴과 트럼프다.

2022년 우크라이나를 공격한 푸틴이 독일에 던진 충격파는 작지 않았다. 전쟁 위협이 피부로 느껴졌다. 트럼프가 이끄는 미국은 더 이상 우방이 아니라는 경각심이 더해졌다. 게다가 트럼프는 유럽을 향해, 특히 독일을 향해 국방비를 더 쓰라는 것 아닌가. 결국 2025년 2월 총선에서 승리한 기민·기사당 정권은 러시아의 침략 위험에 대비하고 경기에 불씨를 던지기 위해 돈을 풀기로 했다. 메르켈 총리 시절 헌법에 '부채 브레이크'를 넣은 지 16년 만에 다시 헌법을 개정했다.

이제 독일은 GDP의 1%를 초과하는 국방비 지출은 '부채 브레이크'에서 제외한다. 필요시 국채 발행으로 거대한 차입이 가능해졌

유럽 국가별 국방비 지출 규모 변화

단위: 달러

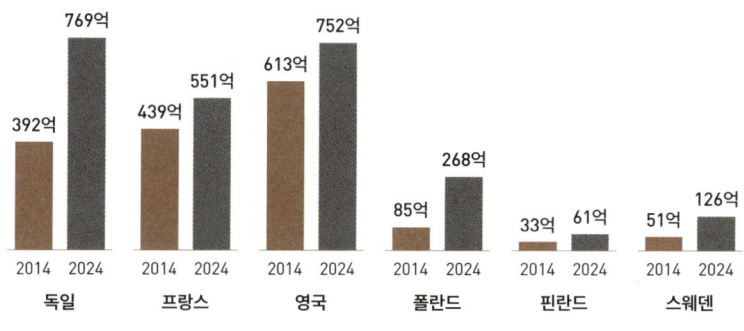

자료: NATO(북대서양조약기구)

다. 그리고 10년간 5000억 유로(약 800조 원)에 달하는 인프라 투자 특별기금을 편성했다. 화끈하게 투자하겠다는 것이다. 꽉 조였던 허리띠를 갑자기 확 풀어제낀 셈이다. 독일 언론들은 10년간 국방과 인프라에 독일 정부가 원화 환산 규모로 1500조 원 이상을 투자할 것으로 추산하고 있다. 도이체방크는 "2차 대전 이후 가장 역사적인 패러다임 전환"이라고 했다.

독일뿐만이 아니다. 유럽은 미국에 의지하지 않겠다며 '안보 자강론'을 강조하면서 군사 분야에 대규모 재정 투입을 예고하고 있다. 영국이 2027년부터 국방 예산을 매년 134억 파운드(약 25조 원)씩 늘리기로 했고, 프랑스는 국방 예산을 2019~2025년 2950억 유로(약 400조 원)에서 2024~2030년 4000억 유로(약 550조 원)로 36% 증액하겠다고 확정했다. 네덜란드·스웨덴·폴란드 등도 대규모 군비 확장 계획을 발표했다. 유럽연합EU 차원에서도 과감하게 움직이고 있다.

2025년 3월 EU는 8000억 유로 규모의 '유럽 재무장 계획'을 내놨다. 1000조 원이 넘는 엄청난 투자 규모다.

이런 향후 투자 계획에 앞서 이미 유럽은 2020년대 들어 국방비로 거액을 쓰고 있는 중이다. 유럽의 NATO(북대서양조약기구) 회원국들은 2024년에 평균으로 국방비 지출이 GDP 대비 2% 가까이 도달했다. 트럼프 대통령이 집권 1기 시절 GDP의 2%는 국방 예산으로 쓰라고 유럽을 압박했는데, 이미 현실이 됐다. 2024년 한 해 동안 유럽의 NATO 회원국들은 모두 합쳐 500조 원이 넘는 3800억 달러를 국방비에 썼다. 여전히 미국 국방 예산의 절반에 못 미치지만 그래도 3년 사이 27% 급증한 액수다.

그러나 트럼프는 이 정도로 성에 차지 않는다. 그는 2025년 집권 2기에 들어서면서 NATO 회원국들에게 GDP 대비 5%까지 써야 한다고 압박하고 있다. 독일의 2024년 GDP는 우리 돈 6150조 원 정도다. 이 액수의 5%면 300조 원에 이른다.

이러한 글로벌 군비 증강을 우리 관점에서 어떻게 봐야 할까. 유럽과 미국과 러시아 간 힘 대결로만 여기고 강 건너에서 벌어지는 일로 치부해서는 안 된다. 우선은 우리 입장에서는 다른 어떤 것보다 K방산이 시장을 넓히고 수익을 키울 수 있는 무대가 커진다는 점에서 일단 환영할 수 있다.

이런 흐름을 전체적으로 더 크게 놓고 봐야 한다. 어찌됐든 유럽의 부유한 나라들이 군비를 확대하고 인프라 투자를 늘리기 위해 통화량을 팽창시키는 건 투자자들에게는 큰 기회가 될 수 있다. 프랑크푸르트의 DAX지수는 2025년 들어 5월까지 21% 오르는 쾌조의 상승세로 '돈 풀기'에 대한 기대감을 표시했다. 미국 주식을 좋아하는 투자자들이 유럽을 기웃거려도 좋다는 신호다. 돈을 장기적으로 더 풀겠다고 유럽 국가들이 작정하고 있기 때문이다.

투자은행 골드만삭스는 2025년부터 3년간 EU가 매년 연간 800억 유로씩 국방비 집행을 늘릴 것으로 예상했다. 그래서 2027년이 되면 EU의 국방 지출이 GDP 대비 2.4%로 늘어날 것으로 내다봤다. 급격한 증가다. 마중물을 부어주면 단기적으로는 경기 부양 효과가 난다.

물론 위험 요인도 있다. 장기적으로는 세계 경제를 좀 더 불안하게 만드는 방향으로 갈 확률이 있기 때문이다. 유럽에서 돈을 확 풀면 단기간에는 경기가 살아나겠지만, 길게 보면 재정이 나쁜 유럽 각국이 더 흔들릴 수도 있다. 2011년 남유럽 재정위기 때 세계 경제가 흔들거렸던 기억을 더듬어보라.

클라스 크노트 네덜란드 중앙은행 총재는 2025년 3월 "국방비를 늘리면 부채가 늘어나고 물가를 예측하기 어려워진다"며 "추가적인 국방비 지출을 위한 예산 규정을 일시적으로 면제하는 건 타당하지만, EU의 공공부채 수준이 여전히 너무 높기 때문에 일시적이어야 한다"고 강조했다. 러시아의 위협과 미국에 의존하지 않는 자력 안보를 위해 국방비 증강이 필요하다는 건 동의한다면서도 유럽 경제를 위험에 빠뜨릴 가능성이 있다는 설명이다.

유럽에서는 과도한 재정적자와 국가채무로 신음하는 나라들이

G7 중 유럽 국가 GDP 대비 국가채무 비율

단위: %

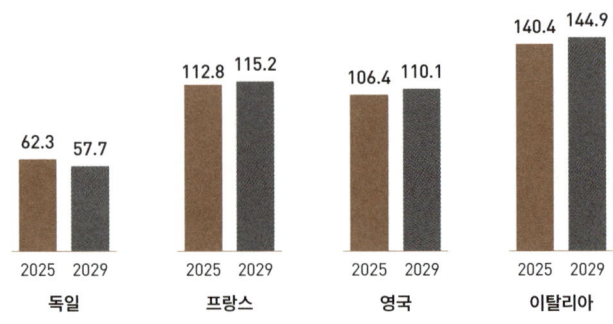

＊ IMF 전망치　　　　　　　　　　　　　　　　자료: IMF(국제통화기금)

많다. EU의 재정 운용상 권고 기준인 '적자를 GDP의 3% 이내로 유지하라'는 지침을 준수하지 못한 회원국은 2024년 기준 전체 27개 회원국 가운데 17개국에 달했다. 대표적인 만성 적자국인 프랑스는 2024년 GDP 대비 5.8%의 거대한 적자를 기록했다. 비율로 표현해서 숫자가 커보이지 않을 뿐 한 해 재정 펑크가 250조 원에 달했다는 얘기다.

EU에서는 탈퇴했지만 독일·프랑스와 함께 유럽 3대국 지위를 유지하고 있는 영국은 2024년에 GDP 대비 4.8%라는 거대한 재정 펑크가 났다. 지리적 여건상 러시아의 군사 위협이 심각한 나라들은 적자 규모가 더 크다. 폴란드는 무려 6.6%의 적자를 기록했다. 국방비 지출이 늘어난 가운데 물가 상승으로 소비가 위축돼 부가가치세 세수가 줄어들었기 때문이다.

종합해본다. 유럽의 국방비 증액 선택은 국제 정세의 맥락에서 불가피한 측면이 있다. 우리에게는 방산 판매가 늘어나고 화폐량 증가에 따라 투자 기회가 생길 수 있다. 하지만 부채의 늪에서 허우적거리는 유럽의 고질적인 환부를 더 곪게 만들 우려가 적지 않다. 이미 경고등에는 불이 들어와 있다. 프랑스의 신용등급을 2024년 12월 무디스는 Aa2에서 Aa3로 한 단계 낮췄고, 피치도 2025년 9월 AA-에서 A+로 한 단계 하향 조정했다.

유럽에서는 국방비 지출 확대와 재정 악화를 둘러싸고 극심한 사회적 갈등이 불거질 수밖에 없다. 유럽인들은 다른 가치를 위해 복지 축소를 수용할 마음의 준비를 하는 사람들이 아니다. 두툼한 복지가 유럽다움을 만드는 가장 중요한 요소로 여긴다. 이런 국민들에게 유럽 각국 정부는 '러시아의 위협에 맞서고 미국의 요구를 무시할 수 없어 무기를 더 구매해야 하지만 돈이 부족하기 때문에 어쩔 수 없이 복지 예산을 줄이겠다'라고 말해야 하는 상황이다.

갈등은 2025년 7월 영국에서 복지 개편안이 간신히 의회를 통과한 과정에서 여실히 드러났다. 집권당인 중도좌파 노동당은 장애인과 장기 질환자를 위한 복지 수당인 개인자립지원금^{PIP}과 보편지원금^{UC} 수당을 대폭 삭감하려고 복지 개편안을 발의했다. 이 개편안은 여당인 노동당 내부에서부터 빈곤층이 늘어날 수 있다는 반발에 부딪혔다.

프랑스도 내홍을 겪고 있다. 마크롱 행정부는 2025년 문화부 예산을 전년도보다 3.4% 줄였다. 박물관, 극장, 축제, 문화재단, 학교 문화 체험 행사 등을 지원하는 금액이 큰 폭으로 깎였다. 연 300유로를 주던 청년 문화체험권Pass culture을 150유로로 반토막냈다. 문화 예술인들의 항의 시위가 잇따랐다. 계속되는 재정 압박을 견디지 못한 프랑스 정부는 2026년 정부 예산을 축소하겠다고 2025년 8월 발표했다. 공휴일을 이틀 없애서 일을 더 하고, 국방 예산을 제외한 모든 예산을 동결해 전체적으로 440억 유로를 감축하겠다는 방침을 밝혔다. 이런 긴축안은 프랑스 국민들의 거센 반발에 부딪혔으며, 프랑수아 바이루 총리는 의회에서 불신임안이 통과돼 불명예 퇴진했다.

결국 전쟁이나 전쟁 위협은 빚을 늘리고 비용 지출을 과다하게 늘려 경제를 병들게 만든다는 걸 알 수 있다. 유럽이 멀다고 해서 강 건너 불로 단정지을 일이 아니다. 2011년 남유럽 재정위기나 2016년 브렉시트 찬반 국민투표는 한국의 금융시장도 제법 흔들어 놓았다.

돈 살포하는 새로운 기계, 극우 정당

2020년 초 코로나 사태가 터지기 직전 폴란드에 날아갔다. 당시 집권당이던 법과정의당[PiS]의 포퓰리즘 실체를 현장에서 취재하기 위해서였다. 법과정의당은 유럽에서 21세기형 극우 정당의 정책적 색깔을 가장 선명하게 보여주며 실행에 옮긴 정당이다. 가히 극우 정당의 전범 같은 정치적 무리다.

법과정의당이 펼친 정책을 여러 각도에서 살펴보면 세상의 정치적 어젠다가 어떻게 바뀌고 있는지 알 수 있다. 뿐만 아니라 글로벌 경제 시스템의 변화까지도 들여다볼 수 있다. 극우 정당과 세계 경제가 무슨 관련이란 말인가. 밀접한 연결고리가 있다. 2020년대 세계를 들여다볼 수 있는 프리즘이다.

법과정의당은 극우 세력답게 이민족들에 대한 거부감을 노골적으로 표시한다. 검찰 탄압과 사법부 장악과 같은 민주주의 체제를 허무는 야만적인 행태도 일삼았다. 하지만 적지 않은 국민들의 지지를 받았다. 2015년부터 8년간 집권했다. 그들이 인기를 끈 비결은 무엇이었을까.

2019년 법과정의당은 700만 명에 달하는 만 18세 이하 모든 국민에게 매월 500즈워티(약 19만 원)의 수당을 뿌렸다. 아이 셋을 낳고 폴란드 직장인 평균 세후 소득(5900즈워티)을 버는 외벌이 가정이라면 소득의 25%를 따로 받는 것이다. 마구잡이식 돈 뿌리기였다.

이뿐 아니다. 법과정의당 정부는 2019년부터 연금 수령 대상자 970만 명 전원에게 한 달 치 연금인 1100즈워티(약 42만 원)씩 지급하는 '보너스 연금' 제도를 만들었다. 우리 돈으로 3조 원이 넘는 돈을 뿌렸다. 게다가 법과정의당 정부는 5년간 최저임금을 49%나 올렸다. 결과는 뻔하다. 극심한 인플레이션에 시달렸다. 재정 압박도 심해졌다.

그렇다면 왜 법과정의당은 돈을 살포하는 정책을 썼을까. 원래 극우 정당은 외국인을 배척하는 사람들로부터 박수를 받는다. 그러나 시간이 제법 지나다 보니 지지세를 확장하는 데 한계가 있다는 걸 깨달았다. 특히, 빈부 격차가 커지면서 중산층에서 하위 계층으로 추락한 사람들이 외국인 혐오 경향이 짙기 때문에 이들을 상대로 '다시 잘살게 해주겠다'고 약속하는 게 중요하다고 여긴다. 트럼프식 MAGA Make America Great Again 캠페인과 일맥상통한다.

그래서 요즘엔 극우 정당들이 경제 정책을 보강해 수권 정당으로서 면모를 보여주려고 한다. 예전에는 '이민자들 못 오게 막겠습니다'는 메시지만으로도 어느 정도 인기를 끌었다. 하지만 이제는 '잘

먹고 잘살게 할 수 있는 경제 정책도 갖고 있습니다'라고 선전할 필요성을 느끼고 있다는 얘기다.

유럽 역시 세계적인 돈 풀기의 여파로 양극화가 심각하다. 극우 정당이 다가가려고 하는 국민은 경제적으로 사회 하층 계급으로 처졌고, 동시에 고상한 척하는 PC주의 정치 이념에 질려버린 이들이다. 그래서 이런 사람들을 끌어당기기 위해 극우 정당들은 이념적으로 타민족 배척주의와 경제적으로 극단적인 재정 확대를 결합시키고 있다. 두 가지 서로 다른 괴물을 붙여놓은 셈이다. 이건 한순간의 유행이 아니다. 저개발 국가 사람들이 더 잘사는 나라로 이주하는 움직임이 둔해지기 전까지는 끈적하게 오래갈 것이다.

재미있는 건 극우 정당의 돈 뿌리기, 조금 더 순화된 표현으로 재정 확대 정책은 다분히 좌파 정당이 주장하는 정책들과 흡사하다는 점이다. 유럽에서 중도좌파 내지는 극좌 정당의 경제 정책은 사회 취약 계층을 돕기 위해 정부가 재정 지출을 늘려야 한다는 것이다. 이런 좌파 진영의 주장을 극우 정당들이 그대로 베끼다시피 하고 있다. 극우 정당들이 정치는 극우, 경제는 극좌로 하는 '이중 플레이'를 한다고 볼 수 있다.

2020년대 초반만 하더라도 '이념 전쟁+재정 살포'의 양면 포퓰리즘을 가동하는 집권 세력이 있는 나라가 폴란드, 헝가리 정도에 그쳤다. 하지만 이제는 유럽에서 광범위하게 퍼졌다. 특히 서유럽으로 확장하는 기세가 뜨겁다. 극우 정당 인기가 점점 더 높아지고, 연립 정부의 일원으로 속속 권력에 직접 관여하고 있기 때문이다.

2025년 초를 기준으로 유럽에서 극우 정당이 원내 1당이거나 연립정부의 일원으로 참여해서 실제로 정권을 쥔 나라는 이탈리아, 핀란드, 슬로바키아, 헝가리, 크로아티아, 체코, 네덜란드, 스웨덴 등 8개 나라에 달한다. 오스트리아에서는 2024년 총선 결과 중도 정당 3곳의 연립정부가 출범했지만 원내 제1당은 극우 정당인 자유당이었다.

이런 현상을 우리도 관심 있게 봐야 하는 이유는 유럽식 극우 정당의 모델이 전 세계로 '수출'될 가능성이 적지 않게 있기 때문이다. 특히, 일본에 상륙했다는 걸 유심히 보라. 2025년 7월 참의원(상원) 선거에서 15석을 얻은 참정당이 유럽식 극우 정당을 거의 그대로 흉내내고 있다. 참정당은 '저팬 퍼스트'를 외치며 외국인 근로자에 대한 체류 조건을 까다롭게 하자고 주장했다. 그와 동시에 0~15세 아동 1인당 100만 원에 가까운 월 10만 엔을 지급하겠다고 공약했다. 소비세 인하와 유가 보조금 확대도 주장했다. 폴란드 법과정의당의 판박이 아닌가.

참정당의 경제 정책이 만약 시행되면 막대한 국가 부채에 시달리는 일본이 파국으로 치닫게 될 것이다. 우리나라에서도 외국인이 더 많아지면 폴란드 법과정의당이나 일본 참정당 같은 정당이 '수입'될 가능성이 높아질 것이다. 남의 일로 볼 게 아니다.

눈여겨볼 건 좌파 정당과 극우 정당은 재정 확대에 있어서는 비슷한 목소리를 내지만 조세 정책에 있어서는 반대 방향에 서 있다는 점이다. 대체로 좌파 정당은 증세에 기울어 있다. 부유층을 대상으로 세금을 많이 거둬 빈부 격차를 완화하고 복지를 두툼하게 제공하겠다는 식이다. 돌려 말하면 돈을 어떻게 마련하겠다는 계획을 내놓는 편이다. 이와 달리 극우 정당은 조세 수입 기반에 대한 고민을 하지 않는 인상을 풍긴다. 돈을 많이 주겠다고 떠든다. 하지만 어디서 끌어오느냐에 대해서는 입을 다문 채 무차별적, 막무가내식 선심성 감세를 약속해 환호를 받고 있다.

이런 정치 세력이 실제로 본격적인 통치 권력을 갖게 되면서 점점 더 재정 지출이 증가하고 있다. 가히 새로운 '돈 풀기 기계'가 극우 정당이라고 해도 과언이 아니다. 가뜩이나 엉망인 유럽 각국 재정을 망가뜨려 세계 경제가 위험에 빠질 가능성을 높인다.

구체적으로 보자. 유럽의 대표적인 극우 정당인 프랑스 국민연합RN은 2024년 조기 총선을 앞두고 자동차 연료와 가스, 난방용 기름에 대한 부가가치세VAT를 기존 20%에서 5.5%로 파격적으로 낮추겠다고 했다. 에너지에 붙는 세금을 하루아침에 70% 이상 깎아주겠다는 건 사실상 돈 뿌리기에 가깝다.

게다가 국민연합은 고속도로를 국유화해서 통행료를 무료로 하거나 미미한 금액만 받겠다는 공약도 내걸었다. 30세 이하 근로자에게 소득세를 전면 면제하겠다는 파격적인 약속도 내놓았다. 극단적인 선심성 정책이다. GDP 대비 국가채무 비율이 110%대에 달하고, 국가 신용등급이 계속 하락하고 있는 나라에서 나올 만한 정책이 아니다. 문제는 이들이 2010년대 이전처럼 소수 정당이 아니라는 점이다.

2025년 독일 총선에서 정당별로 내건 공약 이행을 위한 비용

정당	성향	공약 이행을 위한 비용
독일을위한대안	극우	1490억 유로
기민·기사당 연합	중도우파	890억 유로
사민당	중도좌파	300억 유로
녹색당	좌파	480억 유로

자료: 독일경제연구소(IW)

　독일도 마찬가지다. 2025년 2월 총선에서 원내 2당으로 도약한 독일을위한대안^AfD은 극우 성향이면서 소득 수준이 낮은 게르만인들 사이에서 큰 인기를 얻고 있다. 이들은 외식 물가를 낮추자며 식당 부가가치세를 기존 19%에서 7%로 파격적으로 낮추겠다고 했다. 세율을 한 번에 절반 이하로 낮추는 건 지나치게 급진적이다.

　이외에도 AfD는 연금 수령액도 늘려준다고 하고, 가계소득 비과세 한도를 높여 세금을 덜 내게 해주겠다고 하는 등 선심성 공약을 잔뜩 늘어놓았다. 이와 관련해 독일 싱크탱크인 독일경제연구소^IW는 흥미로운 분석 결과를 내놓았다. 총선 공약을 모두 이행할 때 얼마나 많은 재정을 필요로 하는가를 측정했다. AfD의 공약을 실행하려면 1490억 유로가 필요한 것으로 측정됐다. 반면 중도좌파 성향인 사민당은 300억 유로, 녹색당은 480억 유로만 각각 공약 이행을 위해 필요한 것으로 나타났다. 극우 정당이 좌파 정당보다도 더 많은 돈 뿌리기를 하려는 경향이 있다는 게 분명하게 나타난 것이다.

　영국도 상황이 다르지 않다. 극우 정치인 나이절 패러지가 이끄

유럽 3대 극우 정당의 선심성 공약

독일	독일을위한대안	식당 부가세 19%에서 7%로 파격 인하
		연소득 1만 5000유로까지는 소득세 면제
프랑스	국민연합	연료에 붙는 부가세 20%에서 5.5%로 인하
		고속도로 국유화로 사실상 통행료 면제
영국	영국개혁당	전체 상속재산의 98%에 상속세 완전 면제
		저소득층 700만 명에게 소득세 면제

자료: 각 정당

는 영국개혁당은 2024년 총선을 앞두고 150조 원이 넘는 900억 파운드에 달하는 초대형 감세 약속을 내놓아 눈길을 끌었다. 영국 내 상속 재산의 98%에 대해 상속세를 완전 면제해주겠다고 하거나, 소득세 기초 공제액을 1만 2570파운드에서 2만 파운드로 올려 순식간에 약 700만 명의 저소득층을 상대로 소득세를 면제해주겠다고 약속했다. 실행될 경우 재정에 엄청난 타격을 줄 수 있는 내용들이다. 2025년 들어 영국개혁당은 여론조사에서 1위로 올라섰다.

요즘 어느 나라에서나 맹숭맹숭한 색채의 정당은 지지율이 낮고 색깔이 양 끝단에 있어 강렬해야 인기가 좋다. 이런 정치 지형을 비집고 들어간 극우 정당들이 이민자 배척과 선심성 경제 공약이라는 '이중 사탕'을 내밀며 승승장구하고 있다.

툭하면 재정위기로 세상을 흔들어놓는 곳이 유럽이다. 당장 큰일이 벌어지지는 않겠지만 길게 보면 '극우 정당발 위기'는 생각보다 큰 위험 요인이 될 수 있다는 걸 염두에 둘 필요가 있다. 지금 유럽 극우 정당들은 2차 대전을 일으킨 나치의 모습과 무척 닮았다. 많은 나라에서 극우 정당의 영향으로 현금 살포나 무차별적인 감세와 같은 재정 파탄 가능성을 높이는 무리한 정책이 조금씩 현실화되고 있다. 자국의 경제 펀더멘털에 악영향을 주는 것은 물론이고 나아가 세계 경제에 타격을 줄 수 있다.

IV

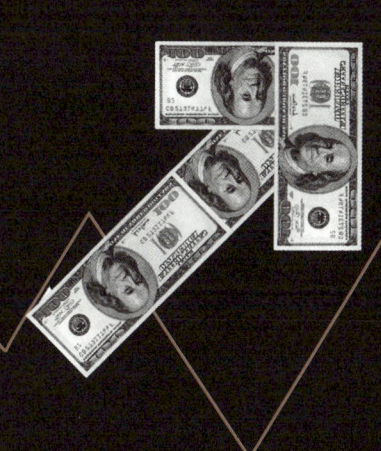

돈은 미국으로 향한다

세계 시가총액의 48.5% 차지하는 뉴욕 증시

21세기에 돈이 급격하게 많이 풀린 결정적인 이벤트는 뭐니 뭐니 해도 글로벌 금융위기다. 이 사건은 현대사에서 어떤 의미를 가질까. 초강대국인 미국이라는 나라도 무너질 가능성이 있다는 걸 보여주는 가장 생생한 사례였다. 그로부터 15년 이상 지난 세계 정세의 흐름을 살펴보면 결과적으로 글로벌 금융위기는 미국의 헤게모니를 오히려 강화시켜주는 기폭제였다. 이 과정에서 우연이 커다란 기여를 했다고 생각한다. 어떤 우연일까.

미국은 고용 유연성이 높은 나라다. 툭하면 해고하고 사람을 내보낸다. 하루아침에 인간이 냉혹하게 내던져질 수 있지만, 경기가 좋을 때는 빠른 속도로 고용이 늘어난다는 장점이 있다. 기업이 부실화될 때도 유럽이나 동아시아처럼 공적 자금을 투입하는 경우가 드물다. 자립이 안 되면 망하게 내버려둔다. 썩은 덩어리를 안고 가기보다는 과감하고 냉정하게 내던져 버리는 경제·사회 모델이다.

우연이 미국의 헤게모니를 키웠다는 건 아이폰이 등장해 모바일 비즈니스 시대가 열린 2007년과 글로벌 금융위기가 폭발한 2008년이 시기적으로 거의 같았다는 걸 말한다. 이 무렵 금융회사들이 무너지고 전통 산업이 위기에 빠져 대거 정리해고를 할 수밖에 없었는데, 이와 시기적으로 맞물려 탄생한 모바일 비즈니스 분야로 순식간에 인력들이 대거 이동했다. 그래서 산업계 재편이 짧은 시간 안에 손쉽게 이뤄졌다. 썩은 살이 도려지는 시기와 새살이 돋아나는 시기가 의도치 않게 겹쳤다고 비유할 수 있다.

글로벌 금융위기와 모바일 전환이 서로 다른 시기였다면 미국 중심의 세계 질서가 강화되는 데 시간이 좀 더 걸렸을 거라고 본다. 다른 나라들이 대응하고 뒤쫓아갈 시간이 좀 더 있었을 테니까. 이게 유럽이 2010년대 이후 미국과 비교해 짧은 기간 동안 역량이 급격하게 뒤처진 핵심이다. 미국이 '우연의 힘'을 동력 삼아 빅테크를 내세워 앞으로 뻗어 나갈 때 유럽은 여전히 '굴뚝 산업'을 부둥켜 안고 있었다.

그래서 2010년대 이후 해일처럼 불어난 돈은 자연스레 미국을 향한다. 조금 더 정확하게는 뉴욕 자본시장에 전 세계 기관이며 개인의 돈이 쏠린다. 그렇게 흘러들어 온 돈은 미국의 거대 기술 기업에 흡입된다. 쏟아지는 돈을 밑천으로 빅테크들은 신기술 개발에 막대한 자금을 쏟아붓고 고급 인력들에게 거액의 연봉을 안긴다. 이런 순환고리 덕에 매력적인 성과물이 나와 세상의 소비자들의 마음을 사로잡고, 다시 돈이 더 몰려드는 선순환이 생긴다.

세계 상장사 시가총액 합계 중 미국 비율

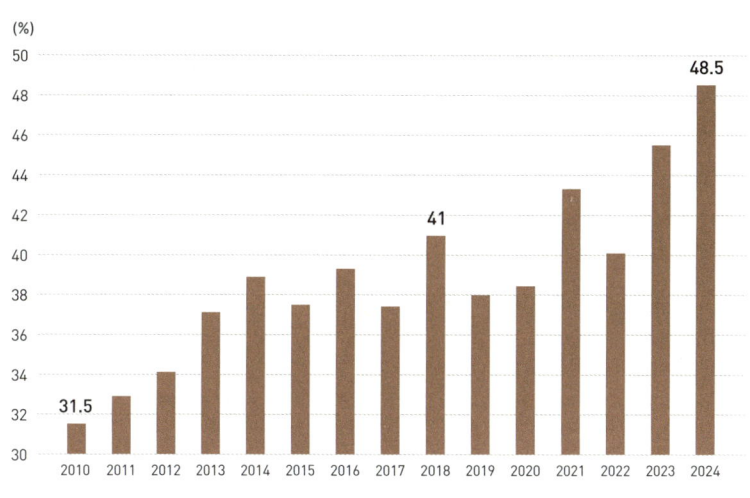

자료: 시빌리스 리서치

그렇다면 미국 주식시장에는 대체 얼마나 많은 돈이 몰려드는 걸까. 집계가 가능하다. 글로벌 주식 가치 평가분석을 하는 데이터 제공업체인 시빌리스 리서치의 집계에 따르면, 2024년 12월 31일 기준 뉴욕증권거래소(NYSE)와 나스닥을 합쳐 미국에 상장된 기업들의 시가총액의 합계는 62조 2047억 달러에 달했다. 약 9경 원에 달하는 그야말로 천문학적인 숫자다.

이걸 다른 방식으로 표현해보자. 대한민국의 2024년 GDP(국내총생산)는 1조 7100억 달러다. 미국 상장사 시가총액 합계가 경제 규모 세계 10권인 대한민국 연간 36배쯤 된다는 거다. 유럽연합(EU) 27개 회원국의 2024년 GDP는 19조 4000억 달러다. 그러니까 유럽의 27개국의 GDP를 합쳐도 미국 기업 시가총액 합계의 3분의 1에도 못 미친다는 뜻이다.

　미국은 세계 최강국이고 경제 규모도 최대다. 그렇다면 원래부터 이렇게 시가총액이 엄청난 수준이었을까? 아니다. 그리 오래되지 않았다. 통화량이 본격적으로 팽창한 2010년대 이후 벌어진 일이다. 시빌리스 리서치에 따르면, 2001년 말 미국 기업 시가총액 합계는 13조 8583억 달러였다. 그랬다가 2011년 15조 6455억 달러로 늘었다. 10년 사이 불과 13% 정도밖에 안 늘었다. 2001~2011년 사이 10년 동안은 미국 주식에 투자했을 때 수익률이 은행 이자보다 높다고 보기 어려웠다. 그 사이에는 닷컴 버블 폭발과 글로벌 금융위기의 타격이 있었다. 그리고 미국의 자본시장 지배력이 지금처럼 절대적인 분위기는 아니었다.

　하지만 양적완화로 돈을 뿌리고 미국 빅테크들이 신기술로 세상을 호령하는 두 가지 날개가 상승 효과를 내면서 분위기가 확 달라진다. 미국 상장사 시가총액 합계는 2011년 말 15조 6455억 달러에서 불과 2년 만인 2013년 말에는 24조 414억 달러로 53%대의 기록적인 성장을 보여준다. 이건 시작에 불과했다. 전 세계 투자자들이 몰려들면서 2017년 말 30조 달러 문턱을 넘어섰다. 그리고 나서 불과 3년 만인 2020년 말에는 40조 달러를 넘었다.

　속도는 무서워졌다. 코로나 사태 때 풀어놓은 엄청난 자금을 증시가 먹고 자랐다. 40조 달러 문턱을 넘은 지 1년 만인 2021년 말 미국 상장사 시가총액은 50조 달러 허들을 화끈하게 넘어섰다. 이후 미국이 인공지능을 선도한다는 기대감과 금리 인하가 맞물리면서

2024년 말에는 62조 달러대까지 올랐으니 가히 파죽지세였다. 정말이지 세상에 도는 돈이 급격하게 한쪽으로 쏠린다는 게 여실히 드러난다. 미국은 물론이고 세계 주요국에서 엄청난 속도로 돈을 풀고, 이것이 회오리를 틀 듯 미국을 향해 무서울 정도의 쏠림 현상이 나타난 것이다.

글로벌 금융위기 이전, 그러니까 모바일 비즈니스가 등장하기 이전까지는 특정한 거대 기업 몇 곳이 전 세계의 돈을 진공 청소기처럼 빨아들이기는 어려웠다. 전성기의 도요타나 제너럴 모터스도 그렇게 하지 못했다. 월마트, 소니, 엑손모빌, 코카콜라, 제너럴 일렉트릭GE 같은 회사들도 마찬가지였다. 이런 글로벌 강자들은 거대한 위용을 자랑했지만 그들은 업종 자체를 온전히 자기 것으로 만들지는 못했다. 이를테면 소매 유통 업계에서 월마트가 세계 최강인 건 맞지만, 대부분의 나라에 월마트보단 작아도 대형 마트를 운영하는 기업들이 있다.

하지만 모바일 비즈니스 시대가 본격화된 2010년대 이후에는 다르다. 세계를 집어삼키는 혁신 기업들의 시장 지배력이 그 이전 글로벌 대기업들과는 다르다. 구글이나 애플의 운영체제OS는 다른 기업들이 흉내내기 어렵다. 페이스북처럼 수십억 명을 끌어당기는 소셜 미디어가 10개 넘게 생기지는 않는다. 이런 모바일 혁명을 미국 빅테크가 앞장서 열어갔다. 때마침 웅덩이에서 물을 길어와서 들이붓듯 통화량이 폭발하면서 돈의 쏠림, 부의 쏠림이 너무나 두드러졌다.

매그니피센트7 종목의 시가총액 변화

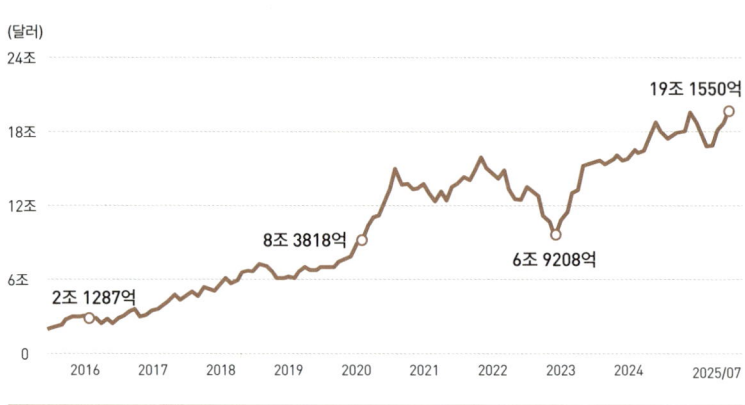

※ 애플·엔비디아·메타·알파벳·마이크로소프트·아마존·테슬라 시가총액 합계   자료: 매크로마이크로

　과실은 주식 초보도 아는 용어 '매그니피센트7'을 통해 확인할 수 있다. 빅테크 7사(애플·엔비디아·메타·알파벳·마이크로소프트·아마존·테슬라) 주식을 묶어 부르는 표현이다. 매그니피센트7의 시가총액 합계는 2012년 말에는 1조 달러에 미치지 못했다. 하지만 9년 만인 2021년 말에는 10조 달러 선을 넘었다. 2025년 7월에는 19조 1550억 달러까지 치솟았다. 중국, 일본, 인도의 모든 상장사 시가총액을 더해도 매그니피센트7에 미치지 못할 정도다.

　시빌리스 리서치의 자료를 좀 더 들여다보자. 이 회사는 2010년부터 모든 전 세계 상장사의 시가총액 합계도 산출하고 있다. 이 데이터를 분석해보면 2010년 말 기준 미국 상장사 시가총액은 전 세계 상장사 시가총액의 31.5%를 차지했다. 이 비율은 이후에 꾸준히 올라서 2018년 말 40%선을 넘어섰으며, 2024년 말에는 48.5%에 달했다. 14년 사이 대략 미국의 비중이 3분의 1에서 절반으로 올라간 것이다. 미국 주식시장 가치가 나머지 모든 나라의 주식 가치를 합친 것과 거의 같은 셈이다. 세계 시가총액 합계 가운데 두 번째 비중을 차지하는 중국이 13%로 미국의 3분의 1에도 못 미친다. EU 회원국의 시가총액을 모두 합치면 12% 정도다. 시가총액의 변화를 토대로 2010년 이후 14년 사이 수익률을 계산해보자. 미국 주식 수익률은 260%이고 미국을 제외한 나라들의 평균 수익률은 75.6%라고 볼 수 있다.

다른 비교도 가능하다. 가치 투자 평가의 대가로 꼽히는 애스워드 다모다란 뉴욕대 스턴경영대학원 교수가 정리한 데이터에 따르면, 2015년부터 10년간 S&P500의 복합 수익률은 연평균 14.8%였지만, 미국 주식을 제외한 글로벌 주식을 대표하는 지수인 MSCI ACWI는 연평균 수익률이 7%로 절반에 못 미쳤다.

주식뿐만이 아니다. 숱한 논란을 일으키지만 전 세계적으로 미국 국채에 대한 수요가 끊이지 않는다. 2025년 3월 기준 외국인의 미국 국채 보유액은 사상 최고치인 9조 500억 달러에 달한다. 우리 돈으로 1경 2000조 원이 넘는 액수다. 전체 미국 국채의 30%를 외국 투자자들이 들고 있다는 뜻이기도 하다. 이 비율은 43%에 달하던 2015년보다 낮아지긴 했어도 여전히 절대적 비율이 높다. 트럼프 대통령의 거친 관세 정책으로 논란이 커졌어도 미국 자산에 대한 수요는 여전하기 때문이다. 외국에서 보유한 9조 500억 달러의 미국 국채 중 일본이 1조 1300억 달러, 중국이 7654억 달러를 보유하고 있다.

 이런 돈의 쏠림은 앞으로도 해소되지 않을 가능성이 적지 않다. 미국의 세계 시장 지배력이 크게 흔들릴 확률이 낮기 때문이다. 모바일 비즈니스 다음 단계인 인공지능 산업도 역시 미국이 앞서 간다. 세상은 범용 기술에 흥미가 없다. 지구상 대부분 사람을 열광시키는 서비스를 내놓는 기업은 몇 군데 안 될 것이 분명하고, 이런 서비스는 막대한 자본을 투입하지 않고서는 탄생하기 쉽지 않다. 고도의 기술 사회이기 때문이다.

 앞으로도 세계 시장을 지배하는 기업은 미국에서 이어질 확률이 높다. 미국인들을 열광시키는 서비스가 나오면 뉴스로만 읽고 그냥 넘기지 말라. 투자할 생각을 해보라. 그게 세계 표준이 될 가능성이 있는지를 탐색하면서.

K개미가 보유한 해외 주식의 89%가 미국 주식

    2015년 가을 경제 관료 L씨와 이야기를 나누던 중이었다. L씨가 "지금 폴크스바겐 주식을 사면 아주 괜찮을 것 같다"고 말하자 귀가 솔깃했다. 당시 폴크스바겐은 이른바 '디젤 게이트'로 주가가 폭락해 있었다.

    L씨 이야기를 듣고 보니 해외 주식을 직접 사보는 게 재미있지 않을까 싶었다. 호기심이 발동했다. 막상 사려고 보니 폴크스바겐 같은 유럽 주식보다는 뉴욕 증시에 상장된 주식이 끌렸다. 알아보니 당시만 해도 미국 주식을 국내에서 개인이 매입하는 걸 중개하는 서비스가 드물었다. 수소문 끝에 나는 당시 해외주식 거래를 중개하던 L증권사에 해외주식 거래용 계좌를 텄다. 그리고 나서 넷플릭스, 스타벅스, JD닷컴 등을 조금씩 샀다.

    2015년만 해도 내가 미국 주식을 샀다고 하면 신기해하는 사람이 많았다. 어떻게 샀냐고 물어보는 사람들이 꽤 있었다. 하지만 지금

한국 개인 투자자들이 보유한 해외 주식 분포

(단위: 달러)

미국	일본	홍콩	독일	프랑스	영국
1121억	40.6억	18.3억	1.6억	2.1억	1.9억

* 2024년 말 기준

자료: 한국예탁결제원 증권정보포털

은 달라졌다. 2020년을 전후해 국내에서 해외 주식 거래를 하는 서비스가 크게 늘어나면서 획기적으로 접근이 쉬워졌다. 코로나 사태가 막 터진 2020년, 유동성 파도에 올라타 미국 주식에 맛을 들인 국내 투자자들은 2022년 조정기 때 숨을 고르더니 2023~2024년 상승기를 맞아 미국 주식을 폭발적으로 사들였다.

그렇다면 한국인들은 미국 주식을 얼마나 갖고 있을까. 한마디로 엄청나게 보유량이 늘고 있다. 한국예탁결제원 집계에 따르면, 2024년 12월 31일 기준 한국인들이 보유한 미국 주식은 1121억 달러에 달했다. 150조 원이 넘는 액수다. 한국인 한 명당 약 300만 원의 미국 주식을 보유하고 있다는 계산이 나온다.

한국인이 보유한 해외 주식 가운데 미국 주식은 일본 주식의 27.6배에 달했다. 엔화 가치 하락을 기회로 삼은 일학개미가 크게 늘었다고는 하나, 미국 주식을 사는 서학개미들과는 비교할 수 없을 정도로 적다는 얘기다. 이뿐 아니다. 한국인이 보유한 미국 주식 보유액은 한국인 보유 중국(홍콩 제외) 주식의 135.7배에 달한다. 독일 주식과 비교하면 680배에 달한다. 영국 주식에 비해서는 583배, 프랑스 주식에 비해서는 540배 더 많다. 미국 주식 투자에 압도적으로 쏠려 있는 것이다.

자본시장연구원이 2024년 7월 국내 투자자의 해외 주식 투자 현황을 분석한 보고서를 보면, 국내 개인들의 해외 주식 투자의 89%가 미국에 쏠려 있다. 주요 선진국 중 어떤 나라도 이 정도 극단적인 쏠림이 나타나지는 않는다. 개미들의 미국 사랑은 유별나다고 할 수밖에 없다. 이건 국내의 기관 투자자와도 대비된다. 국부펀드인 한국투자공사KIC는 구체적인 숫자는 공개하지 않지만 해외 주식 투자 중 미국 비율을 60% 안팎으로 유지하는 것으로 알려져 있다.

개별 종목으로 보더라도 2024년 한 해 한국인이 순매수한 해외 주식 종목 톱50은 하나 빼고 전부 미국 종목이었다. 톱50 중 미국이 아닌 다른 해외 시장에 상장된 종목은 일본 도쿄 증시의 'iShares 20+ Year US Treasury Bond JPY Hedged ETF'가 유일하다. 이 종목도 엔화로 미국 국채에 투자하는 상품이므로 결국 미국 시장을 겨냥한다. 결국 1위부터 50위까지가 모두 미국에 투자하는 상품이었다는 얘기다. 한국인들은 테슬라, 엔비디아, 애플, 구글, 메타와 같은 미국의 기술주를 특히 사랑한다.

그렇다면 국내 투자자들은 미국 주식을 얼마나 빠른 속도로 사들였을까. 머리가 어지러울 정도다. 한국예탁결제원 자료로 한국인이 보유한 해외 주식 액수를 확인할 수 있는 가장 먼 과거는 2011년이다. 그해 말 기준 국내 개미들이 보유한 미국 주식은 4억 3497만 달러였다. 이후 증가 속도에는 고삐가 풀렸다. 4년이 지난 2015년 말에는 18억 7410만 달러로 4배 이상 늘었고, 다시 4년이 지난 2019년

한국 개인 투자자들이 보유한 미국 주식 보유액 추이

(단위: 달러)

2011년	2015년	2019년	2021년	2024년
4억 3497만	18억 7410만	84억 1565만	677억	1121억

※ 연말 기준

자료: 한국예탁결제원

말에는 84억 1565만 달러로 역시 4년 사이 4배 넘게 늘었다. 가히 폭발적인 기세다.

2020년대 들어서는 투자 규모 자체가 거대해졌다. 코로나 사태로 인해 국내외 유동성이 폭발한 영향이 컸다. 한국인이 보유한 미국 주식은 2020년 말 373억 달러, 2021년 말 677억 달러로 커졌다. 2011년 이후 10년 만에 155배 늘어났다.

2022년에는 살짝 열기가 수그러들었다. 미 연방준비제도는 인플레이션을 잡기 위해 빠른 속도로 금리를 인상해 제로 금리를 연말에는 연 4.25~4.5%까지 끌어올렸다. 한 해 동안 4.25%포인트나 금리가 오를 정도로 전례 드문 금리 인상기를 맞았다.

이런 '금리 인상 폭탄'을 맞으면서 국내 개인 투자자들의 미국 주식 보유액도 2022년 말에는 442억 달러로 전년도보다 230억 달러 이상 급감했다. 하지만 2023년 7월 금리 정점이 확인되고 내리막 길이 보이기 시작하자 다시 한국인들의 쌈짓돈이 월가로 몰려들었다. 2023년 말 국내 투자자들의 미국 주식 보유액은 680억 달러로 2021년 보유액을 소폭 넘어섰다.

그리고 2024년 들어 연준이 금리를 내리기 시작하고 인공지능AI

이 열어 제낀 새로운 기술 시대가 가시화되면서 투자금은 폭발적으로 늘었다. 2024년 말 한국인의 미국 주식 보유액은 1121억 달러가 됐다. 전년보다 65% 급증했다. 일년 내내 하루 평균 1억 달러 이상의 폭으로 한국인의 미국 주식 보유액이 늘어났다는 얘기다.

2024년 한 해 동안 기획재정부나 한국은행 관계자들을 만났을 때 귀에 박히게 들었던 이야기가 "미국 주식 사는 사람들 때문에 환율이 추가로 더 뛴다"는 것이었다. 달러 대비 원화 환율이 오르는 주요 원인 중 하나가 서학개미들의 투자 열기라는 얘기다. 미국 주식을 사기 위해 달러를 매입하는 환전이 막대한 규모로 이어지는 것이 원화 값 하락을 부채질한다는 걸 누구도 부인하기 어려웠다.

2024년은 환율이 거시 경제 운용에 있어서 큰 부담이 된 한 해였다. 원·달러 환율이 급등해 원화 가치 하락이 빚어내는 수입 물가 상승, 외환 보유액 축소와 같은 부작용에 대한 우려가 컸다. 어떤 고위 공직자는 사석에서 "미국 주식 못 하게 해야 한다"는 거친 말을 하기도 했다. 하지만 그 공직자도 막을 수 없다는 걸 알기 때문에 그런 열변을 토한 것이라고 봐야 한다.

분명한 것은 1956년 대한증권거래소가 설립돼 개인이 주식을 거래한 이후 60년 넘게 '주식 거래는 여의도에서 이뤄진다'는 공식이 무너졌다는 것이다. 막대한 미국 주식 투자는 그야말로 정부가 주식 시장과 개인들의 투자 행위를 통제하기 어려워졌다는 현실을 여실히 보여준다. 또한 국내 투자 시장이 기대에 못 미칠 때 얼마든지 대안을 찾을 수 있는 시대에 접어들었다는 의미도 있다.

미국 주식, 한국인이 일본인·독일인보다 많이 갖고 있다

한국인들이 미국 주식을 사들이는 열기가 대단하다는 건 피부로도 느낄 수 있다. 앞서 살펴본 통계로도 확인된다. 그러나 월가를 한국인들이 독차지하는 건 불가능하다. 다른 나라 개인 투자자들도 미국 주식을 많이 산다. 미국 주식 투자 붐은 2020년대 들어 세계적인 트렌드가 되고 있다.

이쯤에서 궁금해진다. 주요 선진국 국민들과 비교해 우리 국민이 미국 주식을 상대적으로 더 많이 사고 있을까, 덜 사고 있을까. 더 산다고 하면 얼마나 더 사고, 덜 사면 얼마나 덜 사고 있을까. 이걸 숫자로 확인해본다면 세계적인 투자 트렌드와 한국인들의 투자 성향을 비교해 볼 수 있을 것이다. 각자의 투자 포트폴리오를 짜는 데 참고할 수 있으리라.

윤곽을 그려볼 수 있는 데이터가 있다. 미국 재무부는 개인, 법인, 기관을 구분하지는 않지만 각 나라별로 미국 국채, 미국 회사채, 미국 기업 지분 등을 각 얼마씩 보유중인지 집계한다. 이 자료를 비교해보면 K투자자들이 미국 주식을 매입하는 열기가 어느 정도인지 다른 선진국과 비교해볼 수 있다.

미국 재무부 공시에 따르면, 2024년 9월 기준 한국은 미국 기업 지분을 4893억 달러 규모로 보유중이다. 약 700조 원에 달하는 이 액수는 개인, 연기금, 기업 등으로 투자 주체별로는 구분이 안 되어 있다. 눈치 빠른 독자라면 세계 3위 연기금인 국민연금의 투자 액수가 상당할 것이라고 생각할 것이다.

국민연금의 미국 주식 투자액은 숫자로 확인된다. 미국증권위원회SEC 공시 자료를 보면, 2024년 9월 기준 국민연금이 뉴욕 증시에서 직접 투자해 보유중인 자산은 1036억 달러다. 같은 시점에 한국예탁결제원 자료를 보면 국내 투자자들의 미국 주식 보관 금액은 918억 달러다. 즉, 한국이 갖고 있는 미국 기업의 지분 가운데 국민연금이 21.2%, 개인들이 18.8%를 보유하고 있다는 결론을 내릴 수 있다.

이외에 국부펀드를 굴리는 한국투자공사KIC, 주요 대기업, 기관투자자들까지도 미국 주식을 폭넓게 보유하고 있는 것으로 보인다. 그중에서 KIC는 그야말로 큰손이다. 국부펀드 가운데 자산 규모로 세계 15위권이다. 정부와 한국은행으로부터 위탁받은 외환 보유액을 운용하기 때문에 모든 자산을 해외에 투자하고 있다.

KIC는 미국 주식을 얼마나 들고 있을까. 어느 정도 추정이 가능하다. KIC의 연례 보고서를 보면 2023년 말 기준 운용자산이

1894억 달러에 이른다. 전체 운용 자금의 48.6%를 주식(사모주식 포함)에 투자하고 있는데, 전체 주식 투자금의 지역별 비중에서 북미가 61.15%를 차지한다. 따라서 대략 562억 달러 안팎의 돈이 북미의 주식에 투자돼 있다고 추정해볼 수 있다. 그래서 캐나다와 멕시코를 제외하고 500억 달러 안팎이 미국 주식에 투자돼 있는 것으로 윤곽을 그려볼 수 있을 것 같다.

그렇다면 본격적으로 우리나라의 미국 주식 투자 규모를 다른 나라와 비교해보자. 앞에서 설명한 대로 2024년 9월 기준 한국의 미국 기업 지분 보유액은 4893억 달러다. 먼저 이웃나라 일본이 궁금하지 않을까. 같은 시점에서 일본의 미국 기업 지분 보유액은 1조 410억 달러로 우리나라의 2배를 조금 넘긴다. 호황을 구가하던 1980년대에 일찌감치 해외 투자를 크게 늘린 일본의 긴 투자 역사를 우리가 단시간에 따라잡기는 어렵다.

게다가 일본이 인구나 경제 규모로 한국보다 대략 2.5배 큰 나라이기 때문에 액면 규모로 일본을 능가하기란 쉽지 않다. 그래서 경제 규모에 비해 얼마만큼의 미국 주식을 보유하고 있는지 따져봐서 질적인 차이를 확인해볼 필요가 있다.

국제통화기금IMF이 발표한 주요국 GDP를 가져와서 비교를 해보자. 2024년 우리나라의 GDP 대비 2024년 9월 기준 미국 기업 지분 보유 비율은 27.8%다. 일본은 이 조건에 넣어보면 25.3%다. 경제 규모를 감안하면 일본보다 한국이 더 많은 미국 주식을 보유하고 있다는 뜻이 된다. 1인당 보유액으로 본다면 조금 더 손에 잡힐 것 같

주요국의 미국 주식 보유 현황 (단위: 달러)

국가	미국 기업 주식 보유액	2024년 GDP 대비 비율
한국	4893억	27.8%
일본	1조 410억	25.3%
독일	5114억	11.1%
프랑스	5133억	16.4%

* 2024년 9월 기준   자료: 미국 재무부·국제통화기금(IMF)

다. 미국 기업 지분을 국민 숫자로 나눠본다. 그러면 1인당 평균으로 한국인은 9462달러를 갖고 있고, 일본인은 8361달러를 갖고 있다는 계산이 나온다.

유럽 주요국과 비교하면 어떨까. 2024년 9월 기준 미국 기업 지분을 독일은 5114억 달러, 프랑스는 5133억 달러, 영국은 1조 8593억 달러를 갖고 있다. 여기서 우리는 유럽 3대국의 자본시장 차이를 느낄 수 있다. 세 나라 중 독일은 가장 큰 나라이면서도 미국 기업 지분을 가장 적게 갖고 있다. 독일은 자본시장 발달이 가장 느린 선진국으로 꼽힌다. 기업들이 IPO(기업공개)보다는 은행 대출로 자금을 조달하고, 개인들은 주식 투자보다는 예적금에 치중하는 유럽 특유의 스타일이 가장 두드러지게 나타나는 나라가 독일이다. 그래서 인구가 각 1500만 명 넘게 적은 프랑스나 영국보다 미국 기업 지분이 적다고 볼 수 있다.

그렇다면 영국은 왜 독일·프랑스보다 3배 넘게 미국 주식을 많이 갖고 있을까. 우선 런던이 유럽 금융시장의 글로벌 허브로서 오래전부터 주식 거래나 해외 투자가 파리·프랑크푸르트보다 활성화돼 있다는 점을 꼽을 수 있다. 보다 중요한 건 영국이 해외 투자에서 '중간 경유지' 역할을 많이 한다는 것이다. 영국과 역사적·법적으로 연관이 깊은 버뮤다, 케이만 군도, 영국령 버진아일랜드와 같은 조세 피난처에서 미국 주식을 구입할 때 영국의 금융회사나 법인을 경유해 소유하는 경우가 많다는 얘기다.

미국 재무부 자료는 조세 피난처까지 모두 뒤져 미국 기업의 지분의 실소유주를 가려내지는 않는다. 따라서 영국이 표면적으로 보유한 미국 기업 주식 가운데 이름을 드러내고 싶지 않은 다른 나라 '큰손'이 소유한 경우가 많다고 봐야 한다. 따라서 앞의 통계에서 영국에 대한 부분은 곧이 곧대로 받아들이기 어렵다.

그러면 독일·프랑스와 우리나라를 비교해보자. 미국 기업 지분 보유액은 2024년 9월 기준 우리나라가 4893억 달러로서 덩치가 훨씬 큰 나라인 독일(5114억 달러), 프랑스(5133억 달러)와 액면 규모상으로도 큰 차이가 나지 않는다. 따라서 GDP 대비로 하면 우리나라가 27.8%라서 독일(11.1%), 프랑스(16.4%)에 비해서는 훨씬 더 많다. 국민 1인당 보유액으로 보면 한국인이 9462달러로서 독일인(6054달러)이나 프랑스인(7530달러)보다 적지 않은 차이로 더 많다는 걸 알 수 있다. 미국 주식에 투자하는 열기가 한국이 주요 선진국에 비해 더 뜨겁다는 건 분명하다.

2020년대 들어 주요국에서 미국 주식 투자가 어느 정도로 증가했는지 따져보자. 2021년 9월 기준 한국의 미국 기업 지분 보유액은

GDP 대비 미국 주식 보유액 비율 변화

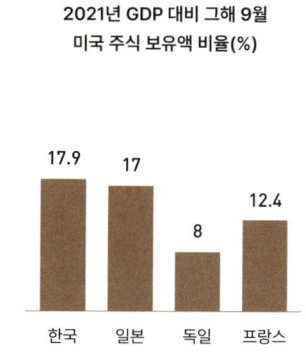
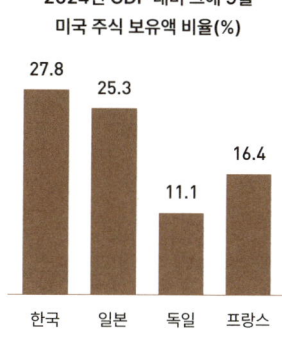

자료: 미국 재무부·국제통화기금(IMF)

3249억 달러였으며 그해 GDP의 17.9%였다. 3년이 지난 2024년 9월에는 앞서 살펴본 것처럼 2024년 GDP의 27.8%만큼 보유하고 있다. 3년 사이 GDP 대비 비율로 17.9%에서 27.8%가 됐으니 미국 주식 투자 증가 속도가 엄청나게 빨랐다는 걸 확인할 수 있다.

다른 나라는 어떨까. 2021년 9월 기준 GDP 대비 미국 기업 지분 보유액 비율은 일본 17%, 독일 8%, 프랑스 12.4%였다. 3년이 지난 2024년 9월에는 일본 25.3%, 독일 11.1%, 프랑스 16.4%가 됐다. 이런 수치를 보면 다른 선진국에서도 미국 투자를 크게 늘렸다는 걸 알 수 있고, 또한 유독 우리나라 투자자들의 '미국 사랑'이 열정적이었다는 걸 알 수 있다. 조세 피난처에서 들어온 자금으로 미국 주식을 많이 산 영국도 같은 기간 48.6%에서 53.2%가 됐기 때문에 투자 증가 속도로는 한국을 넘어서지 못했다.

이런 데이터들을 검증해본 결과 확신이 든다. 엄청나게 불어난 각국의 돈의 파도가 미국 주식 투자로 급격하게 쏠리는 현상이 일시적이거나 단기적인 현상이 아니라는 생각이다. 개인과 기관 투자자들이 국경을 넘어 투자 범위를 획기적으로 넓히는 흐름이 두드러지고 있고, 주된 목적지가 뉴욕 증시라는 게 분명해지고 있다.

어쩌면 국가별로 미국 주식을 얼마나 갖고 있느냐가 국부를 재는 척도 중 하나가 될 수도 있을 것이다. 월가를 향한 굵직한 흐름에서 깃발을 높이 올리지 못하는 국가들은 통화량이 급격히 늘어난 유동성의 홍수 시대에 상대적인 빈곤함을 맛봐야 할 수도 있다.

이탈리아와 스페인은 경제 규모로도 그렇고 인구로도 그렇고 독일, 프랑스에 이어 유럽연합EU 3위와 4위 국가다. 하지만 두 나라의 미국 기업 주식 투자 규모는 국가 사이즈에 비해 형편 없다. 2024년 9월 기준 미국 기업 지분 보유액이 이탈리아는 813억 달러이고, 스페인은 451억 달러다. 총량으로 봤을 때 우리나라 대비 이탈리아는 16.6%에 그치고 스페인은 9.2%에 불과하다. 두 나라는 저성장과 재정난에 시달린 나머지 대외자산을 쌓을 만한 여력이 없었다. 유사시 해외 자산을 팔아 국내로 가지고 들어올 여력이 부족하다는 얘기다.

주요국이 미국의 국채와 미국 기업 주식을 얼마만큼의 비율로 보유하고 있는지도 눈여겨볼 만하다. 투자 성향을 엿볼 수 있다. 2024년 9월 기준 우리나라는 미국 국채를 1223억 달러어치 갖고 있고 미국 기업 지분은 4893억 달러를 갖고 있기 때문에 기업 지분 대비 국채 비율이 25%다. 그러면 다른 선진국들은 어떨까. 드라마틱하게 다르다.

일본은 미국 국채를 1조 207억 달러를 보유하고 있어 미국 기업 지분(1조 410억 달러) 대비 국채 비율이 98%에 달한다. 거의 일대일이다. 국가적인 투자 포트폴리오상 한국과 일본은 엄청난 차이가 있다고 할 수 있다. 미국을 상대로 일본이 훨씬 보수적으로 국채 투자를 많이 하고 있고, 우리나라는 상대적으로 위험성이 더 높은 주식 투자에 큰 비중을 두고 있다는 걸 알 수 있다. 물론 일찌감치 선진국 대열에 올라선 일본이 우리나라보다 훨씬 오래전부터 미국 국채를 수집했다는 걸 감안할 필요는 있다.

일본만 우리나라와 다른 게 아니다. 프랑스의 경우 미국 기업 지분 5133억 달러, 미국 국채 3122억 달러를 갖고 있다. 주식 보유액 대비 국채 보유액 비율이 60.8%다. 일본과 우리나라 중간 정도다. 이 비율은 물론 나라마다 투자 특성이 있기 때문에 천차만별이다. 독일은 미국 기업 지분 5114억 달러에, 미국 국채는 779억 달러로 국채에 비해 주식을 6배 넘게 갖고 있다. 독일인들이 미국 국채 투자에 별달리 관심이 높지 않은 이유는 독일 국채 '분트Bund'가 미국 국채만큼 안전한 자산으로 간주되고 종종 수익률에서 더 우위에 있기 때문이다.

영국은 미국 국채 6811억 달러, 미국 기업 지분 1조 8593억 달러를 갖고 있다. 기업 지분 대비 국채 비율이 36.6%다. 이 비율이 우리나라와 가깝지만, 앞서 이야기했듯 조세 피난처를 통해 투자된 돈이 많다는 점을 고려해야 한다. 이상 살펴봤듯 나라별로 해외 자산에 투자하는 트렌드는 각 나라의 사정에 따라 각자 다르다. 한국인들의 경우 한 곳에 대거 쏠리는 버릇이 여지없이 투자에서도 나타나고 있다는 걸 알 수 있다.

2024년 달러 대비 원화 환율이 급등하면서 경제계 일각에서 미국 주식 투자 열기의 과열을 우려했다. 원화 값을 떨어뜨리는 원인이며, 관점에 따라 국부 유출로 볼 수도 있다. 하지만 장기적으로는 국가에 상당한 도움이 될 수 있다.

2020년대 들어 한국인들이 다른 선진국들보다 유별나게 미국 주식에 투자를 많이 하는 건 1980년대 일본인 갑부들이 하와이, LA, 뉴욕 등 미국 주요 지역에서 부동산을 대거 사들이고, 일본 거대 금융사들이 해외 투자상품을 사들였던 걸 연상시킨다. 선진국 대열에 올라서 막대한 부를 쌓은 동아시아 국가가 해외 투자에 나섰다는 점에서 시차를 두고 닮은꼴이다. 우리나라 대기업들도 2000년대 들어 세계 시장을 석권하는 분야가 나오면서 막대한 돈을 벌어들였다. 이것이 배당이나 임금으로 퍼져 해외 투자를 할 만한 체력이 부쩍 커졌다.

우리의 앞날을 보기 위해 일본을 좀 더 살펴보자. 일본은 1990년대 초 버블 경제가 붕괴된 이후 '잃어버린 30년'이라고 부르는 저성장에 발목을 잡혀 있다. 하지만 일찌감치 미국을 비롯해 해외에 투자해 놓은 대외자산이 워낙 많기 때문에 오랜 저성장에도 불구하고 해외 자산이 버팀목이 되고 있다.

일본의 대외자산은 가히 막대하다. 국제통화기금IMF의 2022년 집계에 따르면, 순대외금융자산은 일본이 3조 1655억 달러로 세계 1위였다. 4000조 원을 훌쩍 뛰어넘는 천문학적인 규모다. 뒤를 이어 2위 독일 2조 9329억 달러, 3위 중국 2조 5313억 달러 순이었다. 우리나라는 7466억 달러로 9위였다. 일본은 장기간 저성장에 따른 초저금리가 유지됐기 때문에 국내 수익률이 낮았다. 이걸 피해 보험사나 연기금이 해외 금융상품에 집중적으로 투자해왔다. 일본은 막대한 대외자산으로부터 들어오는 배당금을 비롯한 각종 수익금으로 저성장 시대를 버텼다.

금융위원장과 국민연금공단 이사장을 지낸 전광우 세계경제연구원 이사장은 "일본에 대해 잃어버린 기간이 길다고 하지만 이런 표현은 일본 국내에 국한된 얘기일 뿐 해외 자산을 따지면 여전히 엄청난 부자 나라"라며 "우리나라도 잠재 성장률이 낮아지고 고령화가 빨라질수록 국내에 투자해서 돈 벌기보다는 해외에서 돈을 벌어와야 하는 구조"라고 말했다.

전광우 이사장의 이야기에서 엿볼 수 있듯 미국 주식에 한국인들이 많이 투자하는 건 저성장 시대에 국가적 포트폴리오를 다변화시키는 효과를 낸다. 막대한 시세 차익이나 배당금이 국내로 유입되는 기반을 차곡차곡 쌓아가고 있다. 위기 시 버팀목이 될 수도 있다.

中 위라이드, 英 ARM이 뉴욕에서 상장한 이유

1993년 10월 5일 독일 산업계에 빅 뉴스가 전해졌다. 독일, 그리고 유럽을 대표하는 자동차 회사인 다임러-벤츠가 뉴욕증권거래소 NYSE에 상장했다. 독일 기업이 미국에 상장한 최초 사례였다. 당시 다임러-벤츠는 비금융 기업으로는 독일에서 가장 큰 회사였다.

물론 다임러-벤츠는 1990년에 도쿄와 런던, 1991년에 파리와 빈에 먼저 상장한 상태였다. 그래서 뉴욕 자본시장에 진출한 건 글로벌 거대 기업으로서 면모를 과시하려는 상징적인 깃발 꽂기이긴 했다. 그래도 유럽 기업이 미국에 상장해 자금을 조달할 수 있다는 걸 보여준 사실상 첫 사례라는 점에서 비상한 관심을 모았다. 이때만 하더라도 뉴욕 주식시장이 글로벌 자금을 블랙홀처럼 빨아들일 것이라고는 생각하지 못했다. 유럽의 금융계와 산업계가 강했고, 일본도 글로벌 강자였기 때문이었다.

이제 2020년대 중반에 이르러 돈을 둘러싼 세상은 많이 달라졌다. 미국에 극도로 많은 돈이 몰리고 있다. 다른 대륙들은 윤택함이 사그러들고 있다. 시빌리스 리서치에 따르면, 전 세계 모든 상장사의 시가총액 중 미국 기업 비율은 2010년 31.5%였지만 불과 14년 만인 2024년에는 48.5%에 달했다.

미국으로 돈이 쏠리는 걸 개별 국가들이 마땅히 제어할 방법은 별로 없다. 블랙홀처럼 금융 자본을 빨아들이는 뉴욕으로 점점 더 많은 유럽과 아시아 기업들이 달려가고 있다. 영국 경제의 히든카드로 불렸던 반도체 설계회사 ARM. 이 회사는 2023년 뉴욕에서 상장해 런던 금융가를 기운 빠지게 했다. ARM은 스마트폰 '두뇌'로 불리는 애플리케이션 프로세서AP 설계의 세계 시장 점유율이 90%에 육박한다. ARM은 2023년 뉴욕 증시의 기업 공개IPO 최대어였다. 이 회사의 IPO 규모는 52억 달러에 달했다.

ARM은 영국 기업이지만 손정의 회장이 이끄는 일본의 소프트뱅크가 지분 90%를 소유하고 있다. 뉴욕에서의 상장은 손 회장의 전략적 판단이었다. 영국은 정부 차원에서 자국의 대표 IT 기업이 런던 증시에 상장해야 한다고 요구해 왔다. 한발 물러서 뉴욕에서 상장할 생각이면 런던에도 동시 상장을 해달라며 읍소 전략까지 폈다. 하지만 통하지 않았다. 정부 의지로 기업을 움직이기 쉽지 않다는 걸 여실히 보여주는 사례다.

영국에서 ARM이 뉴욕에 상장해 화제를 뿌렸다면 독일에서는 코로나 사태를 계기로 이름을 널리 알린 바이오엔테크가 2019년 나스닥에 상장해 스포트라이트를 받았다. 이 회사는 미국의 화이자와 공

자국을 떠나 해외에서 상장한 기업들

※ 1~3분기 기준   자료: 언스트앤드영(EY)

동으로 코로나 바이러스 백신을 개발해 이름값을 떨쳤다. 당시 화이자는 대량 생산에 초점을 맞췄고, mRNA 원천 기술은 바이오엔테크가 개발한 것이었다. 바이오엔테크가 기술을 빠른 시간에 끌어올린 발판이 뉴욕에서 기업 공개로 수혈한 자금이었다는 건 두말할 필요가 없다.

ARM과 바이오엔테크 사례에서 볼 수 있듯 유럽에서는 미국에 상장하려는 붐이 일어나고 있다. 2024년 기업 공개를 진행한 유럽 기업 중 15.3%는 비유럽권 국가의 주식시장을 찾아갔다. 이 비율은 2023년 11.2%와 2022년 7.1%에서 의미 있게 증가한 것이었다. 통계상 비유럽권 국가에서 상장한 기업들의 비율이지만, 실질적으로 거의 대부분 미국을 택한 회사들이다. 이유는 간단하다. 축 처진 유럽 자본시장이 구미가 당기지 않기 때문이다. 유럽 기업들뿐만이 아니다. 당장 한국의 대표적인 온라인 상거래 기업인 쿠팡이 뉴욕에서 상장하는 길을 택했다.

근년에는 뉴욕 증시의 문을 두드리는 세계 각국의 기업들은 숫자도 부쩍 늘어나고 있고, 기업 공개 규모도 눈에 띄게 커지고 있다. 글로벌 컨설팅 회사 언스트앤드영^{EY}의 집계에 따르면, 미국은 2024년 한 해 해외 기업 101개 사의 상장을 유치했는데, 이건 2023년과 비교해 51% 증가한 것이었다.

또한 2024년 상반기 뉴욕에서 상장한 기업 중 공모금 규모 순위로 1~3위가 모두 미국이 아닌 해외 기업이라는 게 눈길을 끌었다. 1위는 버뮤다에 본사를 둔 크루즈 업체 바이킹 홀딩스, 2위는 핀란드의 아머 스포츠, 3위는 카자흐스탄의 핀테크 업체 카스피였다. 이들 3개사는 모두 각 10억 달러 이상을 공모하는 데 성공했다.

미국에서 상장을 기다리고 있는 기업들도 넘쳐난다. 블룸버그 집계로는 2025년 2월 기준 미국 증시에 상장을 준비중인 다른 나라 기업들의 기업 가치 합계는 1300억 달러에 달한다. 세계 최대 알루미늄 기업인 인도의 노벨리스, 스웨덴 핀테크 회사인 클라르나, 영국의 산업용 장비 리스 회사인 애쉬티드 등이 '뉴욕 데뷔'를 준비중인 대표 기업들로 꼽힌다. 자본의 흐름 앞에 기업의 국적이 큰 의미를 갖기 어려운 시대가 됐다는 걸 보여준다.

특히 중국 기업들이 대거 뉴욕으로 몰려간 게 눈에 띈다. 미·중 관계는 대체로 나쁘다. 하지만 중국 정부의 스탠스가 어떻든 중국 기업들은 미국 자본시장에 군침을 흘린다. 미국도 자본시장에서는 중국 기업들의 참여를 굳이 마다할 이유가 없다.

먼저 미국에 단독 상장한 중국 기업들을 보자. 자율주행 분야 중국의 기대주로 꼽히는 위라이드가 2024년 10월 나스닥에 데뷔했다.

뉴욕에 상장한 주요 해외 기업

기업	국적	업종	뉴욕 증시 상장 연도
쿠팡	한국	온라인 커머스	2021년
ARM	영국	반도체 설계	2023년
바이오엔테크	독일	바이오	2019년
아머 스포츠	핀란드	스포츠 용품	2024년
위라이드	중국	자율주행	2024년
포니AI	중국	자율주행	2024년
우신커지	중국	전자담배	2021년
투야즈닝	중국	클라우드 컴퓨터	2021년

이에 뒤질세라 위라이드가 상장한 지 한 달 후 중국의 자율주행 기술 개발업체인 포니AI도 나스닥에서 주식 거래를 시작했다. 이보다 앞서 중국 최대 전자담배 업체 우신커지는 2021년 뉴욕 증시에 상장해 약 13억 9800만 달러를 조달했고, 비슷한 시기에 클라우드 컴퓨터 업체 투야즈닝도 9억 1500만 달러를 뉴욕 증시에서 모았다.

오래전에 뉴욕에서 기업 공개를 한 중국 기업들도 있다. 중국을 대표하는 IT 기업 바이두는 2005년 나스닥에서 데뷔한 다음 2021년 홍콩에서 2차 상장을 했다. 중국의 대표적인 소셜 미디어 플랫폼인 웨이보도 2014년 뉴욕증권거래소의 문을 두드리고 상장했다. 웨이보 역시 바이두처럼 홍콩에 상장하기 이전에 먼저 뉴욕에서 데뷔했다. 중국판 유튜브로 불리는 빌리빌리나 포털사이트 소후닷컴도 뉴욕에서 상장한 기업들이다. 이 외에도 알리바바, 징둥닷컴, 넷이즈, 샤오펑, 리오토, 미니소, 바이진 등 뉴욕 증시에서 주식이 거래되는 중국 기업들이 한둘이 아니다.

물론 중국 당국은 자국 기술 기업의 해외 상장 규제를 강화할 때가 있다. 민감한 정보가 해외로 유출될 확률을 우려하기 때문이다. 중국 최대 차량 공유 플랫폼인 디디추싱이 2021년 6월 미국에서 상장했다가 당국의 압박을 못 이기고 이듬해 상장 폐지한 사례가 대표적이다. 하지만 중국 기업들이 자국 규제를 피해 어떻게든 미국에서 기업 공개를 하고 싶어 하기 때문에 중국 당국이 전면적으로 막는 건 쉽지 않다.

해외 기업들이 뉴욕에 상장하고 싶어 하는 이유는 간단하다. 기업 가치를 높게 인정받을 수 있기 때문이다. 필 매킨토시 나스닥 수석 이코노미스트에 따르면, 미국 주식시장에 상장된 기업 주가는 세계에서 가장 높은 밸류에이션을 갖고 있다. 미래 예상 수익 대비 주가가 미국 시장은 평균 20.6배로, 유럽의 12.8배, 일본을 제외한 아시아 태평양 지역의 12.6배보다 훨씬 높다. 블룸버그는 같은 업종끼리 비교할 때 유럽과 아시아 기업은 미국 기업 대비 약 35% 낮게 주가가 형성된다고 분석했다.

미국에 가고 싶어 하는 한국 기업들도 '몸값'이 더 뛴다는 걸 최우선적으로 고려한다. 숙박 플랫폼 야놀자의 경우 한국에서는 기업 가치가 5조 원대로 평가되는 반면, 미국에서는 10조 원대에 이를 것이라는 분석이 있다. 뉴욕에 가면 더 인정받을 수 있다는 기대가 있는 것이다.

뉴욕 증시에서 기업의 몸값이 높게 평가받을 수 있는 원천은 엄청난 시장 유동성 덕분이다. 족탈불급足脫不及이란 말이 어울린다. 한마디로 운동장 사이즈 차이가 크다는 얘기다. 연간 거래 규모로 나스닥과 뉴욕증권거래소가 각각 2000조 원이 넘어 세계 1, 2위를 다투고 있다. 2024년은 미국과 중국의 시가총액 차이가 사상 최대로 벌어진 해였다.

좋든 싫든 자본시장의 '국경 이탈'은 이미 흔해졌고, 앞으로 더 흔해질 것이다. 눈앞에 현실이 된 글로벌한 차원의 변화다. 국경을 넘는 기업들이 늘어나면서 주요국 증권거래소마다 해외 기업의 상장 요건을 완화하거나 당근을 제시하며 유치 경쟁을 벌이고 있다. 그래도 미국으로 돈이 더 쏠리는 현상에 대해 유럽이나 아시아 국가들은 브레이크를 걸기가 쉽지 않다. 강제로 돈의 물줄기를 바꿀 수 없는 노릇이다.

유럽이 꿈꾸는 '단일 자본시장' 과연 가능할까

　유럽 기업들은 은행 대출에 의존해 사업을 해왔다. 상장을 통해 자본시장에서 돈을 끌어오는 데 관심이 적었다. 오래된 사실이다. 하지만 세상은 별달리 주목하지 않았다. 미국에서 기업들이 주로 뉴욕 증시에 상장해 자금을 당겨오는 시스템과 달랐지만 그냥 그런가 보다 하고 말았다.

　2021년 세계은행 집계로 상장기업이 미국이 4642개 사인데, 독일은 10분의 1도 안 되는 429개 사다. 프랑스는 457개 사다. 독일·프랑스가 미국보다 작아서 그렇다고? 아니다. 캐나다는 3534개 사고, 일본은 3865개 사다. 자본시장이 발달했느냐 아니냐를 극명하게 보여준다. 이런 차이를 인지하는 사람은 드물었다. 그런데 요즘은 주목하는 이들이 많아졌다. 멀쩡한 사람이 갑자기 환자가 되면 의사는 평소 그냥 지나치던 신체 부위도 면밀히 살펴보게 마련이다.

　유럽은 디지털 전환이 늦었다. 미국 빅테크에 완전히 점령당했다.

주요국 증시의 상장기업 숫자

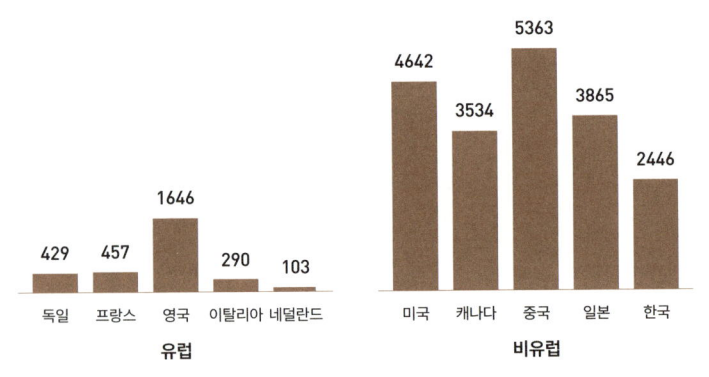

※ 2021년 기준
자료: 세계은행

네이버, 카카오, 쿠팡이 있는 우리나라나 텐센트, 바이두, 알리바바가 있는 중국과는 다르다. 한국과 중국은 세계적인 스마트폰 제조업체들이 있지만 유럽은 전무하다. 검색을 비롯한 IT 솔루션은 구글에 전적으로 의지한다. 유럽은 이런 상황을 극복하지 못하고 2010년대를 보냈다. 그러다 2020년대 중반 들어 다음 단계인 인공지능AI의 무대가 펼쳐지자 위기감이 커졌다.

유럽은 실패 원인을 집중적으로 분석하기 시작했다. 주요한 원인 중 하나가 바로 자본시장의 미성숙에 있다는 걸 비로소 절감하고 있다. 거대한 주식시장에서 자금을 조달하는 미국은 가능성 있는 기술 기업에 거액을 투자해 빠른 속도로 키워낸다. 반면 은행 대출에 의존하는 유럽은 다르다. 잠재력 있는 스타트업들이 큰돈을 융통하기 어렵다. 은행은 여신 심사를 까다롭게 한다. 스타트업이 "우리가 개발한 기술을 믿고 투자해주세요"라고 할 때 은행은 시큰둥하기 마련이다. 결과는 기술 기업의 속도감 있는 성장을 저해하는 쪽으로 흘렀다.

대출은 은행 입장에서 돈을 떼이냐, 안 떼이냐를 우선 본다. 담보를 요구하는 경우가 많다. 그래서 대출은 무조건 기존에 알려진 기업이 유리한 자금 조달 방식이다. 신생 기업이 은행 대출에 성공한다 하더라도 마음 놓고 쓰기도 어렵다. 은행 돈을 끌어다 쓰면 매달 갚아야 하기 때문이다.

미국은 다르다. 막대한 규모의 자본시장을 운동장으로 삼는 큰손들이 기가 막히게 신기술 냄새를 맡는다. 싹수가 보이는 기업에 큰손이 거액의 투자금을 내고 일정 지분을 가져간다. 물론 아예 돈을 날리는 경우가 숱하다. 하지만 투자한 기업이 성공하면 투자금 대비 수백 배를 건져낸다. 이런 미국의 투자 시스템은 빠르고, 효율적이다. 유럽이 누르기는 불가능에 가깝다.

게다가 규모의 차이도 크다. 유럽의 자본시장은 각각 나라별로 나뉘어져 있다. 규모의 힘이 부족하다. 놀라지 마시라. EU 27개 회원국 가운데 경기도보다 인구가 더 많은 나라는 독일, 프랑스, 이탈리아, 스페인, 폴란드, 루마니아, 네덜란드까지 불과 7개국이다. 나머지 20개국은 모두 경기도보다도 작은 나라들이다. 이런 작은 나라들이 각자 조그마한 주식시장을 둔다는 게 미련한 초식이라는 자각이 분명해지고 있다.

유럽에서 자본시장을 키우자는 화두를 본격적으로 띄운 건 2024년

9월 이탈리아 총리를 지낸 마리오 드라기 전 유럽중앙은행ECB 총재가 EU 집행위원회에 제출한 보고서였다. 이 보고서는 'EU 경쟁력의 미래'라는 제목이며 330쪽 분량이다. 일명 '드라기 보고서'로 불리는 이 보고서에서 가장 강조된 포인트는 자본시장 발달이 미약한 유럽이 기술 기업을 키워내기가 쉽지 않다는 점이다.

2022년 기준 일반 기업들의 자금 조달 방식을 보면, 미국에서는 주식 시장에 상장하거나 회사채를 발행해 끌어온 돈이 GDP의 159%에 달했지만, 유로존은 이 비율이 불과 63%에 그쳤다. 즉, 자본시장에서 거래가 가능한 금융상품을 팔아 자금을 끌어온 규모가 이렇게나 다르다는 것이다.

주식이나 회사채와 달리 은행 대출은 거래가 불가능하다. 남에게 팔 수 없다. 그만큼 자본시장이나 금융시장의 활성화에 기여를 못한다. 유로존에서는 기업들이 대출로 끌어온 돈이나 거래가 제한적인 비상장 주식으로 당겨온 돈이 GDP 대비 177%에 달한다. 반면 이 비율이 미국에선 불과 75%다. 기업이 돈을 수혈해 추동하는 방식에서 미국과 유럽 사이에 근본적인 차이가 있다는 의미다.

이런 차이가 전도유망한 혁신 기업의 성공 여부에 결정적인 영향을 미친다는 걸 드라기 보고서는 보여준다. 이 보고서에는 벤처 캐피털에 조성된 자금이 EU 27개국 전체를 합쳐도 미국의 7분의 1 정도였다는 충격적인 사실이 나와 있다. 2013년부터 10년 사이 벤처 캐피털에 조성된 자금이 미국은 9240억 달러였는데 EU는 모두 합쳐 1300억 달러였다.

벤처 캐피털에 조성된 자금 차이

※ 2013년에서 2023년 사이   자료: EU집행위원회

　유럽의 리더들은 자본시장이 덜 발달한 게 단지 금융 차원의 문제에 머물지 않는다는 걸 뒤늦게 깨달았다. 기술 기업의 혁신을 발목 잡는 직접적인 요인이라는 걸 자각하게 됐다. 그래서 뒤늦게라도 자본시장을 키울 수 있느냐가 유럽이 반등할 수 있는지 여부에 큰 열쇠라는 분석이 많다.

　그러나 경기도보다 인구가 작은 나라가 20개국에 달하는 EU에서 각국이 알아서 자본시장 키우기를 한다는 건 규모의 경쟁력 차원에서 효율이 낮을 수밖에 없다. 그래서 유럽의 리더들 사이에서는 통합된 유럽 전체의 자본시장을 키우자는 의견에 힘이 실리기 시작했다. 2014년 장클로드 융커 EU 집행위원장 시절 등장한 자본시장 동맹Capital Markets Union·CMU 개념이 그동안 잠자고 있다가 깨어나고 있다.

　우선은 유럽의 리더들 눈에 한 가지 사실이 꽂혔다. 유럽인들이 은행에 맡겨놔 잠자고 있는 예금이 무려 10조 유로에 달한다는 사실이다. 10조 유로는 미국 GDP의 3분의 1이 넘는 막대한 액수다. 이걸 제도적으로 활용해서 기술 기업에 마중물을 부어주는 게 중요하다는 공감대가 생겼다.

어떻게든 성과를 낼 기세다. 2024년 5년 임기의 연임을 확정한 우르줄라 폰 데어 라이엔 EU 집행위원장은 "남은 5년은 투자의 시간"이라며 "자본시장 연합을 완성하겠다"고 다짐했다. 니엘 브라브 독일 증권거래소 최고규제책임자는 "자본시장 연합은 해보면 좋은 선택에서 절대적으로 꼭 해야 하는 선택으로 바뀌고 있다"고 했다. 유럽은 이 문제를 절박하다고 여기고 있다.

사실 EU는 오랫동안 단일시장을 지향해왔다. 사람, 상품, 돈이 EU 안에서 방해받지 않고 이동할 수 있어야 한다는 원칙을 표방해왔다. 하지만 대체로 상품시장의 단일화에 치중했다. 돈의 흐름을 자유화한다는 건 훨씬 더 복잡하고 고차원적인 문제이기 때문이다. 이제서야 자본시장을 하나로 만들어 덩치를 키우는 것이 필수 불가결한 선택이라는 인식이 퍼지고 있다. 방법은 있을까.

하루아침에 이뤄내기는 어려운 일이다. 일단은 장벽을 조금씩 허물 수 있는 방법을 탐색하고 있다. 2024년 이후 구체적인 실행 방식으로 떠오르고 있는 건 저축투자연합Savings and Investments Union·SIU이다. 이 개념은 EU 전체에서 공통으로 개인이 가입할 수 있는 장기 저축상품을 출시해보자는 것이다. 장기 투자에 사용할 자금원을 연금저축을 통해 만든다는 구상이다. 유럽은 연금을 공적 영역에서 해결하기 때문에 민간 연금저축 상품이 덜 발달했다. 따라서 EU 전체에서 같은 조건으로 가입하는 장기 저축상품을 널리 가입하게 해서 공통적인 자본시장의 밑바탕을 만들어보자는 의미다.

SIU가 지향하는 장기 저축상품은 독일에서 가입하건 포르투갈에서 가입하건 같은 금리를 준다는 모델이다. 어느 EU 회원국에서나 동일한 조건의 금융 상품이 있다는 것 자체가 회원국 간에 커다란 하나의 돈뭉치를 만드는 초석이 될 수 있다는 것이다. 이걸 신호탄으로 시작해 점차 유럽인들이 예금을 줄이고 주식 투자로 조금씩 넘어갈 수 있게 유도해보자는 아이디어가 나오고 있다.

주식시장에도 의미 있는 시도가 나오고 있다. 유럽 최대 전자 증권거래소인 유로넥스트는 유럽 내 주요 7개 증권거래소에서 동일하게 사용하는 표준 투자설명서 도입을 추진중이다. 미국의 S-1 Form과 유사한 단일 투자설명서다. 유럽 내 증권거래소들이 각자 저마다의 투자설명서를 쓰고 있지만, 이제부턴 똑같은 걸 쓰자는 것이다. 중요한 포인트는 통일성을 위해 영어로 작성한다는 것이다. 현지어 설명이 필요한 부분은 부록으로 추가한다고 한다. 이런 '영어로 된 한 가지 양식의 투자설명서'라는 표준화를 통해 자본시장의 단일화로 가는 기초를 닦으려고 한다.

그러나 지난한 일이다. 관성적으로 은행에서 돈을 빌려 사업을 하는 유럽 기업들의 수백 년 묵은 관행을 깨뜨리려면 시간이 걸릴 것이다. 게다가 EU 회원국별로 이해관계가 다르다. 단일 자본시장에 대해 찬반이 엇갈린다. 독일, 프랑스 등 덩치가 큰 나라는 적극적이다. 하지만 규모가 작은 나라들은 시큰둥하다. 특히 낮은 법인세로 해외 자본을 많이 유치하는 아일랜드와 룩셈부르크는 '경제 주권'이 흔들린다며 싫어한다. 이런 반대를 토론과 설득으로 극복해야 단일 자본시장 출범을 가시화할 수 있다.

유럽이 단일한 거대 자본시장을 구축한다면 전 세계 돈의 흐름에 커다란 전환점이 될 수 있다. 글로벌 경제에 관심 있는 K투자자라면 유심히 지켜봐야 할 포인트다.

V

미국은 '빚의 제국'

50년 연속 무역적자 미국, '무이자 국채' 내놓나

　우리는 엄청나게 돈과 빚이 불어난 후폭풍이 몰아치는 세상을 살고 있다. 폭풍우 속 시야를 더 어지럽게 만드는 사람을 한 명만 꼽으라면 도널드 트럼프 미국 대통령이다. 그의 노림수가 무엇인지 잘 따져봐야 '글로벌 머니'의 흐름을 감지하는 데 도움이 된다.

　트럼프는 두 번째 임기를 시작하자마자 관세 폭탄을 퍼부었다. 집권 1기 때와 사뭇 양상이 다르다. 첫 집권 때 트럼프는 주로 중국을 견제하기 위한 수단으로 관세를 활용했다. 물론 당시에도 캐나다, 멕시코, EU에 관세를 물렸지만 대상국이 한정적이었고 철강·알루미늄 같은 일부 품목에 국한됐었다. 2기 때는 다르다. 관세 대상국을 '더티 15'라며 광범위하게 넓혔다. 중국에만 포커스를 두는 분위기가 아니다. 왜 그럴까.

　트럼프는 장사꾼답게 손해 본다는 걸 본능적으로 용납 못한다. 그의 관점에서 미국의 무역적자는 인내심을 잃을 수밖에 없을 만

미국 무역적자 추이

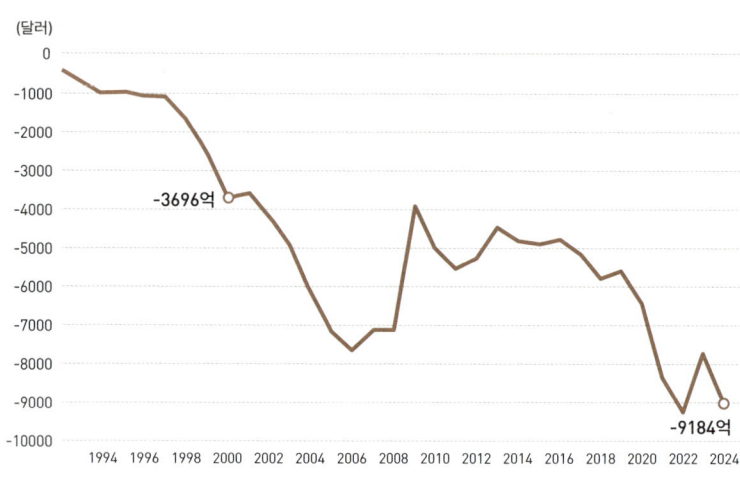

자료: 세인트루이스연방준비은행

큼 막대하다. 미국의 2024년 무역적자 폭은 9184억 달러에 달했다. 1200조 원대에 달하는 엄청난 액수다. 수입에서 수출을 뺀 차액이 우리나라 GDP의 절반이 넘는다는 얘기다. 2014년 미국의 무역적자가 4840억 달러였으니 불과 10년 만에 적자 폭이 2배에 가까워진 셈이다. 무역 불균형이 보통 심각한 게 아니다. 미국이 마지막으로 무역흑자를 기록한 건 1975년이다. 50년간 한 번도 해외에 물건과 서비스를 사고 팔아서 플러스가 된 적이 없다는 얘기다. 이대로 둘 수 없다고 트럼프는 이를 갈고 있다.

많은 사람들은 세계 최강국이자 빅테크를 독점하고 있는 나라가 왜 천문학적인 무역적자를 입는지 의아해한다. 주된 이유는 이렇다. 미국 경제는 오래전에 중심축이 제조업에서 서비스업으로 바뀌었다. 1970년대 이후 신흥 공업국들의 제품 생산 실력이 급격히 향상되면서 미국의 제조업은 상대적인 우위가 약해졌다. 인건비 비싼 미국 땅에서 공장을 돌려야 할 만한 유인이 부족하다. 많은 기업들이 해외로 생산 기지를 이전했고, 완제품을 미국으로 수출하고 있다. 미국 내 제조업은 힘을 잃었다.

트럼프는 이제 방향을 반대로 틀고 싶어 한다. 그래서 '관세를 물기 싫으면 미국에 와서 공장을 건설하라'며 압박한다. 해외 대기업들이 미국이라는 거대 소비시장을 포기할 수 없다는 걸 알고 멱살을 잡는 것이다. 어떤 사람들은 미국에서 제조 공장이 늘어난다고 하더라도 미국산 공산품을 수출할 때 비싼 달러 때문에 가격 경쟁력이 안 생길 것이라고 말한다. 합리적인 지적으로 보이지만 1차원적 반응일 수도 있다. 트럼프 입장에서 보면 수출을 안 하더라도 거대한 미국 소비시장을 '메이드 인 USA'로 채우면 무역적자가 크게 줄어들 수 있다. 양질의 일자리가 늘어나 마약에 찌든 실업자들에게 준수한 월급을 줄 수 있게 된다. 세수가 늘어나 재정 펑크를 줄이는 방편도 된다.

어떤 이들은 트럼프의 관세 집착이 자가당착이라고 지적한다. 미국의 수입 회사가 관세를 내게 되므로 미국이 손해고 물가만 오르지 않느냐는 것이다. 그게 틀렸다는 건 아니지만 이런 주장 역시 전체 그림을 보여주지 못한다. 관세는 비용을 떠넘기고 남의 이익을 갈취하는 효과가 제법 있다.

어떤 해외 기업이 미국에 100달러짜리 물건을 수출한다고 치자.

관세가 20% 붙으면 이론상 120달러가 될 것 같지만, 실제로는 그렇지 않다. 파는 쪽에서 관세를 전부 판매가에 반영하면 가격 경쟁력이 확 떨어진다. 그래서 울며 겨자 먹기로 그대로 100달러에 팔거나 110달러 정도에서 정하게 마련이다. 즉, 수출한 회사가 이익을 줄이게 되고, 이 회사의 줄어든 이익만큼을 미국 정부가 관세로 빨아들이는 결과가 된다. 트럼프가 2025년 7월 일본과 관세 협상을 타결하고 나서 "다른 나라도 일본처럼 돈 내고 관세를 낮출 수 있다"고 말한 게 단적으로 이런 원리다.

이처럼 미국 입장에서 여러 가지 이익을 취할 수 있는 포인트가 있지만 그럼에도 불구하고 관세를 활용한 트럼프의 '빅 픽처'는 수많은 모순을 안고 있다. 트럼프도 모르지 않는 것 같다. 그래서 관세로 협박하지만 얼마 지나지 않아 뒤로 물러서 적당히 합의한다. 그래서 트럼프가 늘 겁먹고 물러선다는 'TACO Trump Always Chickens Out'라는 유행어도 만들어졌다.

2025년 봄 트럼프의 공격적인 관세 드라이브에 투자 심리가 위축돼 주가가 한때 큰 폭으로 하락했다. 2월 중순 2만 선을 살짝 넘던 나스닥 지수는 두 달도 지나지 않은 4월 초에 1만 5000대까지 폭락했다. 미국인들은 주식 투자로 노후를 대비한다. 이걸 말아먹는다는 건 곧바로 민심 이반으로 이어진다. 그래도 여기까지는 트럼프가 미리 계산에 넣었던 것 같다. 그는 "(주가 하락은) 예상했던 일"이라며 태연한 척 했다. 그러나 주가 하락에 이어 미국 경제에 대한 신뢰 저하로 국채 값마저 하락하며 달러의 위상이 흔들릴 기미를 보이자 트럼프는 얼른 물러섰다.

 게다가 관세가 너무 무거우면 물가가 많이 오르게 된다는 점을 고려하지 않을 수 없다. 연방준비제도가 물가를 잡는다며 금리를 올리면 달러 가치가 오르게 된다. 이건 수출품 가격 경쟁력을 낮추고, 수입품을 저렴한 가격에 소비하게 되니 무역수지를 오히려 나쁘게 만든다. 이런저런 사정을 감안해 트럼프는 상당한 투자 약속을 받아내면 적당한 관세율로 합의한다. 주요 교역 상대인 EU, 일본, 한국과 아주 높지 않은 세율인 15% 선에서 마무리했다. 여간해선 끝까지 거칠게 가지는 않는다.

 장사꾼인 트럼프는 미국의 무역적자가 심한 이유 중 커다란 줄기가 달러의 위상이 높기 때문이란 걸 모르지 않을 것이다. 보통 어떤 나라의 무역적자가 심각해지면 이 나라의 통화 가치는 낮아지게 마련이다. 그러면 가격상 수출 경쟁력이 커져 무역적자가 줄어드는 자연스러운 복원이 이뤄진다. 이건 모든 나라에 적용되지만 유일하게 미국만 제외다. 미국의 힘을 보고 달러나 미국 국채를 사려는 수요가 끊이지 않아 막대한 무역적자에도 불구하고 달러 가치가 쉽사리 떨어지지 않기 때문이다. 즉, 미국은 상품 교역에서는 적자지만, 달러 또는 금융을 수출한다고 볼 수 있다.

 이런 이유로 미국은 국력이 쇠락하지 않는 한 무역적자를 운명으로 받아들여야 한다고 말하는 전문가들도 있다. 그래서 역설이지만 미국의 무역적자가 감소하려면 미국 경제가 나빠져야 한다는 진단도 있다. 브라이언 베투네 보스턴대 경제학과 교수는 "미국 무역적자의 근본 원인은 미국이 다른 모든 경제를 뛰어넘는 성장을 하고 있는 것"이라고 했다.

이런 맥락에서 미국인들이 수입품 소비를 좀처럼 줄이지 않으니 무역적자가 좁혀지기 어렵다는 의견도 많다. 경제가 호황이고 달러가 강해서 구매력이 좋으니 미국인들은 돈 쓰기 좋다. 미국의 GDP 대비 민간 소비 총액은 점점 높아져 70% 가까이에 이르고 있다. 2024년 4분기 기준으로 68.8%였다. 중국은 40%(2024년 추정치)이며, 한국은 46.3%(2024년 1분기)로 미국보다 훨씬 낮다.

소비가 왕성한 나머지 미국인들이 저축을 안 하는 것도 무역적자의 주요 원인 중 하나라고 지적하는 경제학자들이 여럿이다. 저축할 만한 돈까지 족족 물건을 사들이니 수입이 많아질 수밖에 없다는 얘기다. 트럼프는 무역적자를 줄여야 한다면서도 미국인들이 소비를 줄여야 한다는 말은 입 밖에 꺼내지 않는다. 내수 경기가 나빠질 수 있기 때문이다.

우리는 트럼프의 관세 드라이브에 따라 글로벌 통화량M2이 늘어날지 여부를 지켜봐야 한다. 놓치지 말아야 할 관전 포인트 중 하나다. 미국의 관세 폭탄을 얻어맞은 나라들은 이익을 일정 부분 미국에 빼앗기게 된다. 그러면 수출 경쟁력을 만회하려고 금리 인하 등을 통해 자국 통화의 가치 하락을 유도하는 방향으로 갈 가능성이 적지 않다. 전 세계적으로 통화량이 늘어나는 쪽으로 압력을 받을 개연성이 커진다는 얘기다. 그러면 달러 가치는 더 올라가게 되고, 이렇게 되면 미국의 무역적자 해소는 어려워지는 방향으로 간다. 실

미국 연방정부의 2024회계년도 재정 (단위: 달러)

수입	지출	재정적자
5조	6조 8300억	1조 8300억

※ 2023년 10월~2024년 9월　　　　　　　　　　　　　　　　자료: 미국 재무부

제로 트럼프 1기 행정부 당시 중국에 대한 관세 부과로 달러가 1% 평가 절상됐고, 위안화는 2% 평가 절하됐다는 연구 결과를 존스홉킨스대가 내놓기도 했다.

　이론적으로도 관세를 부과하는 나라에서는 수입품 가격 상승으로 상품 수입량이 감소해 무역수지가 일부 개선될 수 있다. 하지만 동시에 자국 화폐 가치가 상승하는 바람에 수출 감소로 무역수지가 개선된 만큼을 고스란히 까먹게 돼 도로 아미타불이 된다는 설명이 있다. 이쯤에서 보면 천하 제일 권력자 트럼프도 관세를 둘러싼 고차원의 미로에 갇혔다고 볼 수 있다. 그래서 강공으로만 일관하지 못하는 것 아닌가 싶다.

　트럼프가 비단 무역적자만 제 뜻대로 방향을 바꾸지 못하는 게 아니다. 거대한 나랏빚도 통제하지 못한다. 미국 연방정부의 2024 회계연도(2023.10~2024.9) 재정적자는 약 1조 8300억 달러로 2500조 원쯤에 달한다. 한 해 동안 지출이 6조 8300억 달러였는데, 수입은 그보다 훨씬 적은 5조 달러에 그쳤기 때문이다. 재정적자 규모는 불과 한 해 사이 8%나 늘었다. 그러니 누적된 국가 채무가 36조 달러를 넘어서는 것이다.

미국 국채 10년물 금리 추이

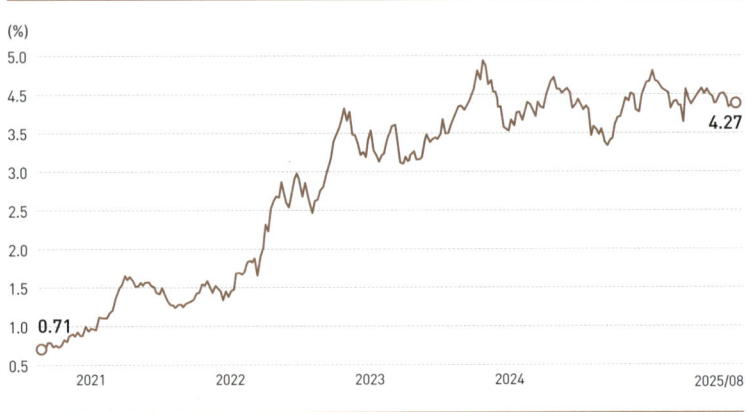

특히 국채에 대한 이자 비용이 급증하면서 미국 정부의 살림살이는 급격히 나빠지고 있다. 2024년 국채 이자 비용은 전년보다 34% 급증한 9500억 달러에 달했다. 1년 동안 이자 갚는 돈이 1000조 원을 훌쩍 넘어서는 것이다. 2025년 초 기준 미국은 연 3.3%가량의 이자를 주고 국채를 발행해 돈을 조달했는데, 불과 4년 전 제로금리 시대 막바지인 2021년만 하더라도 연 1.5%에 국채를 찍을 수 있었다.

국채 이자를 감당하기 어려워 허덕이는 모습이야말로 미국의 아킬레스건이다. 그래서 지나칠 정도로 공격적인 관세 정책을 편 숨은 이유가 재정적자를 해결하려는 복안이라는 관측도 나온다. 관세는 무역적자의 연장선상에 있고, 무역적자는 재정적자와는 별개 개념인데 어떻게 관세와 재정적자가 연결된다는 것일까. 2024년 미국의 관세 수입은 1000억 달러 정도인데, 이걸 3배쯤 더 걷는다고 해도 전체 세수의 6~7% 정도에 지나지 않아 재정을 탄탄하게 만드는 결정적인 특효약이 되기도 어렵다. 그렇다면 관세와 재정적자 사이에 어떤 상관 관계가 있을까. 이론상으로는 나름 정교한 톱니바퀴가 있다.

2025년 9월 백악관 경제자문위원장 직을 휴직하고 연방준비제도 이사가 된 스티븐 마이런을 비롯한, 트럼프 쪽 인사들은 원화로 한 해 1000조 원이 훨씬 넘는 국채 이자를 계속 지급해서는 미국의 미래에 답이 없다고 본다. 그래서 마이런이 주도해 내놓은 아이디어가 '무이자 100년물 국채'다. 이자가 없어 사는 쪽에서 수익을 기대하기 어려운 장기 국채를 어떻게 판다는 것일까.

트럼프 쪽의 구상은 기존에 미국 국채를 보유한 나라들로 하여금 만기가 되면 장기 무이자 국채로 바꿔 매입하게 한다는 것이다. 고율의 관세가 적용되는 나라라면 무이자 국채를 살 때 관세를 깎아 준다는 식의 협상이 이론적으로 가능하다. 트럼프 행정부가 무이자 국채 카드를 바로 꺼내진 않았지만, 미국 정부의 재정 압박이 훨씬 심해지면 미래에는 가시화될 가능성도 없지 않다. 트럼프 행정부가 우리나라 정부를 상대로 3500억 달러에 달하는 대미 투자를 하면 관세율을 15%로 적용하고, 그렇지 않으면 25%를 매기겠다고 압박한 것도 무이자 국채 구상과 이론상 비슷한 원리다.

관세와 무이자 국채의 패키지는 미국 입장에서는 신박하고 획기적인 아이디어다. 머릿속 회로대로만 움직인다면 달러의 헤게모니를 유지하면서도 쌍둥이 적자(무역적자+재정적자)도 완화할 수 있는

묘수다. 자기네들의 비용 부담을 교역 파트너 국가들에 떠넘기는 구조이기 때문이다. 미국이니까 구상해볼 수 있는 그림이다. 그러나 뜻대로 실현될 수 있을지는 미지수다. 무이자 국채를 남발해도 달러의 기축통화로서 위상이 유지될 수 있을지는 불분명하다. 이자를 내지 않는 국채라는 것은 금융의 원칙을 허무는 것이라 어떤 반대 급부를 치러야 할지 예측하기 어렵다.

스티븐 마이런이 무이자 국채 얘기를 꺼내자 월가 일각에서 "판타지 아니냐"는 냉소가 흘러나왔다. 실현 가능성이 희박하거나, 부작용이 심각할 것이라는 반응이었다. 일본, EU, 한국은 안보를 미국에 의지하고 있기 때문에 미국의 '무이자 국채 강매'가 실제로 시작될 경우 마냥 뿌리치기 어려울 수 있다. 하지만 중국은 다르다. 중국의 미국 국채 보유량은 7500억 달러가 넘는다. 중국이 미국 국채를 투매해버리면서 위안화의 기축 통화 전략에 가속도가 붙으면 어떻게 할 것인가. 미국의 위상이 흔들리는 '저주의 모멘텀'이 될지도 모른다.

사실 무이자 국채는 미국에서 아이디어 차원에서 쭉 거론돼 왔다. 빚쟁이가 '이자만이라도 내지 않으면 얼마나 좋을까'라고 생각하는 건 인지상정 아닌가. 관세 폭탄과 무이자 국채가 세상 사람들에게 던지는 메시지는 미국이 예측 불가능하거나 비상식적인 정책을 언제든 추진할 수 있다는 위험이 커졌다는 것이다.

미국인 자산, 62만 달러일까 12만 달러일까

돈이 흔해지면 가치가 하락하는 현금을 던지고 자산을 사들이는 투자 행위가 활발해진다. 하지만 생계를 위한 소득마저 근근이 버는 사람은 자산 투자를 위한 엄두를 못 낸다. 빈부 격차가 커지는 간단한 이치다. 세계 최강 국가 미국은 글로벌 금융위기 이후 무제한적으로 돈을 풀었다. 주가와 부동산 가격이 많이 올라 부자가 된 사람이 많지만 그만큼 미국의 빈부 격차는 심각해졌다.

얼마나 심각한지는 스위스계 글로벌 투자은행인 UBS의 '글로벌 웰스 리포트 2025'를 보면 잘 나타난다. 2024년 기준의 이 보고서는 주요국별로 평균 자산과 중위 자산을 나눠서 분석해놨다. 이걸 들여다보면 가장 번영한 나라인 미국의 어두운 부분이 여실히 드러난다.

UBS 보고서에서 성인 1인당 평균 자산으로 볼 때 미국은 62만 654달러로서 주요 25개국 중에서 스위스(68만 7166달러) 다음으로 많

성인 1인당 평균 자산과 중위 자산 (단위: 달러)

	평균 자산	중위 자산
미국	62만 654	12만 4041
한국	25만 1223	10만 4067
일본	20만 5221	10만 2198
프랑스	30만 1503	14만 6017
영국	33만 9700	17만 6370
이탈리아	21만 4663	12만 4473
벨기에	34만 9404	25만 3539
노르웨이	36만 8410	14만 2501
덴마크	48만 1558	21만 6098
호주	51만 6640	26만 8424
캐나다	36만 5953	15만 1910

자료: UBS

다. 스위스가 인구로 보면 미국의 37분의 1에도 못 미치는 소규모 국가라는 점을 감안하면 미국이 쌓아 올린 부가 엄청나다는 걸 느낄 수 있다. 평균으로 볼 때 미국의 1인당 자산은 프랑스(30만 1503달러)·독일(25만 6715달러)의 2배가 넘는다. 캐나다(36만 5953달러)·영국(33만 9700달러)과도 비교해도 월등히 많다.

나라 사이즈는 작지만 잘살기로 소문난 북유럽의 덴마크(48만 1558달러), 노르웨이(36만 8410달러)보다도 평균적인 미국인의 자산이 훨씬 더 많다. UBS는 세계 백만장자의 39.3%가 미국인이라고 집계했다. 전 세계 백만장자 5명 가운데 2명은 미국 사람이라는 얘기다.

그런데 성인 1인당 중위 자산으로 보면 숫자가 너무나 달라진다. 중위 자산이란 전체 성인을 자산 순서대로 일렬로 세울 때 정중앙에 위치하는 사람의 자산을 말한다. 중요한 건 우리가 마주치는 평범한 사람의 자산은 평균이 아니라 중위로 봐야 더 정확하다는 것이다. 평균은 거대한 재산을 거머쥔 극소수가 끌어올리기 때문이다.

미국에서 일론 머스크, 젠슨 황, 빌 게이츠, 마크 저커버그, 제프 베조스 같은 울트라 리치 몇 명만 제외해도 1인당 평균 자산은 꽤 낮아질 것이다. 만약 미국인 가운데 최상위 1만 명만 빼고 산정한다면 프랑스나 영국과 1인당 평균 자산이 큰 차이가 없을 것이라 생각한다.

USB의 '글로벌 웰스 리포트 2025'에는 주요 25개국의 1인당 중위 자산 순위도 담겨 있다. 미국은 2024년 기준 성인 1인당 중위 자산이 12만 4041달러에 그쳤다. 평균으로는 1인당 62만 654달러였는데, 중위값은 5분의 1에도 못 미친다. 그만큼 평균값과 중위값의 괴리가 심하다. 빈부 격차가 극심하다는 얘기다. 조사 대상인 25개국 가운데 미국은 평균으로는 2위였지만, 중위로는 15위로 뚝 떨어진다.

1인당 중위 자산으로 미국은 호주(26만 8424달러)·벨기에(25만 3539달러)의 절반에도 못 미친다. 또한 북유럽의 덴마크(21만 6098달러), 노르웨이(14만 2501달러)보다 낮을 뿐 아니라 유럽 주요국인 영국(17만 6370달러), 프랑스(14만 6017달러)보다도 역시 낮다. G7에서 국력이 제일 처지는 나라인 이탈리아(12만 4473달러)보다도 근소하게 낮다.

미국은 대단한 혁신을 이룬 나라다. 초강대국이다. 하지만 앞서가는 기술 혁신으로 일으킨 부를 극소수가 독차지하고 있다. 그리고 통화량을 폭발적으로 늘린 정책 탓에 소수의 투자 의지와 여력 있는 부유층이 국부國富의 대부분을 차지하고 있다. 그렇기 때문에 미국인들은 세계 원톱 국가에서 살지만 극심한 빈부 격차를 받아들여야 한다. 미국 정부는 이걸 해결하지 못한다. 혁신적인 상품이나 서비스로 대박을 터뜨리면 천문학적 돈을 벌 수 있는 사회 시스템이 미국의 힘을 키우는 커다란 기둥이라 이걸 쉽게 바꿀 수도 없다.

그렇다면 UBS 보고서에 나타난 한국의 빈부 격차는 어떨까. 성인 1인당 평균 자산은 25만 1223달러이며, 중위 자산은 10만 4067달러다. 평균 자산이 중위 자산의 2.41배다. 미국의 사례에서 봤듯 이 비율이 높을수록 빈부 격차가 심하다는 뜻이 된다. 다른 선진국의 이 비율을 보면 우리나라의 상대적인 빈부 격차를 가늠해볼 수 있다.

이웃나라 일본과 비교해보면 편리하다. UBS 보고서에서 일본의 1인당 평균 자산은 20만 5221달러로 우리나라보다 22.4%나 낮다. 반면 일본의 1인당 중위 자산은 10만 2198달러로서 불과 1.8% 낮다. 평균 자산이 중위 자산의 2.01배로서 빈부 격차가 우리나라보다 덜 심각하다는 걸 알 수 있다.

한국과 일본은 1인당 국민소득에서 엇비슷하다. 그런데 왜 평균 자산은 제법 차이가 클까. 우리나라는 가계 자산에서 부동산 비율이 높은데, 근년의 수도권 주택 가격이 급등해 자산 가치가 확 올랐다. 일본은 가계의 자산 가운데 주식과 예금 등 금융 자산의 비율이

60%에 달하며 부동산 가치 상승이 훨씬 더디다. 우리나라 사람들은 인구의 절반이 수도권에 몰려 살지만, 일본은 우리보다는 훨씬 고르게 분포돼 살아간다. 도쿄 부동산이 비싸다고는 해도 집중도는 서울이 훨씬 높다.

또한 미국 주식을 비롯한 해외 투자를 한국인들은 근년에 가파르게 늘렸고, 일본인들은 오래전부터 투자했을 뿐 근년에 투자 규모를 확 키우지는 않았다. 따라서 달러 강세와 글로벌 주식 시장 호조로 꽤 많은 단기 차익을 누린 한국인들과 달리 일본인들은 큰 재미를 못 봤다.

임금 상승률도 21세기 들어 일본은 정체된 반면, 한국은 대기업 중심으로 확 올랐다. 또한 고령화가 일본이 더 심각한 것도 영향을 줬다. 나이 든 사람들이 더 많은 일본에서는 고령 가구들이 적극적인 투자 활동을 하지 않는다. 대신 현금이나 위험도가 낮은 예금 같은 금융 상품에 묻어두는 경향이 훨씬 강하다.

이런 한일 간 차이를 보면 우리나라가 근년에 돈 잔치를 벌이는 과정에서 부자가 많이 늘어났고, 과실을 일부만 가져가 빈부 격차가 확대되는 경향이 두드러진다는 걸 알 수 있다. 미국과 일본 외에 다른 선진국의 평균 자산과 중위 자산의 비율은 어떨까. 캐나다(2.41배)가 우리나라와 거의 같다. 하지만 프랑스(2.06배), 영국(1.93배), 호주(1.92배), 뉴질랜드(1.9배), 이탈리아(1.72배) 등은 우리나라보다 꽤 낮다. 대한민국의 빈부 격차 문제가 심각한 수준에 이르렀다는 걸 보여준다.

달러 패권 100년 더 지속될 수 있을까

1963년 11월 존 F. 케네디 대통령이 댈러스 시내에서 암살당했다. 그때 케네디의 앞자리에 앉은 이는 텍사스 주지사였던 존 코널리(1917~1993)였다. 현장에서 발사된 총탄 중 한 발이 코널리의 가슴을 관통하고 오른손을 부러뜨린 후 다리에 박혔다. 대수술 후 코널리는 기적적으로 살아났다. 1971년에는 리처드 닉슨 행정부에서 재무장관에 기용됐다.

코널리가 재무장관이 됐을 때까지만 해도 지금은 상상하기 어렵지만 고정 환율제가 시행되고 있었다. 금 1온스를 35달러에 고정시키던 시절이었다. 35달러를 가져오면 금 1온스를 내줬다는 얘기다. 그리고 파운드(영국), 마르크(독일), 프랑(프랑스)은 달러와의 일정 비율의 환율을 유지했다. 2차 대전을 승리로 이끈 미국이 달러를 중심에 놓고 '돈의 질서'를 확립했던 것이다. 미국의 금 보유량이 압도적이었고, 달러는 절대적인 위상을 갖고 있었다. 이것이 한 번쯤 들어봤을

'브레튼우즈 체제'라는 것이었다.

그런데 코널리가 재무장관이 됐을 때 미국은 심각한 위기에 처해 있었다. 베트남 전쟁에 뛰어든 후유증으로 막대한 재정적자에 시달리고 있었다. 달러 패권에 금이 가는 것 아니냐는 우려가 커졌다. 달러가 약세를 보이자 불안해진 투자자들이 달러를 금으로 바꿔달라는 요구가 많아졌다. 금 보유량이 부족해졌다.

존 코널리 전 미국 재무장관
사진: 위키피디아

그러자 닉슨은 코널리의 건의를 받아들여 속된 말로 '깽판'을 쳤다. 달러를 금으로 바꿔주는 정책을 중단한다고 일방적인 발표를 해버렸다. 미국이 국력과 달러의 힘을 믿고 판을 엎어버린 것이다. 그야말로 국제 금융시장에 대혼란이 벌어졌다. 1971년 말 G10 회의에 참석한 코널리는 달러의 힘을 보여주는 유명한 한마디를 유럽 재무장관들에게 던졌다. "달러는 우리의 통화지만 당신들의 문제다The dollar is our currency, but it's your problem."

그때도 그렇고 이후로도 숱하게 달러의 위상이 흔들릴 수 있다는 지적이 나왔다. 21세기에도 부채가 부쩍 늘어나 미국 정부와 연방준비제도가 고민이 많다. 달러를 제대로 컨트롤하지 못한다. 하지만 달러가 다른 통화 대비 위상이 떨어지고 있는 건 아니다. 미국 정부가 스스로 애를 먹는 것과 달러의 위상은 별개의 이야기다. 헷갈리

국제 거래 시 사용하는 통화의 비율

통화	국가	사용 비율
달러	미국	59.5%
유로	유로존	12.13%
엔	일본	5.9%
파운드	영국	4.72%
위안	중국	3.18%
캐나다달러	캐나다	3.04%
나머지 모든 화폐		11.53%

※ 2024년 4월 기준   자료: 국제은행간통신협회(SWIFT)

면 안 된다. 위상은 상대적인 개념이다. 다른 통화가 달러를 제낄 수 있느냐고 묻는다면 그 가능성은 갈수록 낮아지는 쪽에 가깝다.

달러의 힘은 어느 정도일까. 먼저 국제 거래에서 어떤 화폐가 사용되는지를 보면 미래를 가늠해볼 수 있다. 국제은행간통신협회SWIFT에 따르면, 2024년 4월 기준 전체 국제 거래 가운데 달러가 건네진 비율은 59.5%에 달했다. 국제 거래 10건 중 6건은 달러로 체결됐다는 얘기다. 이건 습관이나 관성과 같은 것이라서 쉽게 바뀌기 어렵다. 달러 다음 두 번째가 유로화인데, 12.13%에 그친다. 달러의 5분의 1 수준에 불과하다. 이어서 3위 일본 엔화(5.9%), 4위 영국 파운드화(4.72%), 5위 중국 위안화(3.18%), 6위 캐나다 달러(3.04%)까지가 3% 넘는 통화들이다. 달러가 독보적이다.

각국이 비상금 개념으로 갖고 있는 외환 보유액이 어떻게 구성돼

전 세계 중앙은행들이 보유한 외환 보유액의 통화별 비율

통화	국가	보유 비율
달러	미국	58.4%
유로	유로존	20%
엔	일본	5.7%
파운드	영국	4.8%
나머지 모든 화폐		11.1%

* 2023년 말 기준
자료: 한국은행

있는지 보자. 한국은행에 따르면 2023년 말 기준 전 세계 중앙은행들이 보유한 외환 보유액 중 달러가 58.4%로 절반이 넘었다. 이어서 유로화 20%, 엔화 5.7%, 파운드화 4.8% 순이었다. 한국은행은 달러 비율이 70.9%로 다른 나라 중앙은행들보다 더 높다.

'기축통화key currency'에 대해 한국은행은 '여러 국가의 암묵적인 동의하에 국제 거래에서 중심적인 역할을 하는 통화'라고 정의한다. 한국은행처럼 이야기하는 건 다소 모호하다. 국채를 대량으로 찍어도 화폐 가치나 국가 신인도가 흔들리지 않아야 명실상부한 기축통화다. 그런 관점에서 보자면 달러는 유일한 기축통화다.

오랫동안 달러 패권이 유지되기 때문에 그동안 미국은 달러를 찍어내는 데 큰 부담을 느끼지는 않았다. 미국의 저명한 경제학자 배리 아이컨그린 UC버클리 교수는 "100달러를 만들어내기 위해 미국은 몇 센트를 들여 돈을 찍어내면 되지만, 다른 나라들은 물건을 팔아 100달러만큼 이익을 내야 한다"고 했다. 그래서 2차 대전 이후 달러의 특별한 위치를 유럽은 샘내고 부러워했다. 프랑스에서 1960년대에 재무장관을 지낸 뒤 1974년 대통령이 된 발레리 지스카르 데스탱은 달러에 대해 '과도한 특권privilège exorbitant'이라고 표현했다.

즉, 미국이 거대한 빚을 내고 통화량을 엄청나게 늘린 원천은 바로 달러의 힘이다. 도널드 트럼프 역시 달러를 찬양한다. 그는 2023년 폭스뉴스 인터뷰에서 "우리는 매우 강력한 것을 가지고 있는데, 그것은 바로 우리의 달러"라며 "만약 달러 패권을 잃는다면 그건 어떠한 전쟁에서 지는 것보다도 더 큰 패배"라고 했다. 직설적으로 미국의 힘이 달러라는 엔진에서 나온다는 걸 표현한 것이다.

물론 미국의 국가채무는 36조 달러가 넘을 정도로 폭발적으로 늘어났다. 그래도 미국이 '원톱' 국가라는 건 달라지지 않았다. 달러 가치에도 별다른 흔들림이 없다. 이런 달러 헤게모니는 앞으로도 100년 이상, 적어도 수십 년은 유지될 가능성이 높다. 미국은 달러의 힘을 믿고 필요할 경우 거침없이 달러를 찍어낸다. 코로나 팬데믹 때 가계에 현금을 지원하는 재난지원금으로만 1100조 원이 넘는 8610억 달러를 지급했을 정도다.

운영과 조달의 관점에서 보더라도 달러만큼 쉽게 융통할 수 있는 화폐는 없다. 달러는 발행량이 많고 차입도 쉽고 막대한 유동성을 자랑한다. 한마디로 가져다 쓰기 쉽다는 것이다. 또한 미국은 막강한 군사력으로 달러의 위상을 뒷받침한다. 미국은 세계 80여 국에 약 750개의 군사 기지를 갖고 있다. 미국으로부터 막대한 군사적 뒷받침을 받는 나라가 달러를 제끼고 다른 통화를 최우선하는 외화로 삼을 수 있을까?

워런 버핏 버크셔 해서웨이 회장은 2023년 연례 주주총회에서 이런 질문을 받았다. "중국과 중동에서 탈달러화를 시도하는데 달러가 더 이상 기축통화가 아닌 상황에 직면할 수도 있을까요?" 그러자 버핏 회장은 단칼에 자르듯 대답한다. "우리(달러)가 기축통화이고, 다른 통화가 기축통화가 될 가능성은 전혀 보이지 않는다." 노벨 경제학상을 수상한 폴 크루그먼 뉴욕시립대 교수 역시 '달러 종말론'을 무시하라고 했다.

달러 패권을 무너뜨리려면 다른 나라에서 혁신 기업을 미국보다 훨씬 더 많이 보유해야 가능성이 보인다. 하지만 누구나 알다시피 2010년대 이후 돈의 폭발이 벌어진 이후 세계를 리드하는 혁신 기업은 절대 다수가 미국 기업이다. 2000년대 들어 전 세계적인 주목을 받으면서 '새롭고 거대하다'는 이미지를 준 미국 밖의 기업은 많지 않다. 텐센트, 알리바바 등 중국 기업 몇 군데와 삼성전자(한국), TSMC(대만) 정도에 그친다. 나머지 거대 혁신 기업은 이른바 '매그니피센트7'처럼 모두 미국에서 탄생하고 있다.

이런 흐름이 송두리째 바뀌지 않는 한 달러 헤게모니가 흔들릴 가능성은 낮다. 2010년대 중반 전후로 중국이 미국을 넘어설 수 있다는 전망이 나오기도 했지만 2020년대 들어 쑥 들어갔다. 특히 이런 전망은 중국이 2022년부터 인구가 감소세로 전환되면서 거의 사라졌다. 중국의 노력에도 불구하고 위안화가 달러를 대체할 가능성도 옅어지는 추세다.

한때는 미국의 무역적자가 너무 심각해서 달러의 위세도 쪼그라들고 미국 경제가 어려워질 것이라는 경고가 있었다. 하지만 늘 이런 경고는 있어 왔다. 닉슨이 금 태환을 중단했을 때나 글로벌 금융위기가 왔을 때 미국이 망하고 달러가 무너질 것처럼 말하는 사람이 많았다. 하지만 이후 세계 질서가 어떻게 흘러왔는지는 굳이 설명 안 해도 될 것이다.

물론 미국의 무역적자는 커다란 골칫거리는 맞다. 하지만 달러가 전 세계에 뿌려지는 효과를 가져오기도 한다. 이건 일견 미국이 손해보는 듯하지만 결국은 달러 헤게모니를 더욱 견고하게 만드는 요인이다. 전 세계의 달러 가운데 70%가 미국 밖에서 유통되고 있다.

달러에 위험 신호는 있다. 세계 외환 보유액 가운데 달러 비율이 2016년에는 65.3%였지만 조금씩 낮아져 2023년에는 58.4%로 떨어졌다. 미국의 막대한 국가 부채를 놓고 민주당과 공화당이 다투는 게 불안감을 조성한다는 분석이 있다. 또한 원유를 비롯한 국제 원자재 거래에서 탈달러 세력끼리 손을 잡으면서 러시아 루블화나 중국 위안화로 거래하는 사례가 조금씩 늘어나고 있다.

그렇다고 하더라도 '넘버원 통화'라는 지위가 쉽게 흔들리기 어렵다는 게 전문가들의 이야기다. 루블화, 위안화가 중심이 되는 탈달러화는 수십 년 된 국제 금융 시스템을 송두리째 바꿔야 한다는 뜻인데, 막대한 비용을 발생시키므로 현실적으로 어렵다는 이야기가 많다.

요즘엔 트럼프의 좌충우돌이 달러 가치를 갉아먹는 불안 요인이라는 지적이 있다. 하지만 트럼프식 돈키호테 정책은 수년 안에 끝난다. 종신 집권이 아니지 않는가. 최근에 트럼프의 무리한 관세 공격에 따른 출렁거림은 닉슨 행정부 시절 금 태환 금지에 비하면 충격이 새 발의 피 수준이다. 달러는 계속 위험 요인을 물리치며 위상을 유지해왔다.

물론 미국 내에서도 달러가 헤게모니를 지키지 못할 수도 있다는 경고는 나온다. 하지만 그건 정말로 달러가 추락할 것이라고 본다기보다 그런 상황이 오지 않도록 하자며 각성하자는 촉구에 가깝다. 그래서 한국인이라면, 특히 투자자라면, 달러 패권에 의심을 갖지 않는 쪽이 안전한 투자를 하는 데 도움이 된다고 생각한다. 달러의 힘은 100년은 더 지속될 수 있다. 적어도 이 책을 읽는 이의 인생에서 드라마틱한 변화가 생길 확률은 현저히 낮다. 폴 크루그먼의 말대로 '달러 종말론'은 무시하는 게 옳다.

A Flood of Money

VI

새로운 돈의 출현

정치 권력이 손대기 어려운 돈, 가상화폐

 아직도 적지 않은 사람들이 가상화폐^{Crypto} 시대가 현실화됐다는 걸 얼떨떨하게 여기고 있다. 그러면서도 일상에 깊숙이 들어와 있다는 것 자체는 누구도 부인하지 못한다. 주변에서 "그 사람 코인으로 큰돈 벌었대"라는 말을 들어본 사람이 꽤 많을 것이다. 우리 삶에 가까이 왔지만 아직은 손에 확실히 잡히지 않는 것 같은 가상화폐. 이걸 둘러싸고 크립토, 암호화폐 등 몇 가지 표현이 있지만 여기서는 가상화폐로 통일한다.

 개념 자체에 대한 설명은 숱하게 나왔다. 기술적인 방식에 대한 해설도 꽤 있다. 이 책에서는 가상화폐를 둘러싼 개념과 기술을 논하려는 게 아니다. 그보다는 새로운 화폐의 출현이라는 의미에서 인간 사회에 어떤 파장을 던지고 있는지, 그리고 왜 점점 국가 권력이 가상화폐를 받아들이는 방향으로 가고 있는지에 포커스를 맞춘다. 가상화폐가 무엇이냐는 건 이미 흘러간 이슈이며, 이제는 어떤 역할을 하고 있는지 이해하는 게 더 중요하다는 애기다.

우리는 '특이하고 새롭고 기존 질서를 무너뜨리는' 가상화폐를 둘러싸고 어떤 현상이 벌어지고 있는지, 특히 미국을 비롯한 주요국 정부가 가상화폐를 각자 유리하게 이용하기 위해 어떤 방법을 동원하고 있는지 유심히 지켜봐야 한다. 그래야 투자자로서 그리고 자본주의 국가의 국민으로서 미래 사회를 내다볼 혜안을 키울 수 있다.

가상화폐는 인류가 문명을 만들어 생활해 온 수천 년 역사에 비춰볼 때 '돌연변이 발명품'이 분명하다. 가상화폐의 특성은 '기존 질서 무너뜨림'에 있다. 화폐는 눈에 보이는 실물로 존재해야 한다는 관념을 깼다. 더 충격적인 건 정부와 중앙은행 밖에서 만들어졌다는 것이다.

이처럼 가상화폐가 민간의 화폐란 개념이 시대적 의미로 가장 중요하다. 수천 년 전부터 인간에게 화폐는 있었다. 19세기 미국의 자유은행 같은 예외가 있지만 대개는 공공의 영역에서 국가 시스템의 일부로서 만들어졌다. 근대 이전에는 종교 권력이나 왕권이 돈을 주물렀고, 근대 이후로는 행정부와 중앙은행이 좌지우지했다. 불과 20년 전 쯤인 21세기 초입 무렵까지도 화폐란 곧 법정화폐라는 인식이 강하게 머리에 박혀 있었다. 가상화폐는 정형화된 공적 기관의 통제에서 벗어난 돈이다.

탈중앙화. 초기에 비트코인을 기술적 차원에서 설명하는 핵심 키워드가 바로 탈중앙화였다. 이건 특정 국가에 얽매이지 않는다는 뜻도 된다. 가상화폐의 가치가 어떤 한 나라의 위기로부터 자유롭다는 걸 말한다. 원화는 당연히 한국이란 나라가 위험에 빠지면 가치가 낮아진다. 하지만 비트코인과 이더리움은 그런 함정에 빠지지 않는다. 게다가 가상화폐는 거래가 가명으로 이뤄질 수 있다. 특정 국가에 종속되지 않으면서 자신을 안전하게 숨길 수 있으니 환영받을 수밖에 없다.

또한 비트코인은 공급량이 2100만 개로 한정돼 있다는 점 역시 기존 화폐와 크게 다른 포인트다. 법정화폐가 총량이 늘어나고 줄어드는 게 가능한 것과 다르다. 그래서 가상화폐는 자체의 가치 등락 폭이 커서 수익과 손실을 안겨다 줄 가능성이 있으면서도, 기존 화폐에 비해 인플레이션을 일으키는 영향은 상당히 제한적이다.

이런 특징 때문에 하이퍼 인플레이션이 벌어지는 경우 가상화폐는 빛날 수밖에 없다. 베네수엘라나 아르헨티나처럼 통치의 실패로 '내 나라 돈이 휴지'가 되는 아찔한 상황이 닥쳐도 가상화폐를 갖고 있다면 상황은 다르다. 위험이 헷지가 된다. 남미의 부유층들이 비트코인 모으기에 혈안이 돼 있다는 걸 눈여겨보라. 아직도 인플레이션은 대체로 한 나라 안의 경제 현상이지만, 이런 경계를 가상화폐는 뛰어넘는다. 가상화폐는 집권에 성공한 정치 권력이 주무르던 '지배 금융의 시대'에서 '금융의 자유 시대'로 넘어가는 이정표가 됐다.

2008년 글로벌 금융위기로 세상이 뒤집히는 경험을 한 것도 가상화폐가 대중화된 밑그림이었다. 천하의 미국도 쓰러질 수 있다는 두려움을 세상 사람들이 느꼈다. 글로벌 금융위기 이후 5년간 미국에서는 은행이 무려 465개가 문을 닫았다. 미국인들은 믿고 돈을 맡길

만한 구세주를 열망하게 됐다. 새로운 금융 자산에 대한 갈망으로 목마른 가운데 가상화폐는 화려하게 등장했다. 비트코인의 모든 거래는 블록체인이라 불리는 공개 분산 장부에 기록된다. 누구도 위조하거나 되돌릴 수 없도록 설계됐다. 갈수록 신뢰하는 사람들이 많아졌다.

또한 가상화폐가 대세가 되다 보니 국가들 간에도 서로 가상화폐에 친숙해지려는 경쟁이 붙게 됐다. 2021년 9월 엘살바도르가 세계 최초로 비트코인을 합법적인 통화로 인정했다. 그 이듬해 4월에는 중앙아프리카공화국이 뒤를 이었다. 비트코인을 법정화폐로 인정한 건 반신반의하던 사람들에게 신뢰를 심어주는 계기가 됐다.

여기서 통화량 이야기를 하지 않을 수 없다. 비트코인은 2010년대 이후의 현상이다. 커다란 시대적 변혁이 이뤄지려면 여러 가지 요인이 함께 상승 효과를 일으켜야 한다. 비트코인이 시대적 조류가 된 건 거대한 사회적 무대 전환이 이뤄졌기 때문이다. 희소성, 익명성, 신기술의 매력이 어우러진 시기와 거대한 양적완화로 시중에 유동성이 크게 늘어난 시기가 딱 맞아 떨어졌다.

만약 돈이 말라 있는 시기에 비트코인이 등장했더라면 크게 각광받지 못했을 수도 있다. 돈이 홍수를 이루는 시점에 비트코인은 새로운 투자 대상을 찾는 인간의 열망을 충족시켰다. 그게 중요하다. 비트코인은 '돈의 홍수'라는 시대적 배경을 발판으로 삼아 튀어오를 수 있었다.

그렇다면 '디지털 금'이라는 가상화폐 시장이 얼마나 거대해졌는

자산별 시가총액 순위

(단위: 달러)

순위	자산	시가총액
1	금	22조 4980억
2	엔비디아	4조 5억
3	마이크로소프트	3조 7370억
4	애플	3조 1150억
5	비트코인	2조 4340억
6	아마존	2조 4010억
7	알파벳	2조 1960억

※ 2025년 7월 14일 기준
자료: 컴퍼니스마켓캡

가를 살펴보자. 먼저 가상화폐가 몇 가지 있는지부터 가늠해보자. 글로벌 가상화폐 시황 중계 사이트인 코인마켓캡에 따르면, 추적 가능한 가상화폐의 종류는 2025년 2월 기준 약 2만 4000종에 근접했다. 원칙적으로 누구나 만들 수 있기 때문에 가상화폐 종류 자체는 넘쳐나지만, 비트코인을 필두로 상위 20가지가 전체 시장의 90% 이상을 차지하고 있다.

글로벌 시장정보 사이트 컴퍼니스마켓캡의 집계에 따르면, 2025년 7월 14일 기준 비트코인 시가총액은 2조 4340억 달러로 3300조 원대에 달한다. 모든 자산의 시가총액 합계 순으로 보면 5위에 해당한다. 1위는 단연 금(22조 4980억 달러)이다. 2~4위는 미국 빅테크 주식이 쭉 차지한다. 엔비디아(4조 5억 달러), 마이크로소프트(3조 7370억 달러), 애플(3조 1150억 달러) 순이다. 그 다음이 비트코인이며, 아마존

(2조 4010억 달러), 알파벳(2조 1960억 달러)은 비트코인에 추월당했다. 이미 비트코인은 시가총액으로 세계 정상급 빅테크와 어깨를 나란히 한 셈이다. 비트코인 가치의 합계는 대한민국 시가총액 1위 삼성전자의 9배에 달한다.

알트코인의 대표 주자이자, 비트코인에 이어 두 번째로 큰 비중을 차지하는 가상화폐인 이더리움은 시가총액 3652억 달러로 자산 순위 29위에 올랐다. 가상화폐가 시장에서 덩치를 키운 건 거래가 활발하게 이뤄지기 때문이다. 가상화폐 정보 플랫폼인 코인코덱스에 따르면, 2025년 상반기에 가상화폐 전체 거래 규모는 파생 상품을 포함하면 69조 6300억 달러로 집계됐다. 월평균 10조 달러 이상, 원화로 1경 3000조 원대 이상 활발하게 거래되고 있다는 것이다.

이제 누구도 가상화폐의 존재와 가치를 쉽게 부정하지 못한다. 경제학자 중에서 비트코인의 가치가 2030년대에는 0원이 될 수 있다는 예상을 내놓는 이들이 있다. 기존의 경제학 원리만 근거로 삼으면 그렇게 보일지도 모르겠다. 그러나 가상화폐는 이미 다양한 층위로 제도화됐다. 그리고 우리 생활에 거대한 물결로 깊숙이 스며들었다.

비트코인, 17세기 튤립처럼 시들어버릴까

비트코인 업계는 꾸준히 합법화를 시도하며 제도권에 진입하려 애를 써왔다. 그 과정을 들여다보면 가상화폐라는 새로운 문물이 기존 경제 체제를 흔들고 있다는 걸 알 수 있다. 이제는 비트코인이 법과 사회의 제도적 뒷받침을 받고 있다. 비非정부적인 화폐 체계가 정부 권력의 도움을 받는 아이러니가 눈앞에 나타나고 있다. 그 과정을 보는 것도 돈을 이해하는 데 도움이 된다.

2024년 1월 비트코인을 둘러싸고 획기적인 사건이 벌어진다. 미국 증권거래위원회SEC가 비트코인 현물 ETF를 승인했다. 이를 계기로 전통적인 금융권에서 비트코인에 접근하기가 훨씬 수월해졌다. 2024년 한 해 동안 비트코인 ETF에 유입된 자금 규모는 350억 달러를 넘어섰다. 이건 어떤 의미일까. 기존 금융시장과 가상화폐의 접점이 생기면서 양쪽을 무 자르듯 분리하는 게 어려워졌다. 비트코인이 전통적인 금융 상품과 접점이 생기고 한 몸으로 융합되기 시작했다.

비트코인 ETF가 탄생하자 여러 연기금과 헤지펀드 등이 비트코인에 손쉽게 투자했다. 비트코인 가격도 부쩍 오르는 발판이 됐다.

앞서 SEC는 2021년 10월 비트코인 선물 ETF를 승인했다. 안전한 금융 상품의 영역에 들어와 있고, 시카고상품거래소처럼 정부 규제를 받고 정교한 감시 기능을 갖춘 거래소에서 사고 팔기 때문이라는 점을 들었다. SEC는 그러면서도 비트코인 현물 ETF는 승인을 보류했다. 현물 비트코인 시장이 충분히 규제되지 않아 시장 조작에 취약하다는 이유를 들었다. 그러나 비트코인 거래는 이미 생활 속으로 깊숙이 들어왔기 때문에 계속 외면할 수 없었다. 결국은 행정부인 SEC를 향해 사법부가 압박을 가하는 일이 벌어졌고, 이것이 비트코인이 정식으로 인정받는 데 큰 전환점이 됐다.

2023년 8월이었다. 워싱턴DC 연방항소법원은 투자회사 그레이스케일이 비트코인 펀드를 ETF로 전환하겠다는 신청을 거부한 SEC의 결정을 취소해달라고 낸 행정 소송에서 그레이스케일의 손을 들어줬다. 1년간 심리해 온 재판부는 "비트코인의 선물 ETF와 현물 ETF를 SEC가 차별적으로 대하는 이유가 임의적이고 변덕스럽다"며 "비트코인의 선물 시장 가격과 현물 시장 가격이 거의 일치하기 때문에 서로 다르게 취급하는 건 법적 원칙을 위반한 것"이라고 했다.

이런 법원 판결에 대해 SEC는 항소하지 않았다. 큰 틀에서 보면 어떤 거대한 파도를 피하기 어렵다는 판단을 했다고 봐야 한다. 이 판결이 나오고 나서 5개월 후 SEC는 비트코인 현물 ETF를 결국 승인했다. 비트코인 가격은 날개를 달게 됐다. SEC가 전향적으로 승인으로 기운 숨은 이유가 미 의회가 광범위한 가상화폐 관련 법안을 논의하기 전에 규제기관으로서 입지를 강화하기 위해 먼저 움직였기 때문이라는 관측이 나온다.

상품이든 서비스든 인기를 끄는 재화가 대중과 가까이 다가가고 그 가치가 불어난다면 공적인 영역에서 관할하려는 의지가 생기게 마련이다. 또 그런 재화에 대해서는 민간에서는 정부 기관이 나서 룰을 정하고 이해관계를 교통정리 해주기를 원한다. 비트코인이 혜성처럼 나타나서 인기를 끌고, 비트코인을 연동시킨 ETF가 미국 정부의 승인을 받고, 이것이 비트코인의 가치를 더욱 끌어올리는 과정에서 미국의 입법부·행정부·사법부가 서로 관할하려는 열의를 보였다는 점을 빼놓을 수 없다.

대선도 중대한 변수였다. 민간에선 비트코인을 활용한 다양한 금융 상품을 유통시키고 싶어 했다. 금융업계에서는 가상화폐에 우호적인 대선 후보를 지원할 자금을 모아놓고 있었다. 트럼프 대통령이 공화당 대선 후보 시절부터 가상화폐에 친화적인 입장을 보이자 민주당과 조 바이든 행정부에서도 가상화폐에 부정적인 입장을 보이는 게 정치적으로 부담이 컸던 것으로 해석된다.

이런 과정을 쭉 보면 비트코인을 위시한 가상화폐가 대중의 사랑을 받게 되자 결과적으로 정부·의회·정당들이 서로 구애를 하게 된 것으로 해석이 가능하다. 결국 비트코인에 대해 미국 정부는 제도적 차원에서 어느 정도 그립을 잡는 데 성공했다. 2024년 7월에는 SEC

가 이더리움 현물 ETF도 승인했다. 이미 비트코인 현물 ETF를 승인했으니 거부할 명분을 찾기 어려웠다.

미국 정부 스스로 비트코인 투자에 뛰어들었다는 점도 시사하는 바가 적지 않다. 이미 미국 정부는 '비트코인 부자'다. 비트코인 소유자를 추적하는 단체인 '비트코인 트레저리스'의 집계에 따르면, 2025년 초 기준 미국 정부는 전 세계 정부 가운데 가장 많은 19만 8000개의 비트코인을 소유하고 있다. 대부분 범죄자들로부터 압수한 것들이다. 세계 최강국이 국가의 미래 차원에서 비트코인을 모은다는데 가격이 안 뛰고 배길 수 있나. 오미드 말레칸 컬럼비아대 경영대학원 교수는 "미국 정부가 비트코인을 대거 사들이면 수요 차원의 '압력'이 가격을 밀어올릴 수 있다"며 "또한 미국 정부가 비트코인에 '공신력'을 부여하는 셈이라 다른 나라 정부나 기관 투자자가 매입에 나설 가능성도 있다"고 했다.

아직은 모든 공적인 영역에서 비트코인을 수용하지는 않는다. 외환 보유액으로 쌓아두기 위해 중앙은행이 비트코인을 사모으는 경우는 거의 눈에 띄지 않고 있다. 2025년 3월 스위스 중앙은행인 스위스국립은행SNB의 마르틴 슈레겔 총재는 비트코인을 전략적 준비금으로 보유할 가능성을 일축해 관심을 끌었다. 슈레겔 총재는 "비트코인은 가격 변동성이 심해 장기적인 가치 저장 수단으로 적합하지 않다"라며 "준비자산은 필요시 바로 사용할 수 있어야 하며, 이에 따라 높은 유동성이 필수"라고 강조했다. 슈레겔 총재와 같은 반응을 보이는 각국의 중앙은행 수장들이 아직은 많다.

이 외에 경제학자들도 여전히 시큰둥한 반응을 보이고 있다. 노벨 경제학상 수상자인 유진 파마 시카고대 경영대학원 교수는 2035년이 되기 전에 비트코인의 가치가 '0원'이 될 것이라고 예고했다. 그러나 이미 거대한 산업을 이뤄냈고 실물 화폐나 다양한 방면의 기업들과 직접 연결됐기 때문에 하루아침에 가치가 사라지기 어렵다.

게다가 비트코인에 대해 시큰둥하다가 전향적으로 돌아서는 월가 큰손들이 하나둘 늘어나고 있다. 거대 자산운용사 뱅가드그룹을 이끄는 살림 람지 최고경영자는 비트코인에 대해 회의적이었다. 하지만 뱅가드그룹이 세계에서 비트코인을 가장 많이 보유한 상장사인 스트래티지의 2대 주주로 올라섰다는 게 2025년 7월 블룸버그의 공시 자료 분석으로 공개됐다. 가상화폐의 실질 가치가 없다는 말을 반복해 월가의 대표적인 가상화폐 회의론자로 꼽혔던 JP모건의 제이미 다이먼 회장도 2025년 2분기 실적 발표에서 "가상화폐와 스테이블 코인에 모두 관여할 생각이고 더 잘 이해할 수 있도록 노력하겠다"고 했다.

어떤 사람들은 17세기 네덜란드의 튤립과 비슷하다며 갑자기 가치가 시들어버릴 것이라는 예상을 내놓기도 한다. 워낙 가치 등락폭이 크고, 내재적 가치를 갖고 있는지 의문이 들 수 있다는 근거를 든다. '자본주의의 광기'라는 관점에서 서로 비교할 수는 있을 것 같다.

그러나 '비트코인=튤립'의 관점은 단편적인 관찰에 불과하다. 튤립과 가상화폐는 근본적인 차이가 있다. 이미 비트코인을 중심으로 가상화폐는 법적·제도적 기반을 탄탄히 그리고 다층적으로 닦았다.

비트코인 가격과 미국 통화량(M2) 추이

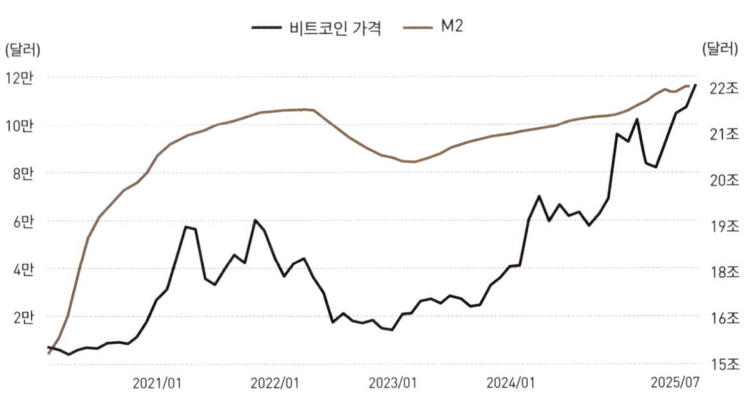

자료: 연방준비제도·코인마켓캡

 반면 튤립은 호사가들의 관상용 가치의 대상이었고, 생물체라서 자연 증식이 가능하거나 죽고 시들어버린다. 이런 튤립과 세계 최강국에서 제도적 기반을 갖춘 가상화폐를 동일시하면서 비트코인을 깎아내리는 건 투자의 관점에서는 현명하다고 볼 수 없다.

 강조하고 싶은 건 튤립이든 비트코인이든 재화 자체의 특성에 매몰되면 전체 그림을 놓친다는 것이다. 튤립이 왜 17세기 네덜란드에서 광풍이 불었을까. 그게 우리에겐 중요한 시사점이다. 17세기 초 네덜란드에는 부유함이 넘쳤다. 세계 최초 주식회사라는 동인도회사를 중심축으로 해상 무역으로 엄청난 돈을 벌어들였다. 신용거래가 활발했다. 1602년 암스테르담에는 세계 최초의 증권거래소가 등장했다. 시스템상 자본주의의 기틀을 확실히 닦았다. '돈을 융통한다'는 금융의 본래적 사명을 꽃피웠다. 신흥 시민계급은 돈이 많앗고, 새로운 투자 대상을 갈망했다. 그것이 튤립 사 모으기 열풍으로 번졌다. 이런 돈을 둘러싼 시대적 발판의 의미를 관찰하는 게 더 중요하다.

 돈이 넘쳐나는 시대에서 돈은 어떤 새로운 매력 덩어리에 쏜살같이 튀어갈 준비가 돼 있다. 튤립과 비트코인의 재화로서 공통점보다는 17세기 초 네덜란드와 21세기 초 미국의 공통점이 더 시사하는 바가 크다. 유동성이 시중에 넘쳐나고 그와 맞물려 과거에 없던 투자 대상을 찾으려는 부자들의 욕망이 넘쳐나는 시대적 배경을 주목해야 한다. 그래야 돈을 벌 수 있는 혜안을 키울 수 있다. 꼭 비트코인이 아니더라도 돈이 넘치는 2010년대 이후는 새로운 혜성 같은 투자 대상이 등장할 수밖에 없는 시기였다.

트럼프는 왜 가상화폐 옹호론자로 돌변했나

도널드 트럼프는 2021년 무렵까지만 해도 비트코인에 대해 '사기 scam'라고 했다. 그는 "달러와 경쟁하기 때문에 도저히 좋아할 수 없다"고 했다.

그런 트럼프가 2024년 대선 유세부터 태도가 갑자기 바뀌었다. 그는 유세 중 자신이 "'가상화폐 대통령crypto president'이 되겠다"고 선언했다. 그리고 나서 뉴욕에서 비트코인으로 햄버거를 사먹었다. 2024년 7월 트럼프는 '비트코인 2024 콘퍼런스'에 참석해 "미국 정부가 갖고 있거나 미래에 취득할 비트코인을 100% 전량 보유하는 게 행정부 정책이 될 것"이라고 선언했다. 중앙은행이 금을 보유하고, 정부가 원유를 비축하는 것처럼 비트코인을 정부 차원에서 전략적으로 비축하겠다는 구상이다.

전략 비축이란 글로벌한 차원의 공급 대란이나 국가적 위기 상황에 대비하기 위해 국가 경쟁력에 핵심이 되는 자원이나 자산을 미리 쌓아두는 걸 말한다. 1970년대 중동발 오일 쇼크를 계기로 미국은 원유를 전략 자산으로 비축하기 시작했다. 중국 정부는 곡물, 돼지고기, 금속 등을 전략적으로 비축한다.

트럼프는 집권 2기를 시작한 지 두 달 만에 구체적인 가상화폐 비축 계획을 발표했다. 2025년 3월 2일이었다. 구체적으로 전략 비축 대상으로 삼을 가상화폐 5가지를 콕 찍었다. 트럼프는 이날 트루스소셜에 글을 올려 전략 비축 대상에 "XRP(리플), SOL(솔라나), ADA(카르다노)가 포함될 것"이라고 언급했다. 트럼프는 뒤이어 올린 글에서는 "분명히 비트코인BTC과 이더리움ETH이 비축의 중심에 있을 것"이라고 했다. 미국 정부가 5가지 가상화폐를 꾸준히 사들여 쌓아두겠다고 선언한 것이다. 트럼프는 "미국이 세계 가상화폐의 수도가 되도록 할 것"이라고 강조하기도 했다.

의회도 움직였다. 공화당의 신시아 루미스 연방 상원의원은 2024년 8월 미 연방준비제도가 비트코인을 준비자산으로 삼고 5년간 약 100만 개를 매입해 20년간 보유한다는 내용을 담은 법안을 발의해 화제를 모았다. 중앙은행이 100조 원대의 비트코인을 사들이게 하겠다는 것이었다.

지방 정부들도 재빨리 움직인다. 2025년 2월 유타주에서는 가상화폐를 주의 공식 자산에 편입한다는 법안이 주 의회를 통과했다. 이 법률은 1년간 평균 시가총액이 5000억 달러 이상인 가상화폐가 유타주의 공식 자산이 될 수 있다고 규정하고 있다. 이걸 충족시키는 건 비트코인뿐이다. 미국 50개 주 가운데 비트코인을 법적인 정식 자산으로 인정한 주가 탄생한 것이다. 유타뿐만이 아니다. 애리조나, 텍사스, 일리노이 등 10여 개 주에서 비슷한 법안이 발의돼 있다.

이런 흐름을 보면 미국의 집권 세력이 열렬한 비트코인의 팬이 된 것 같다. 왜 '세계의 대통령'인 트럼프가 가상화폐에 찬사를 보내고 미국 의회가 가상화폐를 공식화하려는 입법 활동을 전개하고 있을까. 우선은 비트코인의 가치가 향후 크게 오를 경우 민간에 매각해 큰돈을 벌어들여 구멍 난 나라 곳간을 메우려 한다는 관측이 많다. 36조 달러대에 달하는 천문학적인 국가 채무와 국채 이자 부담을 해소하려는 차원에서 비트코인을 적극 활용해보려 한다는 얘기다.

또한 가상화폐 업계는 이미 실질적인 힘과 돈을 갖춘 거대한 이익집단이 됐다. 트럼프는 2024년 대선 레이스에서 기업 기부금의 절반 가까운 액수를 가상화폐 이해 관계자들로부터 받은 것으로 알려져 있다. 블록체인 분석 플랫폼인 브레드크럼즈와 폭스비즈니스가 미 연방선거관리위원회FEC의 자료를 분석한 결과, 가상화폐 업계는 2024년 미국 대선 과정에서 최소 2억 3800만 달러를 모금한 것으로 나타났다. 3000억 원에 달하는 액수다. 이런 막대한 규모는 석유 및 가스 산업, 제약 산업이 내놓은 것보다 많다. 월가에서 가장 기부를 많이 하는 헤지펀드인 시타델보다 더 많은 액수다.

가상화폐가 커다란 산업이 됐다는 건 이렇게 막대한 선거 자금을 댄다는 것만으로도 충분히 입증이 된다. 가상화폐의 열렬한 팬이 된 트럼프 대통령을 빼고 봐도 그렇다. 미국에서 가상화폐를 지지하는 후보를 지원하기 위해 만든 수퍼팩super PAC(정치자금 모금 단체)인 '페어쉐이크'는 2024년 대선과 함께 치러진 연방의회 선거에서 상·하원의원 후보 58명에게 1억 3500만 달러라는 2000억 원 가까운 돈을 후원했다. 그중 46명이 당선됐다. 트럼프와 공화당 실력자들은 이미 가상화폐 업계와 한 몸이 된 것이다.

트럼프 당선으로 가상화폐 업계는 신이 났다. 외연이 넓어질 절호의 기회를 맞았다. 은행들이 가상화폐 관련 서비스를 제공하지 못하게 하는 규제, 고객의 주문을 받아 가상화폐를 보관하는 회사에서 해당 가상화폐를 재무제표상 부채로 반영하는 규제 등이 트럼프 행정부에서 풀릴 수 있다. 그럴수록 가상화폐는 법적인 보호장치를 훨씬 더 많이 휘감을 수 있게 된다.

정치적 계산의 관점에서 볼 때도 가상화폐가 이제는 미국 사회 일각의 작은 집단의 관심 사항이 아니다. 수많은 사람들이 가상화폐를 보유하고 있다. 선거에서 표가 된다는 얘기다. 퓨리서치센터 조사에 따르면, 2024년 기준 미국 성인의 17%가 가상화폐에 투자하거나 거래하거나 사용한 적 있다고 답했다. 미국 성인의 17%라면 약 4500만 명에 달한다. 우리나라 전체 인구에 가깝다. 가상화폐를 지지하고 기술 혁신을 추구하는 유권자들을 염두에 두는 선거 출마자는 더 이상 가상화폐를 외면할 수 없게 됐다.

그리고 트럼프를 이야기할 때 늘 잊지 않아야 하는 건 그가 사업가라는 점이다. 그와 세 아들은 2024년 9월 WLFI^{World Liberty Financial}라는 가상화폐 플랫폼을 만들어 직접 가상화폐 산업에 투자했다. 가상화폐에 시큰둥한 트럼프는 사라졌고, 가상화폐에서 돈 냄새를 맡

가상화폐에 투자해본 미국인들 비율

성인 가운데 비율		17%
성별	남성	25%
	여성	10%
연령대	18~29세	29%
	30~49세	25%
	50세 이상	8%
소득 수준	중위소득의 2배 이상	23%
	중위소득의 3분의 2 이상 2배 미만	18%
	중위소득의 3분의 2 미만	14%

※ 2024년 2월 조사   자료: 퓨리서치센터

은 트럼프가 우리 눈앞에 있다. 트럼프가 2기 집권을 시작한 이후인 2025년 2월 WLFI가 발행한 10억 개 가까운 토큰은 대부분 판매가 완료됐다.

또한 트럼프 일가의 WLFI재단은 다른 가상화폐 투자도 시작했다. 2025년 연초를 전후해 500만 달러 상당의 이더리움 1917개를 매수했다. 트럼프 일가는 가상화폐 사업으로 수익을 내겠다는 분명한 의지를 드러내고 있는 것이다. 워싱턴포스트는 2025년 7월 트럼프 행정부 고위직 약 300명의 재산 공개 신고서를 검토해 5명 중 1명 꼴로 가상화폐 자산을 갖고 있다고 보도했다. 그중 트럼프가 보유중인 가상화폐는 5100만 달러 규모에 이른다고 했다.

어려운 이야기가 아니다. 쉽고 간단하다. 세계 넘버원 국가 미국

의 대통령이 지지하고 떠받들며 적극 참여하는 산업이 쇠퇴하기는 어렵다. 트럼프의 2기 집권 초기에 비트코인 값이 엄청나게 뛴 게 이런 이유에서였다.

그러면 트럼프와 공화당은 자신들의 정치적·금전적 이해만 따져 가상화폐를 품으려고 하는 것일까. 그렇지 않다. 정책적인 비전의 차원에서도 필요하다고 여긴다. 트럼프는 가상화폐를 키워서 미국의 기술 리더십을 강화하려고 한다. 미국의 숙제인 '중국 제압'을 위해 가상화폐가 괜찮은 도구가 된다는 판단도 하고 있다.

이런 맥락에서 2025년 1월 트럼프는 미국에서 가상화폐 발전을 촉진하고 국가적인 디지털 자산 저장소를 만들기 위한 행정명령에 서명했다. 이 행정명령에는 '디지털 자산 산업은 미국 내 혁신과 경제 발전, 그리고 우리나라의 국제적 리더십에 중요한 역할을 한다'는 내용이 명시돼 있다. 이 행정명령을 쭉 읽어보면 가상화폐를 둘러싸고 규제가 모호한 회색지대가 있다는 의견을 수용하고, 명확한 규제 프레임을 제공해 혁신에 도움이 되게 하겠다는 의지를 엿볼 수 있다.

그리고 이 행정명령에는 대통령 산하 가상화폐 전담 실무그룹을 출범시킨다는 내용이 들어 있다. 이 실무그룹은 연방정부가 법 집행을 통해 합법적으로 거둬들인 가상화폐를 모아 국가적인 전략 자산으로 비축하는 걸 연구한다. 이를테면 갱단이 불법적으로 보유한 가상화폐가 있을 때 이를 몰수·추징해 정부가 가져와서 국부를 늘리는 데 쓰겠다는 취지로 해석된다. 이 실무그룹은 트럼프 행정부의 가상화폐 및 인공지능AI 총책임자인 데이비드 색스(전 페이팔 최고운영책임자)가 이끈다.

이런 일련의 움직임을 볼 때 가상화폐 자체를 못 미더워해서 투자를 망설일 이유는 없는 것 같다. 오히려 미국 정부와 트럼프의 움직임을 예의주시하면서 투자 기회가 어디에서 생길지 미리 점쳐 보는 사람이 앞서 간다고 생각한다. 미국 공화당이라는 주류의 정치 세력은 가상화폐를 인정하고 키워보려는 스탠스를 분명하게 하고 있다. 그들처럼 생각하는 게 우리에게도 이롭다.

'디지털 차르' 꿈꾸는 푸틴, '브릭스 페이' 띄운다

　근년에 러시아는 미국의 대외 전략 핵심에서 벗어나 있다. 미국 입장에서 러시아는 중국보다 덜 위협적이다. 군사적 위협은 가하고 있지만, 미국 기업들의 이익을 갉아먹는 역량은 부족하기 때문이다. 러시아는 경제 규모가 중국의 8분의 1에도 못 미친다. 첨단 산업을 제대로 갖추지 못하고 있다. '머니 파워'가 중국보다 현저히 약하다.

　일흔을 넘긴 블라디미르 푸틴 러시아 대통령은 나이가 들수록 초조해 보인다. 권력을 장기간 유지하는 데서 필연적으로 파생되는 불안감이 있다. 강력한 소련연방 시절의 향수를 가지고 있는 러시아인들의 자존심을 높여줘야 하는 부담이 푸틴에겐 늘 있다. 그래서 우크라이나를 침공한 이후 서방세계에 의해 포위된 와중에도 국가 전략을 설계하는 작업을 멈추지 않고 있다.

　푸틴 역시 화폐에 관심이 지대하다. 특히 가상화폐에 적잖은 관심을 가지고 러시아의 위상을 높이는 수단으로 써먹을 궁리를 하고 있다. 2024년 7월 푸틴은 경제 이슈를 논의하는 러시아 고위 기관장들의 화상회의에서 "가상화폐가 국제 결제 수단으로 점점 더 많이 사용되고 있다"며 "이 순간을 놓치지 말고 적시에 가상화폐의 법적 틀을 설정하고 인프라를 개발해 국내외 유통 여건을 만드는 게 중요하다"고 강조했다. 그러면서 "러시아는 이미 이 분야(가상화폐)에서 상당한 진전을 이뤘다"고 했다.

그로부터 한 달이 지나 푸틴은 가상화폐 채굴을 합법화하는 법안에 서명했다. 국가 차원에서 가상화폐를 본격적으로 장려하겠다는 신호탄을 쏜 것이다. 법인은 물론이고 개인들한테도 채굴을 허용했다. 개인들한테는 등록하지 않고 채굴해도 무방하다고 했다.

이와 함께 푸틴은 2024년 9월부터 국제 결제에도 가상화폐 사용을 시범적으로 허용하는 법안에 서명했다. 러시아가 가상화폐 시장의 중요성을 확실하게 인지하고 있고, 물러서지 않겠다는 의사를 분명하게 표시한 것이다. 러시아에서는 가상화폐 채굴에 소비되는 전력량이 지나치게 많다는 우려가 나올 정도로 채굴이 광범위하게 이뤄지고 있다.

2025년 3월에는 관영 타스통신이 보다 구체적인 청사진을 제시했다. 러시아 최대 가상화폐 채굴업체인 비트리버 관계자를 인용해 정부가 향후 1년에서 3년 사이에 가상화폐를 전략 준비자산으로 지정할 수 있다는 보도였다. 비트리버는 사실상 크렘린궁의 지시를 받아 가상화폐를 채굴하는 회사로 알려져 있다. 그리고 타스통신은 푸틴의 확성기나 마찬가지인 관영 언론이다. 미국이 하는 것처럼 러시아 역시 가상화폐를 전략 준비자산으로 지정하겠다는 의지를 만방에 알린 것이다.

푸틴이 전향적으로 가상화폐에 팔을 벌리고 나선 이유는 국력에 도움이 된다고 확신하기 때문이라고 봐야 한다. 그래서 내부적으로는 채굴을 독려하는 것과 동시에, 대외적으로는 우호 국가들과 손을 잡고 '가상화폐 연합군'을 확장하려고 한다. 일단은 브릭스BRICS부터 출발할 요량이다. 2024년 10월 푸틴의 안방인 모스크바에서 '브릭스 비즈니스 포럼'이란 모임이 열렸다. 브라질, 러시아, 인도, 중국, 남아공 등 브릭스 국가들의 경제 협력을 도모하는 자리다. 여기에서 의기투합이 있었다. 가상화폐를 비롯한 디지털 통화를 브릭스 연합체의 공식 투자 대상으로 채택한 것이다.

브릭스가 가상화폐를 밀기로 한 결정에서 푸틴은 당연히 중심에 있었다. 그는 "디지털 화폐가 브릭스 회원국들과 개발도상국에 이익이 될 수 있다"고 강조했다. 푸틴은 이어 중요한 한마디를 내뱉는다. "브릭스 국가들이 이미 SWIFT와 비슷한 금융 결제 시스템을 개발하고 있으며, 국가 디지털 화폐를 활용해 고성장 투자 프로젝트에 자금을 조달하는 방안을 모색하고 있다."

SWIFT Society for Worldwide Interbank Financial Telecommunication란 무엇인가. 1973년 출범한 국제은행간통신협회의 약자를 말한다. 국경을 넘어 은행끼리 안전하게 돈을 주고받는 전산 시스템이다. 한마디로 미국이 주도하는 달러 결제망이라고 해도 과언이 아니다. SWIFT에는 약 200개국 1만 1000개 기업이 연결돼 있어 미국과 멀리 떨어진 이

SWIFT(국제은행간통신협회)

설립	1973년
조직 유형	협동조합
연결된 금융회사	약 200개국 1만 1000여 개사
하루 평균 거래 건수	5300만여 건
매출	10억 2400만 유로(2023)
데이터 센터 소재지	미국·네덜란드·스위스·홍콩

자료: SWIFT·위키피디아

웃한 두 나라끼리 거래할 때도 미국을 거쳐야 한다.

러시아는 원래 SWIFT에 속해 있었다. 그러나 우크라이나를 침략해 전쟁을 일으키자 쫓겨났다. 이 때문에 국제 금융에서 손발이 묶인 상태나 마찬가지다. 러시아는 원자재 수출이 주된 돈벌이인데, SWIFT에서 퇴출되는 바람에 외국에서 돈을 받기가 까다로워졌다.

따라서 미국이 휘두르는 채찍에 타격을 입은 푸틴은 러시아가 주도하는 '제2의 SWIFT'를 만들고 싶어 한다. 이런 여정에 함께 할 친구들로 먼저 브릭스 국가들을 언급한 것이다. 달러 중심의 세상을 뒤집어놓고 싶은 건 물론이고 SWIFT의 제약에서도 벗어나고 싶다는 얘기다.

푸틴이 야심차게 주창한 '제2의 SWIFT' 계획에 따라 브릭스 국가들은 이미 블록체인 기반 결제 시스템인 '브릭스BRICS 페이'라는 플랫폼을 출범시키려고 준비 중이다. 물밑에서 실무 작업이 이뤄지고 있다. 이 플랫폼은 동맹국들 사이에서 국경 간 거래를 쉽고 편리하게 하는 것을 목표로 하고 있다. 제2의 SWIFT를 단지 기존 개념 대로 은행 간 송금이 아니라 디지털 페이의 방식으로 업그레이드하 겠다는 청사진이다. 이 플랫폼은 러시아는 물론이고 중국도 적극적 으로 참여하고 있다. 푸틴은 그야말로 '디지털 차르czar(수장)'를 꿈꾸 고 있는 것이다.

'브릭스 페이'가 현실화되면 국제 결제 시스템은 혁명기에 돌입하 게 된다. 미국이 경제 제재를 가해도 러시아와 중국의 타격이 꽤 줄 어들게 된다. 미국의 칼이 무뎌지게 된다는 얘기다. 푸틴으로선 우 크라이나 침공으로 얻어맞은 미국의 펀치를 다시 맞지 않겠다는 와 신상담이다.

'브릭스 페이' 시스템 구축과 별개로 러시아는 2024년부터 비트 코인과 같은 가상화폐를 실제 무역 거래에 사용하기 시작했다. 이것 역시 SWIFT에서 벗어나서 자유롭게 무역을 해보고 싶다는 열의다. 안톤 실루아노프 러시아 재무장관은 "러시아에서 채굴한 비트코인 을 대외 무역 거래에 사용할 수 있다"며 "그러한 거래는 이미 발생 하고 있고 더욱 확장되고 발전돼야 한다고 믿는다"고 했다.

푸틴의 가상화폐 전략은 단순한 기술 혁신을 넘어 국가 생존과 지정학적 영향력 확대를 위한 종합적인 전략으로 볼 수 있다. 러시 아는 가상화폐를 통해 서방의 금융 제재를 우회하고, 달러 의존도를 낮추며, 브릭스 국가들과의 경제 협력을 강화하려 하고 있다. 러시 아의 가상화폐 전략이 세계 금융 질서에 미칠 영향은 아직 미지수 다. 하지만 디지털 화폐 시대에 새로운 경쟁 구도를 형성할 수 있는 변수가 될 가능성은 충분하다.

물론 푸틴의 뜻대로 굴러가는 게 마냥 쉽지는 않다. '브릭스 페이' 구축은 브릭스 회원국들 사이에서도 만장일치 찬성은 아니다. 2023년 8월 브릭스 정상회의에서 루이스 이나시우 룰라 다 시우바 브라질 대통령은 브릭스가 달러의 대안으로 공동 통화를 만들어야 한다고 주장했다. 이건 SWIFT를 벗어나 따로 놀자는 이야기다. 하지만 당시 개최국인 남아공은 브릭스의 결제 시스템이 SWIFT를 대체할 수 없다며 룰라 대통령의 주장에 반기를 들었다. 남아공만 하더라도 브릭스 중에서는 미국의 영향력이 제법 크게 미치는 나라다.

러시아가 가상화폐를 키우고 제2의 SWIFT를 구축하려는 움직임을 미국과 서방 국가들이 모를 리 없다. 푸틴의 구상이 본격적으로 가시화되면 미국과 유럽도 대응 전략을 가동할 것이다. 이렇게 되면 새로운 형태의 '디지털 냉전'으로 발전할 가능성도 있다. 이런 경쟁 구도가 불타오르면 국제 금융 질서가 어떻게 굴러갈지는 아무도 확신하지 못한다.

정치가 경제에 미치는 영향은 지대하다. 하지만 경제를 움직이는 정치라는 건 점점 더 일개 국가의 통치 권력의 차원이 아니라 글로벌한 정치적 움직임을 가르키는 말이 되고 있다. 한 나라 안에서 그 나라의 정부가 경제를 좌지우지할 수 있는 힘과 능력은 점점 더 미약해지고 있다. 푸틴도 그걸 실감하기 때문에 가상화폐라는 화두를 둘러싸고 브릭스 친구들을 규합하는 데 에너지를 쏟는다고 본다.

VII

돈의 대결

스테이블 코인, 통화량 폭발시키는 '발화 물질'인가

 도널드 트럼프 미국 대통령은 가상화폐를 적극 환영한다. 그렇다면 다음 단계로는 이런 궁금증이 생길 수 있다. 가상화폐가 힘을 불리는 만큼 달러의 위상이 낮아질 가능성이 있는 건 아닐까? 일단 트럼프가 그리는 그림은 가상화폐를 제도권으로 편입시켜 달러를 뒷받침할 수 있는 버팀목으로 쓰려는 것이다. 하지만 뜻대로 되지 않을 경우 가상화폐가 달러의 힘을 끌어내리는 일종의 반란이 벌어지지 않으리란 보장이 없다. 달러와 가상화폐는 서로 어떤 관계를 맺게 될까.
 2025년 1월 트럼프는 자신이 만든 소셜 미디어인 트루스 소셜을 통해 브릭스BRICS(브라질·러시아·인도·중국·남아공) 국가들에게 강력한 경고 메시지를 날렸다. 그는 "새로운 자체 통화든 기존 통화든 브릭스가 달러 패권에 도전하면 100% 관세를 부과하고 미국이란 수출 시장과 작별하게 될 것"이라고 쏘아붙였다. 달러의 위상을 유지해야 한다는 강한 의지가 뇌리에 박혀 있다는 걸 알 수 있다.

달러 가치가 계속 유지되려면 가장 중요한 게 무엇일까. 막대한 분량으로 발행되는 미국 국채를 사려는 수요가 꾸준히 이어져야 한다. 하지만 근년에 심상치 않은 경고음이 울리고 있다. 미국 국채 수요가 냉각되는 흐름이 뚜렷하게 나타나고 있다. 무엇보다 중국이 미국 국채를 대거 내다 파는 추세를 보이고 있어 트럼프에게 위기감을 고조시키고 있다. 중국이 미국을 상대로 실력 행사를 하는 것이다.

중국이 보유하고 있는 미국 국채 규모는 2024년 말 기준 7590억 달러로 1000조 원 수준에 달한다. 그러나 꽤 줄어든 규모다. 1년 사이 570억 달러 급감한 수치일 뿐 아니라, 2009년 이후 최저 수준이다. 중국은 대만을 공격할 가능성이 있다. 만약 양안 간 전쟁이 벌어질 경우 미국이 중국이 보유한 달러 자산을 동결할 수 있다는 전망이 나온다. 이런 위험을 줄이기 위해 중국이 달러화 표시 자산 매도에 속도를 낸다는 관측이 나온다.

중국뿐 아니라 브릭스에 해당하는 다른 나라들도 모두 달러 표시 자산을 줄이는 추세에 있다. 트럼프와 미국 입장에서는 중국이 내다 파는 미국 국채를 누군가 꾸준히 사줘야 하는 입장에 처했다. 그렇지 않으면 국채 가격은 하락하고 금리는 상승할 수밖에 없다. 후폭풍은 간단치 않다. 막대한 국가 채무를 안고 있는 미국 연방정부로서는 국채 이자를 갚느라 재정이 훨씬 악화될 수밖에 없다. 이건 달러 가치에 치명타가 될 수 있다.

이런 상황에서 트럼프 행정부는 달러 패권을 유지하고, 국가 채무

를 안정적으로 관리하며, 가상화폐를 통제할 힘을 얻는 '일석 삼조'를 위해 아이디어를 짜냈다. 스테이블 코인을 달러를 뒷받침하는 용도로 적극 키우겠다는 것이다.

　스테이블 코인이란 무엇인가. '안정된'이라는 영어 단어 stable의 의미처럼 가격이 안정되게 설계된 가상화폐를 말한다. 단순하게 표현하자면 코인 하나 가격이 '1달러'처럼 특정 국가 화폐 가치와 연동되는 가상화폐라고 보면 된다. 지금은 달러 기반 스테이블 코인이 대부분이다. 비트코인과 같은 일반 가상화폐와 비교할 때 가격 널뛰기가 심하지 않다. 그래서 결제 수단으로는 더 안정적이다.

　2025년 7월 기준 하루 평균 가격 변동 폭이 비트코인은 2.1%인 반면, 스테이블 코인은 훨씬 낮은 0.1%였다. 스테이블 코인 발행사는 코인의 가치를 유지하기 위해 진짜 돈인 달러를 사서 받치는 방식을 쓴다. 이때 달러 대신 미국 국채를 사서 보유해도 비슷한 효과를 누린다. 미국 국채는 글로벌 금융 시장에서 거래하기 쉽고, 부도 위험이 낮아 달러와 동등한 취급을 받기 때문이다.

테더(USDT) 시가총액 변화

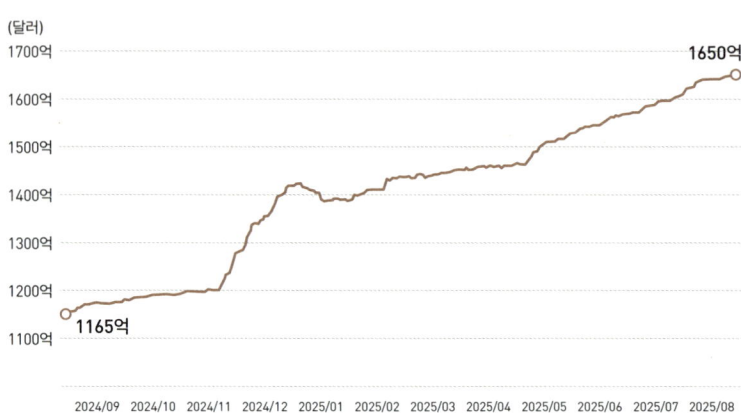

자료: 코인마켓캡

　미국 정부는 국채를 적극적으로 사는 스테이블 코인 발행사가 예쁘다는 반응이다. 2025년 1월 트럼프 2기 행정부의 AI·가상화폐 정책을 총괄할 책임자로 임명된 데이비드 색스는 "스테이블 코인이 잠재적으로 수조 달러 규모의 미국 국채 수요를 창출해 장기 금리를 낮출 수 있다"고 했다. 색스는 마음 속으로는 '그래야 중국이 우리 국채를 매도하는 충격을 줄이고 국채 이자 부담을 줄일 수 있어'라고 외치고 있지 않을까.

　2025년 8월 초 기준 스테이블 코인 중 가장 시가총액이 큰 건 테더USDT다. 이 시점에서 시가총액이 1650억 달러 정도로 200조 원을 훌쩍 넘긴다. 테더는 전체 가상화폐 중에서도 시가총액 순위가 비트코인, 이더리움, 리플에 이어 4위다. 테더 발행사가 준비금으로 보유한 미국 국채는 2024년 말 1130억 달러를 넘겼다. 독일(977억 달러)이 보유한 미국 국채보다 많을 정도로 이미 큰손이다. 이제는 민간 기업이 화폐 시스템에서 중요한 역할을 하고 있다는 걸 의미한다. 돈을 둘러싸고 공공 부문과 민간 부문의 경계가 모호해졌다.

이제 미국 정부의 가상화폐 전략은 투 트랙이란 게 분명해졌다. 비트코인과 이더리움 같은 핵심 가상화폐는 국가의 전략 비축 자산으로 쌓아가고, 스테이블 코인은 국채 수요를 떠받치는 수단으로 인정하는 두 갈래다. 이렇게 해서 가상화폐 세계를 손에 쥐려고 애쓰고 있다.

정부가 공신력을 부여해 주니 스테이블 코인의 성장 속도는 빠르다. 전체 스테이블 코인의 시가총액은 2024년에만 56% 늘면서 2000억 달러를 넘겼다. 2025년 3월 말 기준 2373억 달러에 달한다. 시가총액 2조 달러 정도인 비트코인에는 아직 못 미치지만 빠르게 가치를 키워나가고 있다. 스콧 베센트 미국 재무장관은 2025년 6월 의회에 출석해 "스테이블 코인 시가총액 전망치로 2조 달러는 매우 합리적인 수치"라며 "그 수치를 넘을 수도 있다"고 했다.

달러 기반 스테이블 코인의 성장이 빠른 이유는 쓸모가 다양하기 때문이다. 달러와 가치가 연동되기 때문에 다른 가상화폐를 사기에 용이하다. 무역 대금 지급이나 해외 송금 기능도 뛰어나다. SWIFT(국제금융결제망)와 같은 은행 전산망을 거치는 송금보다 훨씬 빠르고 간편하고 수수료도 아낄 수 있다. 이미 달러 기반 스테이블 코인은 세계화를 달성했다. 국제결제은행BIS 분석에 따르면, 테더USDT 거래의 약 90%가 미국 외 국가에서 이뤄졌다.

미국 정부를 비롯해 일부 국가에서는 스테이블 코인의 안정성을 강화하기 위해 실제 화폐를 준비자산으로 마련하라는 강제성을 부여한 규제를 속속 도입하는 추세다. 2025년 5월 미국 상원은 '지니어스 액트GENIUS Act'라는 스테이블 코인 규제 법안을 통과시켰다. 스테이블 코인 발행 사업자에게 100%의 준비금 보유를 의무화하고, 시가총액 100억 달러 이상 대형 사업자는 연방준비제도나 연방통화감독청의 감독을 받도록 규정하는 법안이다. 가상화폐지만 정부가 통제한다는 성격이 분명해졌다.

이처럼 '공적인 통제가 이뤄지는 가상화폐'라는 점은 가치가 단기간에 널뛰기한다는 불안감 없이 거래할 수 있다는 안정감을 가져다 준다. 하지만 역풍도 있을 것으로 보인다. 장기적으로 봤을 때 미국 정부가 통제할 수 있는 대상이라는 인식이 굳어질수록 스테이블 코인은 '달러의 동생'이라는 정체성이 강해질 수 있다. 그러면 미래에는 '그게 무슨 가상화폐냐. 달러 2중대에 불과한 거지'라는 반응이 나올 수도 있다는 얘기다.

달러와 스테이블 코인이 서로 발목을 묶고 '2인 3각' 달리기를 하게 되면 대규모 경제 위기를 촉발할 위험이 있다는 경고도 나오고 있다. 미국이 막대한 국가 채무를 해소하지 못해 어느 순간 국채 가치가 크게 흔들리면 스테이블 코인에 대한 신뢰가 무너질 수 있다는 우려다. 이럴 경우 은행의 대규모 예금 인출 사태인 뱅크런처럼 일종의 '코인런'이 발생하지 말란 법이 없다. 그렇게 되면 스테이블 코인 발행사가 미 국채를 짧은 시간에 처분하는 바람에 국채 금리가 폭등하게 된다. 금융 위기로 불이 번질 수도 있다.

미국 외의 나라들 입장에서 보면 달러 기반 스테이블 코인이 대세가 되면 통화 주권에 위협을 느낄 수도 있다. 자국의 물건값이 달러를 기준으로 결정되고 거래될 가능성이 커질 수도 있기 때문이다. 미국을 제외한 주요 선진국들이 대체로 이런 위험을 이미 인식하고 있다. 그래서 우리나라의 경우 원화가 위축될 가능성에 대비하기 위해 원화 스테이블 코인을 개발하자는 목소리가 높아지고 있다.

이창용 한국은행 총재는 2025년 6월 "원화 스테이블 코인이 필요하고, 발행에 반대하지 않는다"고 했다. 더불어민주당은 2025년 6월 실생활에서 원화처럼 결제 수단으로 사용할 수 있는 원화 기반 스테이블 코인 발행을 허용하는 디지털자산기본법을 발의했다. 이건 이재명 대통령의 대선 공약이기도 했다. 민간에서는 이미 KB국민, 신한, 우리, NH농협 등 국내 주요 대형 시중은행들이 자체적인 스테이블 코인 발행을 적극 검토하고 있다. 달러 기반 스테이블 코인이 활성화될 경우 은행 자금이 대거 이탈할 수 있다는 우려가 나오고 있기 때문이다. 스테이블 코인의 한국 내 거래량은 2025년 1분기에 57조 원에 달할 정도로 급속도로 대중화되고 있다.

개인은 투자의 관점으로도 봐야 한다. 그런 앵글로 본다면 비트코인과 스테이블 코인은 경쟁 관계라기보다는 보완적 관계로 보는 게 맞다. 비트코인은 '디지털 금'으로서 가치를 저장하는 투자 자산의 성격이 강하고, 스테이블 코인은 '디지털 달러'로서 거래의 매개체라는 성격이 강해 결제 수단으로서 활용도가 더 높다. 쉽게 말해

'디지털 금'과 '디지털 달러'의 관계이니 실물 금과 달러처럼 투자로는 상호 보완적이다. 상황에 맞게 양쪽의 배분을 현명하게 하는 게 좋다.

눈을 부릅뜨고 봐야 하는 대목은 또 있다. 스테이블 코인이 시중에 통화량을 대폭 늘리는 역할을 할 것이라는 분석이 나온다. 스콧 베센트 미국 재무장관은 "2030년 말이면 스테이블 코인 시장 규모가 3조 7000억 달러까지 성장할 것"이라고 말한다. 2025년 하반기가 시작될 무렵 스테이블 코인 시장 규모가 2600억 달러 수준이라는 걸 감안하면 앞으로 5년간 성장률이 연평균 70%에 달한다는 전망이다. 이건 미국 국채 수요가 꾸준히 폭발적으로 이어진다는 걸 뜻한다.

국채 수요가 늘어난다는 건 어떤 뜻인가. 국채 가격이 오르고 시장 금리는 하락한다는 걸 말한다. 금리 하락은 시중에 돈을 더 많이 풀어놓게 한다. 이미 연구가 돼 있다. 국제결제은행BIS이 5일 사이 35억 달러 규모의 스테이블 코인이 유입되는 상황을 시뮬레이션했더니 3개월 만기 미국 국채 금리가 열흘 이내에 0.02~0.025%포인트 하락하는 효과가 발생했다. 일견 작은 폭으로 보이지만 스테이블 코인 시장이 수조 달러대로 성장하면 0.02~0.025%포인트의 차이만으로도 금융 시장에 미치는 영향력이 상당할 수 있다. BIS가 어떤 곳인가. 세계의 금융 시스템 안정을 위한 국제기구다. 스테이블 코인이 금리와 통화량에 미칠 영향에 BIS가 지대한 관심을 갖고 있다는 것이다.

스테이블 코인 덕분에 금리가 내려가면 미국은 낮은 비용으로 국채를 발행해 자금을 조달한 뒤, 시중에 공급할 수 있게 된다. BIS는 이걸 '미니 양적완화Small-Scale Quantitative Easing'라고 표현했다. 스테이블 코인이 돈의 양을 크게 늘리는 발화 장치의 하나로 작동할 수 있다는 얘기다. 우리는 돈이 폭발하는 시대에 살고 있다는 걸 잊으면 안 된다.

중앙은행의 반격, CBDC는 상용화될까

중남미 카리브해에 있는 섬나라 바하마. 이 조그만 섬나라가 세계 최초 기록을 하나 갖고 있다. 중앙은행이 발행하는 디지털 화폐를 말하는 CBDC^{Central Bank Digital Currency}를 최초로 공식 발행한 나라다. CBDC는 어떤 개념일까. 한국에서라면 신한은행도 아니고, 업비트 같은 가상화폐 거래소도 아닌, 오직 한국은행^{Bank of Korea}만이 발행할 수 있는 디지털 화폐다. 비트코인보다는 덜 친숙해도 글로벌 경제나 금융에 관심이 있는 사람이라면 들어봤을 것 같다.

그렇다면 원초적 질문은 이것이 된다. CBDC는 비트코인과 알트코인을 비롯한 수많은 일반 가상화폐와 무엇이 다르단 말인가. 지금도 대부분의 사람들은 현금을 들고 다니지 않는다. 그래서 CBDC가 어떤 점에서 신용카드나 모바일 결제, 온라인 뱅킹, 그리고 일반 가상화폐와 다른지 궁금해하는 이들이 많다.

일단 발행 주체가 중앙은행이란 점이 다르다. 형식은 디지털이지만 전통적인 국가 주도의 금융 시스템에서 나온 통화 체계란 얘기다. 다른 점은 또 있다. 모바일 페이는 모두 중간에 은행이나 카드사 같은 금융회사를 거쳐야 한다. 은행에 계좌를 갖고 있어야 하고 계좌에 담긴 예금을 기반으로 거래되는 식이다. 모바일로 결제하고 나면 나중에 계좌에서 돈이 빠져 나간다. 가상화폐를 거래하려고 해도 한국에서는 시중은행의 실명 계좌가 필요하다. 2018년부터 시행된 가상통화 거래 실명제에 따라서 그렇다.

CBDC는 다르다. 나라마다 시험 적용하는 방식이 조금씩 달라 하나의 개념으로 완전히 통일되지는 않았지만, 원칙적인 CBDC의 개념은 은행을 비롯한 금융회사를 중간에 거칠 필요가 없다. 개인과 기업 사이에 또는 개인끼리 모바일 기기에 있는 전자지갑에서 CBDC를 무선으로 보내주고 받으면 된다. 지폐 1만 원권을 개인끼리 건네는 것과 똑같이 중앙은행이 발행한 디지털 화폐를 주고받는 것이다. 단지 실물 화폐를 사용하지 않을 뿐이다. 한국은행이 애초에 시도한 CBDC는 이런 개념이다.

모바일·온라인 결제는 누가 거래하느냐에 따라 신용도에 의해 결제할 수 있는 액수 등의 제약이 있다. 어떤 경우는 아예 결제가 막히기도 한다. 금융 계좌 기반이라 그렇다. 하지만 CBDC는 신용도와 무관하다는 특징이 있다. 노숙자도 운 좋은 날 5만 원짜리 지폐가 손에 들어오기도 하는 것 아니겠나. 그것과 같다.

CBDC를 연구하는 주요국 중앙은행들은 통신망이 연결되지 않은 오프라인 상태에서도 주고받는 실험을 해보고 있다. 한국은행은 기술적으로 이 실험에 성공했다. SK텔레콤 같은 통신사의 무선 인터넷망 도움 없이 모바일 기기끼리 NFC(근거리 무선통신)로 돈을 주고받았다는 뜻이다. 지폐를 주고받는 것처럼 완전한 익명성이 보장된다.

그렇다면 바하마가 세계 최초로 CBDC를 발행한 이유는 무엇일까. 600개가 넘는 섬으로 구성된 나라다 보니 국민들에게 금융 서비스를 제공하는 데 상당한 어려움이 있었다. 특히 작은 섬에 살면 은행 지점이 없어 금융회사에 접근하기 어렵다. 계좌를 개설하기 어렵고, 그래서 현금 사용 자체가 줄어든다. 그러면 안정적인 결제 수단도 부족하고, 금융 거래가 감소해 경제를 활성화하기 어렵다.

그래서 바하마 정부는 은행 계좌가 없어도 스마트폰만 들고 있으면 디지털화된 결제를 할 수 있도록 CBDC를 발행했다. 바하마의 CBDC는 모바일 기기의 통신망을 사용해 개인끼리 또는 법인끼리 또는 개인과 법인끼리 돈을 주고받는 방식이다. 기업들 입장에서는 먼 곳에 있는 섬의 거래처로부터 은행을 거치지 않고 바로 송금을 받을 수 있다. 바하마 중앙은행은 CBDC 이름을 '샌드 달러'라고 지었다. 기존 화폐인 바하마 달러와 동일한 가치를 인정해 안정성을 유지한다.

바하마가 CBDC를 상용화한 이유 중 하나는 은행 계좌를 통하지 않는 음성 금융 거래를 줄이려는 것이었다. 이런 연유로 초기에 CBDC를 상용화한 나라들은 선진국이 아니었다. 바하마 다음으로 CBDC를 사용한 나라는 아프리카에서 경제 규모가 가장 큰 나이지리아로, 이나이라^{eNaira}라는 CBDC를 2021년 10월에 출시해 현금처럼 쓰고 있다. 다만 '이나이라'가 널리 보편적으로 쓰이는 건 아니다. 나이지리아 인구가 2억 2300만 명에 달하지만 개설된 전자지갑은 3년간 1300만 개에 그친다. 총 통화량 가운데 '이나이라' 비율은 1%에 못 미친다. 아직 갈 길이 먼 셈이다.

CBDC는 디지털 화폐이긴 해도 가상화폐라고 하기는 쉽지 않다. 만약 비트코인처럼 블록체인과 같은 분산 원장기술을 이용해 탈중앙화 화폐를 발행한다면, CBDC도 가상화폐로 분류될지도 모른다. 그러나 지금까지 거래에 사용되는 CBDC는 중앙은행이 관리하는 방식의 중앙집중형 화폐다.

역사는 도전과 응전이라고 했던가. 가상화폐 사업자들이 새로운 도전을 했다면, 중앙은행들은 비트코인발 새로운 도전에 방어와 수성을 위해 CBDC를 고안해냈다. 새로운 판이 깔리는 조짐을 보이자 중앙은행들이 스스로 혁신을 꾀하는 것이라고 보는 게 맞다. CBDC에는 돈과 경제를 컨트롤하는 권한을 민간 사업자들에게 빼앗기지 않으려는 중앙은행의 아이디어가 결집돼 있다. 고루한 느낌을 주는 중앙은행들도 역사의 변곡점에서는 생존을 위해 민첩하게 움직이는 것이다.

아직 세계적으로 CBDC는 실험 단계다. 비트코인이나 알트코인과 맞서거나 본격적인 힘겨루기에 들어간 건 아니다. 하지만 미래의 통화 결제 시스템이 어떻게 진화해 나갈지 아무도 장담할 수 없기 때문에 귀를 쫑긋 세우고 다양한 방식으로 대비를 하고 있다. 한국은행을 포함해 여러 나라 중앙은행들은 CBDC를 연구하는 팀을 가동하고 있다. 바하마나 자메이카처럼 당장 사용하려는 건 아니더라도 화폐를 굴리는 시스템이 어느 순간 경천동지할 가능성에 대비하기 위해서다. 국제결제은행BIS이 2024년 6월 발표한 보고서에 따르면, 86개국 중앙은행에 물었더니 94%가 CBDC를 개발중이거나 연구중이라고 답했다.

아직은 CBDC가 구현되는 방식이 하나의 개념으로 완전히 통일되지 않았다. 최근에는 중앙은행이 시중은행이나 금융회사만을 대상으로 기관용 디지털 통화를 발행하고 이후의 흐름은 시중은행과 시장에 맡기는 방식이 연구되고 있다. 이 방식은 금융회사끼리의 거래를 훨씬 간편하게 만들어주는 장점이 있다. 마리온 라부르 도이체방크 애널리스트는 "도매용 CBDC의 이점은 서로 다른 나라에 있는 금융기관끼리 더 빠른 속도로 더 정확하게 거래해 효율성을 향상시키고 번거로운 절차를 최소화할 수 있다는 것"이라고 했다.

이런 방식의 CBDC 준비를 꼼꼼하게 해오는 나라로는 싱가포르가 꼽힌다. 비교적 이른 2016년부터 관련 프로젝트를 시작했다. 분산원장에 기반해 금융회사끼리 거래하는 기관용 CBDC를 발행할 준비를 마쳤고, 2024년 싱가포르통화청은 중앙은행과 시중은행이 기관용 CBDC를 이용해 실시간으로 결제하는 테스트에 성공했다. 유럽에서도 CBDC 연구가 활발하다. 스웨덴 중앙은행Riksbank의 경우 2020년 'e크로나'라는 이름으로 CBDC에 대한 시범 프로젝트를 시작했다. 스위스 중앙은행인 스위스국립은행SNB은 2024년 총액

> **한국은행의 '한강 프로젝트' 개요**

참가 은행 지정 앱을 통해 전자지갑 개설	본인의 계좌 예금을 예금 토큰으로 전환	지정된 매장에서 QR코드 결제로 예금 토큰 사용

매장은 판매대금을 즉시 받을 수 있고 은행에 수수료 지급할 필요 없음

* 실험기간 2025년 4~6월　　　　　　　　　　　　　　　자료: 한국은행

7억 5000만 스위스프랑에 해당하는 6개의 디지털 채권을 시범적으로 발행했다. 기관끼리 거액을 CBDC로 금융거래하는 실험을 실제로 수행해본 것이다.

한국은행은 IT 강국의 중앙은행답게 CBDC 연구 속도가 느리지는 않다. 먼저 개인끼리 CBDC를 주고받는 실험을 2021~2022년에 성공적으로 수행했다. 그리고 나서 2025년에는 다른 차원의 실험을 해봤다. 시중은행을 상대로 도매용 CBDC인 기관용 디지털 통화를 발행하는 실험을 했다. '한강 프로젝트'라고 불리는 이 실험에는 2025년 4월부터 3개월간 10만 명이 참여했다.

편의상 시중은행을 신한은행이라고 하자. 먼저 한국은행이 신한은행에 기관용 디지털 통화를 발행해서 건네주면 신한은행 계좌를 갖고 있는 고객은 계좌에 담긴 돈의 일부를 '예금 토큰'이라는 디지

털 형태로 인출해 모바일 기기에 보유한다. 이 고객은 편의점에 가서 물건을 사고 예금 토큰의 QR코드로 결제할 수 있다. 이렇게 해서 매출이 발생한 편의점이 신한은행에 요청하면 고객이 결제한 액수만큼을 송금한다.

한국은행의 예금 토큰 방식은 사용자 입장에서는 스마트폰으로 카카오페이나 네이버페이로 지불하는 것과 크게 다르진 않다. 하지만 돈이 도는 전체 그림을 그려보면 꽤 다르다. 스마트폰 페이로 지불하더라도 지금은 카드사와 밴VAN사가 중간에서 이어주는 역할을 한다. 그리고 수수료를 받는다. 하지만 '한강 프로젝트'에서 한국은행은 이런 기존 카드 결제 방식에서 참여자를 확 줄였다. 고객이 물건값을 치르면 시중은행이 바로 가게로 예금 토큰을 전달해주도록 했다. 사실상 은행에서 가게에 바로 결제 금액을 계좌 이체해주는 것과 마찬가지다. 카드사와 밴사의 개입이 없다.

이와 별개로 한국은행은 CBDC와 관련한 국제적 흐름에 뒤처지지 않으려고 노력중이다. 2024년 4월부터 국가 간 결제 방식에 CBDC를 활용하는 '아고라 프로젝트'도 진행 중이다. CBDC를 써서 국가 간에 돈을 지급할 때 더 효율적으로 하자는 국제 협력체다. 국제결제은행BIS, 영국, 일본 등 7국 중앙은행과 국제금융협회가 참여한다.

사실 모바일 결제와 가상화폐 업계에 몸담고 미래를 그려보는 사람들은 불안함이 마음속에 있을 수밖에 없다. 밥줄이 달린 비즈니스가 미래에 어떤 방향으로 나아갈지 점쳐 보는 게 쉽지 않기 때문이다. 중앙은행들이 CBDC라는 개념을 만들어 이런저런 실험을 해보는 것도 마찬가지 선상이다. 한국은행의 한 간부가 그랬다. "CBDC를 손 놓고 있다가 어떤 글로벌 표준이 갑자기 자리 잡았을 때 우리가 못 따라가면 큰 낭패를 입을 수 있다. 일단은 뭐라도 해봐야 안심이 되는 측면이 있다." 미래에 돈이 어떻게 진화할지 우리는 지켜봐야 한다. 세상은 돈으로 굴러간다.

CBDC 두고 시진핑과 트럼프, 왜 정반대 행보인가

아직 CBDC는 초기 단계다. 세상을 바꿀 힘은 아직은 부족해 보인다. 하지만 주요 열강 중에서 중국이 CBDC에 공을 들이고 있기 때문에 간과해서는 안 된다. 선진국의 중앙은행들이 CBDC에서 관심을 떼지 못하는 이유가 중국 때문이라고 봐도 과언은 아니다. 중국이 CBDC에서 혁명을 일으켜 맨 앞에서 달리게 될 경우 서방 국가들의 낭패감은 적지 않을 수밖에 없을 것이다.

중국은 2014년 중앙은행인 인민은행 안에 CBDC 연구팀을 만들었다. 2017년 디지털화폐연구소로 확대해 운영하기 시작했다. 2019년에는 일부 시범 도시에서 일반 주민들 대상으로 디지털 위안화eCNY를 시범적으로 사용하기 시작했다. 주요 경제 도시를 중심으로 사용할 수 있는 지역이 꾸준히 확대돼 2024년 6월 기준 17개 성省의 26개 도시에서 시범 프로그램 진행중이다.

모두 1억 8000만 명의 중국인이 디지털 위안화 거래를 위한 개인

중국의 CBDC 사용 현황

사용 시작	2019년
사용 지역	17개 성(省)의 26개 도시
전자지갑 개설자	1억 8000만 명
누적 거래액	7조 3000억 위안

* 2024년 6월 기준   자료: 신화통신

용 전자지갑을 갖고 있다. 대형 쇼핑몰, 슈퍼마켓, 체인 레스토랑, 자판기 등에서 CBDC로 결제가 이뤄지고 있다. 2019년 시범 운영 시작부터 2024년 6월까지의 누적 거래액은 7조 3000억 위안으로 1400조 원 안팎이다. 그러면 통용되는 전체 위안화 중에 CBDC 비중은 얼마나 될까. 2024년 6월 기준 3조 원을 조금 넘는 165억 위안이다. 이건 본원통화의 0.16%에 해당하니 아직은 미미한 편이다.

그래도 눈여겨볼 건 중국이 먼저 CBDC를 사용한 카리브해 국가들이나 나이지리아와는 인프라가 훨씬 훌륭하고, 음성 거래가 비교적 적은 나라라는 것이다. 물론 중국도 깡시골로 들어가면 은행 접근성이 떨어지는 경우가 꽤 있다. 그게 CBDC를 활성화하려는 이유 중 하나이기도 하지만 자잘한 부분이라고 봐야 한다.

그렇다. 중국은 위안화의 국제화와 탈(脫)달러 전략의 일환으로 CBDC의 가능성을 탐색한다고 봐야 한다. 기존 화폐 체제에서는 달러 헤게모니를 뚫기 어렵다는 걸 잘 알기 때문이다. 중국이 G1으로 올라서 미국을 누르거나, 또는 G2로서 미국과 꾸준히 어깨를 나란히 하기 위해서는 위안화 위상이 높아지고 달러의 힘은 낮아져야

중국 정부와 인민은행은 CBDC 사용을 적극 장려하고 있다. 사진은 CBDC 결제용 스마트폰 앱과 사용을 환영하는 안내문
사진: 위키피디아

하는 변화가 중국으로서는 절실하다. 그래서 CBDC로 '화폐 운동장'이 아예 달라질 경우 달러를 누르거나 적어도 생채기를 낼 수 있는지를 기대하며 가능성을 탐색하는 것이다.

시진핑 중국 국가 주석도 CBDC의 중요성을 강조하고 있다. 시 주석은 2022년 G20 정상회의에서 "G20은 국제 통화시스템의 발전을 위해 공동으로 노력하는 한편 개방적이고 수용적인 태도로 CBDC에 대한 표준과 원칙을 수립하는 것에 대해 논의해야 한다"고 강조했다.

겉으로는 무난한 말로 들린다. 하지만 이런 속내가 담겨 있다고 봐야 하지 않을까. '이제는 달러 중심으로 국제 거래를 하지 말고 디지털 화폐를 거래하는 방식으로 나라 간 결제 시스템을 바꿔보는 게 어떠냐. 그러면 위안화의 위상이 더 올라가지 않겠냐.'

이런 중국의 의도는 2024년을 기점으로 본격화하기 시작했다. 그해 5월 홍콩에서 디지털 위안화 결제 프로그램을 개시했다. 중국 본토 이외의 경제 구역에서 처음 도입한 것이다. 홍콩이 어떤 곳인가. 여전히 국제 금융 도시로서 위상을 유지하고 있다. 홍콩은 중국 영토지만 여전히 홍콩 달러를 쓴다. 그러니까 중국이 위안화를 사용하지 않는 지역에서 처음으로 디지털 위안화로 결제하는 시스템을 도입한 것이다. 홍콩은 첫 발일 뿐이다. 중국은 조금씩 디지털 위안화의 세계화에 시동을 걸고 있다. 2024년 10월부터는 사우디아라비아, 태국, 아랍에미리트 등과 협력해 국경을 넘어 디지털 위안화를 결제하는 시범 사업을 운영하기 시작했다.

물론 디지털 위안화는 실물 화폐를 단순히 디지털화한 형태일 뿐이다. 블록체인과 같은 분산원장 기술을 사용한 가상화폐와 성격이 다르다. 비트코인은 분산형 오픈소스 원장에서 운영되는 반면, 디지털 위안은 폐쇄형 소스 코드가 있는 중앙 집중형 원장에서 중앙은행인 인민은행이 관리한다. 그냥 쉽게 이야기하면 비트코인은 중앙의 관리자 없이 개방돼 있는 반면, 디지털 위안화는 중앙은행이 운영 방식을 비공개하고 통제한다는 것이다.

그래서 인민은행 전산 시스템이 해커에 뚫리기라도 하면 커다란 재앙이 발생할 가능성을 배제 못한다. 블록체인 기술로 데이터가 분산된 비트코인보다 보안에 더 취약할 가능성이 높다. 게다가 디지털 위안화를 사용하면 개인의 거래 정보를 인민은행이 손바닥 보듯 들여다볼지도 모른다. 찜찜함을 떨쳐내기 어렵다. 비트코인이 가명 거래를 통해 개인 정보를 보호할 수 있는 것과 달리 디지털 위안은 사용자끼리 거래할 때 개인 식별 코드가 필요하다.

디지털 위안화는 위안화 실물 화폐와 1 대 1로 연동된다. 기축통화가 되려면 자유로운 거래가 전제돼야 하는데, 여전히 중국은 환율을 통제한다. 자본 이동을 둘러싼 규제도 유지하고 있다. 이런 상황에서 위안화 실물 화폐와 가치가 연동되는 디지털 위안화가 기축통화 역할을 한다는 건 설득력이 부족하다.

그렇다 하더라도 중국은 디지털 위안화로 국제 거래가 늘어나면 위안화의 힘을 어떻게든 끌어올리는 데 도움이 될 수 있다고 판단하고 있다. 서방 세계는 동참하지 않더라도 중동, 동남아, 아프리카, 중남미 등 중국의 영향력이 미치는 지역에서 디지털 위안화를 사용한 결제가 광범위해질 경우 그 파장이 작지 않을 것이다. 또한 CBDC의 개발에서 중국이 세계를 선도하고 있기 때문에 국제 표준화에 영향력을 행사할 가능성도 염두에 둬야 한다.

그렇다면 도널드 트럼프 미국 대통령은 CBDC에 대해 어떤 입장을 취하고 있을까. 그는 CBDC에 대해 반대한다는 입장을 여러 차례 밝혔다. 앞서 살펴본 것처럼 그는 대선 캠페인 도중 비트코인을 미국 정부가 비축하는 데 힘을 쏟겠다고 했다. 또한 미국 정부의 엄청난 채무를 해결하기 위해 미국 국채를 사줄 대상으로 스테이블 코인을 지목하고, 스테이블 코인을 띄우려고 한다. 트럼프 2기 재무장관인 스콧 베센트는 정식으로 취임하기도 전에 자신의 임기 동안 CBDC를 발행할 의사가 없다고 했다.

트럼프는 두 번째 임기를 시작하고 나서는 CBDC의 숨통을 끊어 버리려고 한다. 2025년 1월 23일 트럼프는 '디지털 금융 기술에서 미국의 리더십 강화'라는 타이틀의 행정명령을 발표해 CBDC의 설립, 발행, 유통, 사용을 명시적으로 금지했다. CBDC에 대한 거부감은 이 정도에 그치지 않는다. 트럼프의 행정명령은 모든 연방기관들이 미국 국내외에서 CBDC를 설립하거나 발행하거나 홍보하는 조치를 모두 금지한다는 조항도 담고 있다. 또한 기존에 CBDC와 관련한 계획과 이니셔티브를 즉시 중단하라는 지시도 내렸다.

이건 트럼프가 전임 조 바이든 대통령 시절과는 180도 다른 정책 전환을 시도하는 것이다. 그래서 어느 쪽이 옳은 판단으로 후일 판가름날지 궁금하다. 상황에 따라서는 미국 역사의 줄기를 바꾸는 일이 될 수도 있기 때문이다.

조 바이든 행정부는 CBDC에 친화적이었다. 2022년 1월 연방준비제도는 CBDC와 관련한 최초의 보고서를 내고 도입 필요성을 검토하겠다는 계획을 발표했다. 그리고 바이든 행정부 말기인 2024년 10월 미국 재무부는 CBDC가 미래의 디지털 지불 결제 시스템의 중심이 돼야 한다는 내용의 보고서를 냈다. 이 보고서에서 재무부는 스테이블 코인과 미국 국채 사이에 연관성이 높아 금융 시스템이 불안정해질 위험이 있다는 점과 가상화폐의 변동성이 너무 높다는 이유를 들었다. CBDC를 둘러싸고 바이든과 트럼프의 반응이 극단적으로 정반대다.

그렇다면 트럼프는 왜 CBDC에 대해 과도한 거부감을 표출할까.

명시적으로는 금융 시스템의 안정성을 위협하고, 개인의 사생활을 침범할 우려가 있다는 점을 들고 있다. 트럼프는 대선 캠페인에서도 "CBDC를 도입하면 미국인들의 돈을 연방정부가 들여다보는 절대적인 권한을 갖게 된다"는 이유를 들어 반대했다.

그러나 개인 거래 정보를 보호한다는 취지가 트럼프의 진심이라고 믿기는 어렵다. 개인 정보 보호의 차원에서라면 미국보다 유럽이 훨씬 거부감이 크다. 그런데도 EU에서는 유럽중앙은행ECB이 '디지털 유로'라는 이름의 CBDC 개발을 서두르고 있다. 따라서 트럼프가 겉으로 표현은 안 하지만 속내는 다르다는 걸 간파해야 한다.

앞에서 설명했듯 트럼프는 비트코인과 가상화폐를 이용해 미국 정부의 부채를 해결하고 달러 위상을 더 높여보려는 시도를 하고 있다. CBDC가 활성화되면 이런 계획에 차질을 빚을 수 있다는 생각을 하고 있다고 봐야 한다. 미국 정부는 한때 약 19만 개에 달하는 비트코인을 보유했다. 그리고 전략적으로 더 많이 비축하려 한다.

그렇다면 실물 화폐와 1 대 1로 교환되는 CBDC에 트럼프 행정부가 시큰둥할 수밖에 없는 것 아니겠나. CBDC도 키우고 비트코인도 띄우는 양면 전략은 작동하지 않는다고 판단한 것으로 봐야 한다. 게다가 CBDC는 어디까지나 중앙은행의 힘을 키워준다. 트럼프는 연방준비제도에 반감이 큰 사업가였다.

트럼프 행정부는 비트코인을 비롯한 민간의 가상화폐를 활성화시키겠다는 의지를 갖고 있다. 가상화폐를 둘러싼 규제를 완화하고 투자를 늘리려고 한다. 게다가 트럼프 가문은 직접 비트코인 사업에 뛰어든 이해 관계 당사자이기도 하다. CBDC는 트럼프의 개인 이익을 저해할 소지가 있다.

CBDC가 어디까지 진화하는지도 잘 지켜봐야 한다. 시진핑이 디지털 위안화의 영토를 넓히려고 애를 쓰는 것과 트럼프가 스테이블코인을 띄우고 CBDC를 배척하는 건 그냥 관전만 하고 끝날 문제가 아니다. 우리 일상에 영향을 끼칠 수 있는 거대한 '돈의 대결'이다.

A Flood of Money

VIII

뒤집히는 경제 공식

이례적인 저물가·저금리의 30년이 저물었다

찰스 굿하트는 영국의 저명한 통화 이론가다. 케임브리지대와 런던정경대 교수로 활동했다. 영국중앙은행BoE 금융통화위원을 지내며 통화 정책 집행에 직접 참여했다. 평소 통화론자들의 근시안적 접근을 경계해야 한다며 장기적인 통찰의 중요성을 강조해왔다.

굿하트 교수는 2023년 말 조선일보 위클리비즈와의 인터뷰에서 "앞으로 30년은 고물가·고금리가 이어지기 때문에 경제적 행동 양식도 그에 맞게 재설계해야 한다"고 강조했다. 인터뷰를 하던 시점은 코로나 사태를 계기로 전 세계에 쏟아진 유동 자금이 물가를 밀어 올린 걸 세계인들이 충분히 실감한 이후였다. 그의 메시지는 간단했다. 높은 물가가 잠깐 찾아왔다가 물러가는 게 아니고, 시대적 대세로 우리 곁에 남는다는 것이었다.

굿하트 교수는 "우선 요즘 흔히 쓰는 '고금리'라는 표현에 대해 짚고 넘어가자"고 했다. 2023년 금리 수준은 1800년 이후 220여 년을 볼 때 평균보다 약간 높은 정도라서 고금리로 볼 수 없다는 얘기였다. 그는 "지금이 고금리라는 말보다는 지난 30년간 금리가 이례적으로 매우 낮았다고 표현하는 것이 정확하다"며 "1990년대 초부터 30년가량 이어진 저금리의 배경을 먼저 이해하는 게 앞날을 예측하는 실마리가 될 수 있다"고 했다.

중요한 이야기다. 굿하트 교수가 제시한 통찰을 뒤쫓아 다양한 각도에서 자료를 찾아보고 전문가들 이야기를 들었다. 확실히 지금 시대의 사람들은 세계사적인 변동이 촉발한 이례적인 저금리를 30년 가까운 시간 동안 표준으로 받아들이고 살아왔다.

'비정상적인 저금리'의 시발은 1991년 소비에트 연방의 해체였다. 소련의 영향력 하에 있던 동유럽 사회주의 국가들이 빗장을 열고 글로벌 자유 시장 경제에 편입됐다. 새로운 소비시장이 열렸다. 서방 선진국 대기업들이 신났다. 한국·일본 기업들도 마찬가지로 넓어진 시장을 만끽했다.

중요한 건 시장이 커졌다는 데 그치지 않는다. 저임금 근로자들이 쏟아졌다는 게 금융의 관점에서는 더 의미 있다. 미국·영국·독일·프랑스 대기업들이 폴란드, 헝가리, 루마니아, 체코, 불가리아, 슬로바키아, 크로아티아, 발트 3국 등에 찾아와 속속 공장을 세웠다. 독일 내 옛 동독 지역도 마찬가지였다. 더 낮은 임금에 더 많은 물량을 만들 수 있게 되자 생산 원가가 훨씬 낮아졌다. 글로벌하게 저물가가 유지될 수 있는 발판이 마련됐다.

거의 비슷한 시기에 중국에서도 커다란 물결이 시작됐다. 1989년

천안문 사태 이후 서방의 경제 제재가 단행된 상황에서 2년 후 소련 연방이 무너졌다. 그러자 위기를 느낀 중국 공산당 내부에서는 개혁·개방에 반대하는 기류가 커졌다. 이런 역사적 반동을 덩샤오핑鄧小平이 누르고 개혁·개방을 밀고 나갔다. 그는 1992년 상하이, 우한, 선전 등 개혁·개방의 전초기지 격인 주요 지방 도시들을 시찰하면서 개혁과 개방이 중요하다는 담화를 발표했다. 이른바 '남순강화南巡講話'라는 행보였다.

이 시기를 터닝 포인트로 중국은 주춤한 개혁·개방 정책을 가속화했다. 사기업 육성, 규제 완화가 이어졌다. 1992년 8월 중국은 우리나라와 수교했고, 두 달 후에는 일왕日王이 중국을 방문했다. 정치적 긴장이 눈 녹듯 순식간에 녹았다. 역시 동유럽이 개방 경제가 된 과정과 똑같이 서방 선진국들이 중국으로 깊숙이 들어갔다. 저임금 근로자들을 활용해 공장을 세워 대량 생산에 들어갔다. 물가가 낮아지고 그에 따라 자연스레 금리도 낮출 수 있는 여건이 전 세계적으로 만들어졌다.

동유럽과 중국의 개방으로 1980년대 중반까지만 해도 상상하기 어려운 세계가 펼쳐졌다. 글로벌 제조업체들은 냉전 시대보다 훨씬 낮은 임금으로 근로자들을 원 없이 고용할 수 있게 됐다.

변화는 이 정도에 그치지 않았다. 본격적인 무관세 시기가 도래했다. 사회주의 경제 체제가 일망타진된 거센 바람을 타고 1995년 세계무역기구WTO가 출범했다. WTO 체제의 기본 정신은 자유무역이며, 자유무역을 구현하는 건 관세를 없애는 것이다. 그래서 WTO 출범은 전 세계적인 물가 안정에 크게 기여했다. 결정적으로 2001년 12월 WTO가 중국을 143번째 회원국으로 받아들인 게 하이라이트였다.

값싼 중국산 제품이 전 세계로 퍼져 나가자 주요 선진국에서 물가가 낮게 유지됐다. 일본은 중국과 동남아시아로 생산시설을 옮기며 생산 단가를 계속 낮췄다. 먹고살 만해진 우리나라 역시 일본과 같은 수순을 밟았다. 돌이켜보면 엄청난 태평성대였다. 우리나라에서 통화량M2이 본격적으로 GDP보다 훨씬 큰 액수의 덩어리가 된 건 2003~2004년 무렵부터다. 다른 나라도 비슷하다. 중국이 2001년 WTO 정식 가입국이 되면서 완전한 저물가·저금리 기조가 구현된 게 결정적이었다.

30년 단위로 비교해 보면 물가와 금리 차이는 극명하다. 미국을 보자. 1961년부터 1990년까지 미국의 월평균 소비자 물가 상승률은 5.1%였다. 30년간 쉼 없이 물가가 1년 전과 비교해 5.1%씩 올랐다는 얘기다. 하지만 이후 30년은 추세가 완전히 달라졌다. 1991년부터 2020년까지 미국의 월평균 소비자 물가 상승률은 2.3%에 그쳤다. 이전 30년의 절반도 안 된다.

물가가 추세적으로 낮으면 주요국 중앙은행들이 인플레이션 우려를 덜 수 있어 낮은 금리로 편안하게 경기 조절을 할 수 있다. 물가가 그랬듯 금리 역시 30년 단위로 나눴을 때 큰 변화를 보인다. 비교해 봤더니 아찔할 정도의 변화가 있다. 연방준비제도의 월평균 기준금리는 1961년부터 1990년까지 30년간 7.25%였다. 하지만 그 다

70년간 미국 기준금리 추이

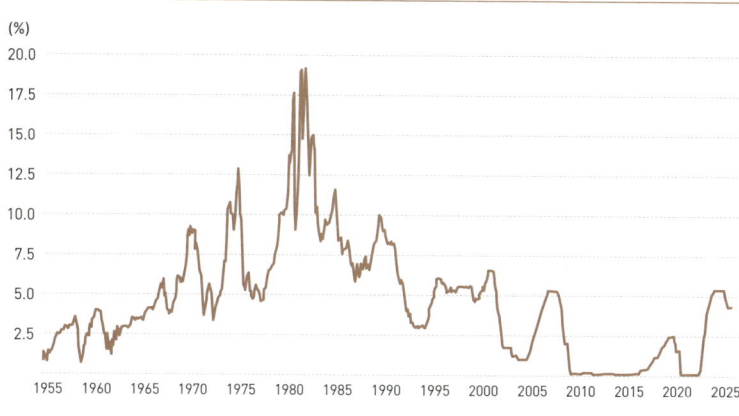

자료: 세인트루이스연방준비은행

음 30년인 1991년부터 2020년 사이에는 2.65%로 드라마틱하게 떨어졌다. 앞의 30년과 뒤의 30년이 비교할 수 없는 수준인데, 앞의 30년 금리가 과거 수백 년의 주요국 금리에 좀 더 가깝다. 긴 시간을 놓고 보면 1990년부터 30년 사이 금리가 이상하리만치 낮은 것이다. 이런 장기적인 거시 경제의 흐름을 우리는 꿰뚫어서 봐야 한다.

이 대목에서 사람의 인생을 보자. 한 사람이 경제 활동을 하는 기간은 길어야 40년 정도다. 그래서 한국인들뿐 아니라 전 세계에 걸쳐 대부분의 사람들이 코로나 사태 당시 풀어놓은 유동성을 회수하기 위해 찾아온 일시적 고물가·고금리가 낯설게 느껴질 수밖에 없었다. 여기서 다시 굿하트 교수를 불러온다. 그는 "지금의 50세 미만 인구는 지금껏 저금리와 금리 하락만을 경험해왔다"고 강조하며, "2020년대 이후로는 다시 1980년대 이전의 물가와 금리로 회귀할 가능성을 염두에 두라"고 권한다.

그래서 굿하트 교수의 권고대로 사고방식과 행동을 '개조' 내지는 '조절'할 필요는 있다. 미국이든 한국이든 대부분 경제 활동 주체의 머리 속에 금리란 대개 연 1~4%대를 왔다 갔다 한 걸로 경험상 기록돼 있다. 하지만 1960년대부터 30년간은 평균 연 7%대 금리였다. 앞으로 연 6~7% 이상의 아주 높은 금리가 우리 삶을 강타할 가능성은 낮지만 2010년대 초저금리보다는 높아질 개연성은 충분하다. 2025년 상반기 미국 기준금리는 연 4.25~4.5%로 쭉 이어졌는데, 낮은 수준이라고 하기는 어렵다.

세상은 굿하트 교수의 말처럼 굴러가고 있다. 코로나 사태로 불어난 글로벌 '머니 파티'로 급등했던 물가가 2010년대 수준까지 낮아질 기미는 보이지 않는다. 두 번째 집권에 성공한 트럼프 대통령이 엄청난 관세 공격을 펼치고 있고, 이것이 미국뿐 아니라 전 세계적으로 물가를 끌어올리는 주요 원인으로 부상했다.

게다가 인건비가 저렴한 다른 나라의 노동력을 충분히 활용할 수 없는 시대로 되돌아가고 있다. 정치적으로 자국 중심주의가 기승을 부려 탈세계화되고 있기 때문이다. 트럼프는 자국 기업들은 물론이고 해외 기업들도 미국에 와서 생산하라고 하지 않는가. 값싼 곳을 찾아가 물건을 만들던 자유무역 시대를 지워버리려고 한다. 인건비가 비싼 미국에서 만든 물건의 가격이 어떻겠는가. 달러로 월급을 받는 이들을 고용해서 값싼 물건을 만들 수 있겠나. 언감생심이다.

트럼프식 관세 장벽이 들어서면서 데이비드 리카르도가 이야기

70년간 미국 도시 지역 소비자물가 상승률 추이

자료: 세인트루이스연방준비은행

했던 '비교우위론'이 설 땅을 잃어가고 있다. 나라별로 각자 더 싸게 생산할 수 있는 경쟁 우위 품목을 만들고 서로 자유무역을 해야 모두에게 이익이 될 수 있다는 당연한 명제가 흔들리고 있다. 삼성·현대차·SK 등 한국 대기업들은 비싼 미국 땅에 공장을 증설 중이다.

이뿐 아니다. 추가적인 변수는 전쟁이다. 소련이 무너지고 중국이 자유무역에 동참한 이후 30년 정도는 세계 경제를 강타할 만한 대규모 전쟁이 없었다. 이 역시 저물가를 유지한 원동력이었다. 하지만 2022년 2월 러시아가 우크라이나를 침공해 전쟁을 개시한 건 '30년 평화'를 깨뜨린 행위였다. 전쟁은 오래가고 있다. 중동에서도 계속 무력 충돌이 이어지고 있다. 중국이 대만을 군사적으로 공격한다면 그건 '예상 외 돌발 변수'가 아니다. 다들 '올 것이 왔구나'라는 반응을 보일 것이다. 그렇다. 1990년대부터 2010년대까지 30년이 세계사에서 이례적인 평화의 시기였다는 건 분명하다. 나라 간 분쟁은 물가와 금리에 영향을 준다.

앞으로 세상의 금융 환경은 어떻게 될까? 위에서 설명한 요인들을 고려할 때 대략 2040년까지의 15년 정도를 내다본다면 2010년대 '제로(0) 금리' 시절처럼 차입이 무모하리만치 활발한 시기는 다시 오지 않을 확률이 적지 않다. 그러면 통화량이 늘어나는 속도가 아찔할 정도로 빠르지는 않을 수 있다.

중요한 변수는 고령화다. 어떤 학자들은 지구 전체의 고령화가 심각해져 수요 부진에 빠질 수밖에 없다고 내다본다. 노인들이 돈을 안 쓴다는 데 주목하는 관점이다. 일본을 생각하면 된다. 그러면 저금리로 경기 부양해야 한다. 이렇게 본다면 선진국 금리 수준이 2010년대 같은 제로 금리까지는 아니더라도 1~2%로 낮게 유지될 가능성이 있다. 그러면 통화량이 늘어나는 속도가 많이 꺾이진 않을 것이다.

어떤 학자들은 고령화의 영향을 정반대로 본다. 일할 수 있는 젊은 근로자들이 희귀해져 전 세계적으로 인건비 수준이 높아지고, 그 결과 고물가가 만연할 것으로 예상한다. 다른 나라의 저임금 근로자를 제약 없이 활용하기가 구조적으로 어렵다면 이런 시각에 힘이 더 실릴 수 있다. 굿하트 교수의 시각이 이쪽에 가깝다. 앞으로 금리 수준을 점쳐 보려면 고령화가 물가에 미치는 영향을 면밀하게 살펴야 할 것이다.

경제도 생물과 같다. 오랫동안 당연히 여긴 전제와 믿음이 바뀔 수 있다. 예전의 경제 공식이 통하지 않을 수 있다. 2010년대 통화량이 감당하기 어려울 정도로 불어나면서 세상의 흐름이 바뀐 것처럼. 그리고 짧은 인생 동안 진리로 여겼던 믿음이 긴 인류 역사에서는 잠깐 스쳐 지나가는 일시적 현상일 수도 있다. 그래서 세계사적인 긴 흐름을 꿰뚫고 있어야 미래를 대비할 수 있다.

엔화의 굴욕, 무너지는 일본의 자존심

동아시아 전문가인 에즈라 보걸(1930~2020) 하버드대 교수가 *Japan as Number One*이라는 책을 펴낸 게 1979년이었다. 서독을 제치고 경제 규모 세계 2위가 된 1968년에서 10년 남짓 지난 시점이었다. 서구 시선에서 보자면 일본은 오랫동안 아시아의 유일한 선진국이었다.

거품 경제가 터진 이후에도 일본은 강국으로서 면모를 잃지는 않았다. 막대한 대외 자산이 버팀목이었고, 엔화의 힘이 뒷받침했다. 그러나 2020년대 들어서는 다르다. 일본은 '잃어버린 30년' 시대만큼의 위상도 유지하지 못해 힘겨워하고 있다. 일본 경제가 2020년대에 늪에 빠진 정도가 더 심각해진 건 세계 경제의 흐름이 바뀌었기 때문이다. 결과는 엔화의 추락이다. 일본 경제가 근년에 힘이 빠지는 속도가 빨라진 건 남의 일이라고 하기 어렵다. 근년에 일본 경제를 둘러싼 변화를 잘 살필 필요가 있다.

일본 집권당인 자민당은 2024년 10월 중의원(하원)에서 과반을 잃은 데 이어, 2025년 7월 참의원(상원) 선거에서도 참패해 의석 수가 과반에 미달했다. NHK는 자민당이 중의원과 참의원 모두 과반을 못 지킨 건 1955년 창당 이후 처음이라며 "역사적인 사건"이라고 했다. 여러 가지 선거 패인 가운데 가장 본질적인 걸 찾으라면 거대한 나랏빚이다. 2010년대까지 일본의 나랏빚이 정부 차원의 문제였다면, 2020년대 들어서는 일상에서 일본인들의 삶을 짓누르는 주범이 됐다.

일본의 국가 채무는 2019년만 하더라도 1경 원을 조금 넘는 1122조 엔이었다. 하지만 5년이 지난 2024년에는 1317조 엔에 달했다. 우리 돈으로 5년간 빚이 대략 1800조 원 정도 더 얹어졌다. 코로나 사태를 막는 비용 마련을 위해 정부가 빚을 내야 했다. 중국의 위협에 대비해 방위비 지출도 늘렸다. GDP 대비 국가채무 비율은 236%로서 G7 중에 가장 높다.

채무 비율이 높았던 건 어제 오늘 문제가 아니다. 그래도 국채 이자를 갚는 데 큰 문제는 없었다. 일본이 1990년대 이후 구조적인 디플레이션 탓에 기준 금리가 제로(0)나 마이너스로 오래 유지됐기 때문이다. 하지만 2020년대 들어서는 다르다. 글로벌 공급난, 러시아 대 우크라이나 전쟁 등의 이유로 물가가 오르자 대응하지 않을 수 없었다. 중앙은행인 일본은행이 마이너스 기준금리를 2024년 3월부터 10개월 사이 세 차례 인상해 연 0.5%로 올리자 나라가 흔들거렸다.

우선 재정 운용에 제약이 부쩍 커졌다. 2024년 일본 정부의 국채 이자 비용은 10.9조 엔에 달했다. 전년보다 무려 36% 늘어난 액수인데, 정부가 이자만 100조 원을 갚아야 했다는 얘기다. 2025년에는 2024년보다 48% 급증한 16.1조 엔을 이자로 지출해야 할 상황이다. 2025년 정부 예산이 115.5조 엔이니 그중 14%는 꼼짝없이 이자로 써야 한다는 뜻이기도 하다. 금리가 올랐으니 당연하다.

이자 부담이 커져도 정부가 빚 내는 규모를 줄일 수 없다. 소비 부진에서 탈출을 못하고 기업들이 해외로 많이 빠져 나간 탓에 구조적인 세수 펑크가 해결될 기미가 없어서다. 115.5조 엔의 2025년 예산 가운데 국채를 찍어 빚으로 당겨 와야 하는 돈이 28.6조 엔으로 4분의 1에 달할 정도다. 이건 정상적인 재정 운용의 한계를 넘어섰다고 봐야 한다.

그래서 이젠 일본 정부가 빚을 정말로 컨트롤할 수 없는 단계에 이른 것 아니냐는 불안감이 커지고 있다. 2025년 7월 중순 일본 국채 10년물 금리는 연 1.6%대까지 상승해 글로벌 금융위기 이후 17년 만에 최고치였다. 2012년부터 11년 내리 연 1%를 넘지 않았던 것과 확연히 달라졌다. 국채 금리가 올라간다는 건 일본 국채 가격이 떨어진다는 것이다. 금리가 오르니 빚더미가 쌓이는 속도가 올라가고 그러다 보니 재정 압박 강도가 높아지는 악순환이 2010년대 이전과 비교해 훨씬 심각해졌다.

결국 일본의 상징이자 자존심인 엔화의 가치가 형편없이 떨어지고 있다. 원래 엔화는 2010년대까지는 세계 경제가 위기에 빠질 때

5년간 달러 대비 엔화 환율 추이

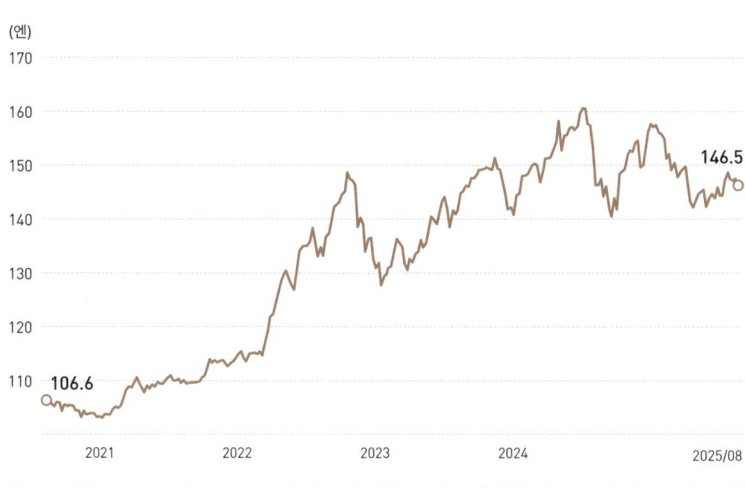

마다 의외의 강세를 보였다. 국제 사회가 안전자산으로서 엔화의 가치를 높게 평가했기 때문이다. 대외 순자산 세계 1위 국가라 해외에 투자해 놓은 자산이 많은 데다, 수출 대국이라는 점을 높게 샀다. 그래서 엄청난 빚더미 나라의 화폐인데도 불구하고 경제 위기가 고조되면 엔화 가치가 오르는 역설을 낳곤 했다.

하지만 2020년대 들어 달라졌다. 미국의 경제 헤게모니가 훨씬 강해졌다. 달러 위상이 높아진 만큼 엔화는 힘이 빠지는 분위기다. 게다가 일본이 경상수지는 계속 흑자를 유지하긴 해도 무역수지는 적자 시대로 접어들었다. 과다한 에너지 수입 비용이 발목을 잡으면서 일본은 2021년부터 4년 연속 무역적자를 기록했다. 그러자 정말로 일본이 벼랑 끝으로 밀리는 것 아니냐는 우려가 커졌다. 무역흑

2020년 이후 원화와 엔화의 실질실효환율 추이

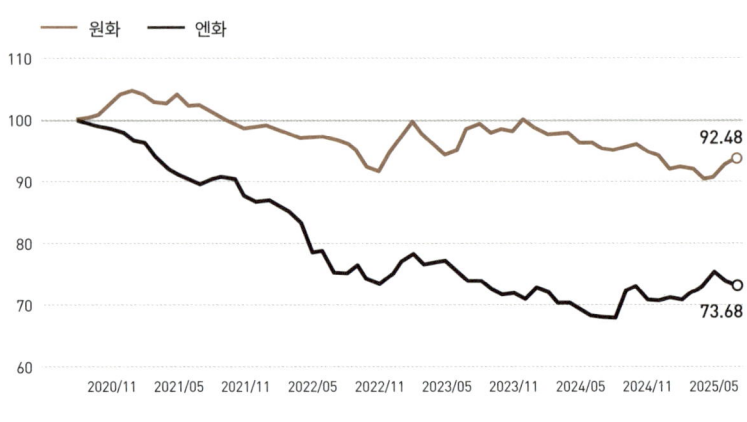

※ 화폐의 실질가치를 보여주는 지수. 2020년=100 자료: 국제결제은행(BIS)

자 국가이고 수출 대국이라는 이미지가 산산조각나면서 엔화가 속절없이 무너지고 있다.

국제결제은행BIS이 집계하는 실질실효환율이라는 잣대로 엔화를 들여다보자. 이건 무역 상대국의 물가 상승률까지 고려한 환율이다. 한 나라의 화폐가 상대국 화폐보다 실질적으로 어느 정도의 구매력을 가졌는지를 나타낸다. 이 수치가 100을 넘으면 고평가, 100보다 낮으면 저평가돼 있다는 의미다. BIS에 따르면, 2024년 12월 일본의 실질실효환율은 71.31로 비교 대상국인 주요 64개국 가운데 가장 낮았다. 이 무렵 계엄 탄핵 사태로 크게 흔들린 원화보다도 더 약세를 보였다.

구조적인 엔저 국면을 맞아 일본인들의 삶의 질은 더 떨어졌다.

일본은 섬나라 특성상 에너지의 94%, 식료품의 63%를 수입에 의존한다. 원래도 에너지 수입이 많았지만, 동일본 대지진 이후 원전 가동을 중단하고 화석 연료 발전을 급격히 늘린 여파가 작지 않다. 따라서 엔화 가치 하락으로 에너지와 식료품 가격이 급등하면서 체감 물가가 확 뛰었다. 일본인들 사이에서는 생활고가 격심하다는 불만이 고조되고 있다. 무적 정당인 집권 자민당이 과반을 차지하지 못할 정도로 위세가 쪼그라드는 이유의 핵심이 바로 위력을 잃은 엔화 탓에 '먹고 살기 힘들어졌다'는 것이다.

어쩌면 일본이 버텨온 힘이 정말로 바닥 났을 가능성도 없지 않다. 4년 연속 무역수지 적자를 입은 건 구조적으로 국력이 떨어졌기 때문이다. 소니나 도시바를 비롯해 세계를 호령하던 거대 기술 기업들이 헤게모니를 잃었다. 과거 엔고 시절에 일본 대기업들은 생산 시설을 대거 해외로 옮겼다. 그래서 근년에는 제조업 공동화를 겪고 있다. 엔화 값이 싸졌다고 해서 일본 대기업들이 쉽게 돌아오기도 어렵다. 트럼프식 보호무역주의가 득세하면서 미국을 비롯해 해외에서 생산해야 하는 압박을 더 받고 있기 때문이다. 고령화로 인한 산업 기반의 약화도 갈수록 속도가 붙는다.

워낙 일본 경제가 조타수 없는 배처럼 오락가락하며 조종이 안되자 이제는 '아베노믹스의 마약'에서 벗어나야 한다는 의견도 나온다. 양적완화로 돈 풀기에 집중했던 아베노믹스 때문에 얻었던 반짝 효과에서 벗어나야 체질 개선이 가능하다는 주장이다. 2025년 초 기준 일본 수출 대기업의 주가는 1990년 버블 시대 수준을 넘어섰다. 하지만 엔저가 심해 서민들은 수입 물가 상승으로 고통을 겪고 있다. 돈 풀기 정책의 폐해다.

일본에서는 '2024년의 일본'이라는 제목의 인터넷 글이 선풍적인 관심을 끌었다. 이 글의 필자는 "외국산 오렌지 주스조차 못 살 정도가 되자 일본산 감귤 혼합 주스를 울면서 마시게 됐다. 관광업으로 동남아시아, 인도, 그리고 이름조차 모르는 사람들에게 필사적으로 머리를 숙여 외화를 벌고 있다"고 했다. 엔화 가치 하락이 치욕으로 다가왔다는 한탄이다. 이걸 대다수 일본인들이 공감하고 있다.

이런 푸념은 통계를 보면 이해할 수 있다. 국제통화기금IMF이 계산한 2024년 일본의 1인당 GDP는 3만 2859달러다. 한국(3만 6132달러)이나 대만(3만 3234달러)보다 낮다. 이건 일본으로서는 굴욕이다. 일본의 1인당 GDP는 2012년 4만 9145달러에 달했는데, 12년 만에 달러로 환산해 3분의 2 수준으로 쪼그라들었다. 2012년에는 달러당 평균 80엔이었던 엔화 환율이 2024년에는 엔저로 152엔 수준이었기 때문에 달러로 표시되는 1인당 소득이 확 낮아질 수밖에 없었다. 산술적으로 2024년에 달러당 엔화 값이 130엔만 유지했더라도 1인당 GDP는 일본이 한국보다 높았을 것이다.

물가와 금리가 오른 건 일본이 오랜 디플레이션 압박에서는 벗어났다고 볼 여지는 있다. 하지만 살펴본 대로 국채 이자 지출 부담이 부쩍 커진 것은 큰 부담이다. 일본 경제 전문가인 이지평 한국외대 특임교수는 "일본은행 기준 금리가 연 0.8% 정도까지 오르는 건 일본 경제가 견딜 수 있겠지만, 1%가 넘어가면 굉장히 어려운 상황에 직면할 수 있다"고 했다.

게다가 실질 소득 수준이 감소하면서 일본인들이 추세적으로 저축을 덜 하고 있는 것도 불안감을 키우는 측면이 있다. 일본은 부채가 많은 정부 대신 가정마다 저축을 하며 그나마 전체적으로 안정감을 유지했다. 하지만 이제는 저축이 지탱하는 힘을 기대하기도 어려워진다는 얘기다. 일본은행에 따르면, 가처분 소득 대비 저축액을 말하는 저축률은 1974년에는 23.2%로 역대 최고였다. 하지만 10년 단위로 볼 때 15.8%(1984), 13.3%(1994), 3.6%(2004), -1.3%(2014) 순으로 추세적으로 낮아졌고 마지막 공식 통계인 2022년에도 3.4%로 낮은 편이다. 2014년에 저축률이 마이너스를 기록한 건 저축을 아예 못하고 가진 돈을 까먹었다는 의미다.

그나마 일본을 지탱해 주는 건 막대한 해외 투자 배당금이다. 상품과 서비스 교역만 계산하는 무역수지에서는 적자 행진을 기록하고 있지만, 돈의 흐름까지 얹어 더 넓은 범위로 계산하는 경상수지로는 흑자 행진을 이어가고 있다. 특히, 해외에 투자한 자산에서 들어오는 막대한 배당금과 채권 이자가 일본을 떠받친다. 2024 회계연도의 상반기 동안 경상수지 흑자는 15조 8248억 엔으로 약 150조 원에 달했다. 미국을 중심으로 해외에 투자해 놓은 채권의 금리가 올라 이자 수익이 오른 게 큰 도움이 됐다. 주로 달러로 받는 배당금은 엔저 덕에 엔화로 바꿨을 때 더 큰 액수가 된다. 이게 그나마 오아시스다.

일본은 거시 경제 운용의 차원에서 점점 늪에 빠져들고 있다. 아베노믹스로 풀어놓은 유동성 함정에서 빠져 나오지 못하고 있다. 선진국 중에서도 정부와 중앙은행의 의지대로 경제가 움직이지 않는 정도가 심한 편이라고 봐야 한다. 강 건너 불이 아니다. 근년에 자꾸만 뒤로 가는 것 같은 일본은 한국의 미래일 수도 있다.

스텔란티스는 어느 나라 기업일까

2023년 도쿄에 있는 114년 된 제과 회사인 사쿠마제과가 폐업했다. 몇 세대에 걸쳐 인기를 끌어온 대표 상품인 '사쿠마식 드롭스'라는 캔디 상품도 자취를 감추게 됐다. 이건 1980년대 선풍적인 인기를 끈 애니메이션 〈반딧불이의 묘〉에 등장한 상품이었다. 부침이 적은 꾸준한 업종의 전통 있는 기업이 왜 갑자기 문을 닫았을까. 이 실타래를 풀면 요즘 세계 경제의 흐름이 보인다.

꽤 오랜 기간 엔저는 일본에 축복으로 통했다. 엔화 가치가 낮아야 일본에서 수출하는 상품들의 가격 경쟁력을 확보할 수 있으니까 그랬다. 달러 대비 엔화 값이 10% 절하된 상황을 가정해보자. 그러면 미국 시장에서 100달러에 팔 물건을 90달러에만 팔아도 된다. 가격 경쟁력이 높아진다. 특히 1980년대 플라자 합의로 엔고에 시달리다 긴 불황과 저성장의 터널에 갇혔던 일본은 엔저를 단비로 여겼다.

그런데 2010년대 이후부터 '엔저=축복'이라는 공식이 점점 더 안 먹히게 됐다. 엔화 가치가 높던 시절에 많은 일본 기업들이 해외로 나갔다. 그래서 환율 변화를 놓고 울고 웃는 일이 복잡해졌다. 엔저가 다가올 때 생산시설이 일본 내에 있는 회사라면 여전히 환영할 수 있다. 하지만 해외로 생산시설을 옮긴 회사라면 엔저가 별 도움이 안 된다. 오히려 악재일 수도 있다. 복잡함은 이 정도에 그치지 않는다. 일본 기업 중에서는 공장을 국내와 해외 양쪽에 모두 두는 사례가 늘었다. 그래서 엔저가 될 때나 반대로 엔고가 될 때 회사는 '짚신 장수와 우산 장수의 부모'처럼 어느 한쪽이 더 좋다고 말하기 어려워졌다.

얽히고설킨 함수는 이 정도에서 그치지 않는다. 국내에서 생산하는 기업들의 입장도 점점 더 여러 갈래로 나뉘게 됐다. 원재료 수입이 많은 회사는 엔저일 때 원재료 수입에 더 많은 돈을 써야 해 손해가 커진다. 반면, 원재료 수입을 하지 않는다면 큰 타격을 입지 않게 된다. 또한 원재료를 수입하는 기업들끼리도 완제품을 수출하지 않고 내수에 치중하는 회사와 대부분을 수출하는 회사의 입장이 서로 다를 수밖에 없다.

일본은행은 "그래도 엔저가 전체적으로는 일본 경제에 더 도움이 된다"는 입장이긴 하다. 하지만 예전처럼 축복이라는 표현을 동원하기 어려워졌다는 건 분명하다. 기업 크기로도 희비가 엇갈린다. 대체로 거대 기업은 엔저가 여전히 유리하지만 중소·중견기업들은 타격을 입는 경우가 많다. 이젠 사쿠마제과가 왜 엔저로 큰 타격을 입어 문을 닫았는지 설명이 된다. 원자재 가격 급등이라는 철퇴를 견디지 못했기 때문이다.

중요한 건 이게 일본만의 현상이 아니라는 점이다. 대부분의 나라에서 환율 변화의 득실을 따지기가 이미 어려워졌고, 앞으로 점점 더 어려워진다. 정부나 중앙은행들이 점점 더 거시경제 여건을 통제하기가 버거워진다는 의미다. 이런 현상을 일본을 통해 더 이야기해 본다.

다이와증권의 분석에 따르면, 1995~1998년에는 엔화 가치가 1엔 떨어질 때마다 연간 무역 흑자가 970억 엔씩 늘었다. 당시 일본의 주력 수출품인 TV와 자동차 판매가 늘어난 덕분이었다. 하지만 2011~2015년에는 엔화 가치가 1엔 떨어지면 무역수지가 160억 엔씩 적자가 났다. 기업들이 생산 시설을 해외로 이전한 영향은 물론이고, 에너지 수입에 엄청난 돈을 투입해야 하기 때문이다.

익숙한 일본을 통해 이야기했을 뿐, 이런 현상은 대부분의 국가에서 공통적으로 나타난다. 근본적인 이유를 따져보자면 화폐나 경제 활동이 국경을 뚫고 서로 섞이는 현상이 시간이 갈수록 두드러지기 때문이다. 대표적으로 1995년 WTO(세계무역기구) 체제가 자리를 잡으면서 해외 투자가 부쩍 늘어난 점을 들 수 있다. 외국에 투자하기 위해서는 돈이 국경을 넘게 만들어야 한다. 이렇게 돈의 이동이 늘어날수록 민간 금융회사나 기업 섹터는 강력해지고 각국 정부는 헤게모니를 점점 잃게 된다.

국경을 넘는 투자의 핵심 지표로는 해외직접투자FDI를 꼽을 수 있다. 예를 들면 한국 대기업이 인도에 현지 공장을 설립하기 위해 돈을 보내면 FDI가 된다. 유럽중앙은행ECB의 분석에 따르면, 세계 GDP 대비 세계 FDI 누적액 비율은 2000년에는 22%였지만 2016년에는 35%로 늘어났다. 국경을 넘는 기업 활동이 급격하게 늘어났다는 의미가 된다. 이후에도 FDI는 점점 늘어났다. 유엔무역개발회의UNCTAD가 집계한 자료를 보면, 2024년 세계 FDI 유입액은 1조 3800억 달러로서 2023년 대비 11% 급증했다.

FDI 하면 해외에 생산시설을 짓는 투자를 먼저 떠올리기도 하지만 그게 전부가 아니다. 돈의 액수로 치면 FDI에서 인수합병M&A을 위한 금액의 비율이 높다. 유럽중앙은행ECB의 분석에 따르면, 2016년 기준 10억 달러 이상 대형 M&A 거래가 전체 FDI 프로젝트 가운데 건수로는 1%에 불과했다. 하지만 액수로는 전체 FDI 흐름의 55%를 차지했다. 대규모 국제 거래가 척척 성사되기 때문이다.

메가딜이 벌어진 대표적인 업종은 자동차다. 2021년 출범한 스텔란티스를 보자. 이 회사는 피아트 크라이슬러와 푸조시트로엥그룹PSA이 합쳐진 거대 기업이다. 단지 두 개의 회사가 합쳐진 게 아니다. 피아트 크라이슬러는 이탈리아에서 출발해 네덜란드로 본사를 옮겼던 피아트와 한때 미국의 3대 자동차회사였던 크라이슬러가 2014년에 합쳐진 회사였는데, 7년 만에 다시 M&A로 푸조시트로엥과 합쳐서 한 몸이 됐다. 푸조시트로엥은 푸조가 1976년 시트로엥을 인수하면서 만들어졌다. 그래서 여러 브랜드가 합쳐졌기 때문에 '피아트 크라이슬러 푸조 시트로엥'처럼 자동차 브랜드를 회사명으

스텔란티스 산하 자동차 브랜드

미국	이탈리아	프랑스	독일	영국
크라이슬러 닷지 지프 램 트럭	피아트 마세라티 란치아 알파 로메오 아바르트	푸조 시트로엥 DS오토모빌	오펠	복스홀

※ 설립됐을 때 브랜드별 국적

로 하기가 어려웠다. 스텔란티스라는 이름은 그래서 탄생했다.

스텔란티스에서 보듯 여러 복잡한 과정을 거쳐 국적이 다른 회사끼리 하나가 되는 현상이 점점 많아지고 있다. 이런 경우 어느 나라 기업이라고 하기도 어렵고 그게 큰 의미를 갖기도 어렵다. 어떤 특정한 나라 정부가 통제하기 어렵다. 스텔란티스 산하에는 약 20개의 자동차 브랜드가 있다. 지프, 닷지 등은 미국에서 태어난 브랜드이며, 란치아와 마세라티는 이탈리아에서 출발했다. 오펠은 독일 브랜드였다. 단지 수많은 글로벌 브랜드가 섞여 있는 데 그치지 않는다. 스텔란티스의 대주주 구성도 복잡하고 폭넓다. 미국, 프랑스, 이탈리아, 중국 자본들이 대거 얽혀 있다.

다른 사례들도 여럿이다. 글로벌 제약사 아스트라제네카는 영국 회사인지, 스웨덴 회사인지 애매모호하다. 석유회사 셸도 영국과 네덜란드에 걸쳐져 있다. 세계 최대 맥주회사 '안호이저 부시 인베브'는 뿌리가 벨기에, 브라질, 미국에 나뉘어져 있다.

미국 브루킹스연구소 분석에서도 해외 자산에 투자하고 보유하는 힘이 2000년대 이후 거대해졌다는 게 잘 나타난다. 전 세계적으로 외국인 투자자들이 다른 국가의 기업이나 자산에 대해 직접 보유하고 있는 금전 가치를 뜻하는 '글로벌 FDI liabilities'가 2002년까지는 전 세계 GDP의 30%에 못 미쳤다. 하지만 2003년 30%를 넘어섰고 2012년을 기점으로는 50%를 넘기며 빠른 속도로 불어났다. 2020년대에는 60%대를 기록하고 있다.

그뿐 아니라 국경을 넘어 결제되는 돈의 규모도 갈수록 불어나고 있다. 쉽게 말해서 해외 직구를 떠올리면 된다. 글로벌 회계법인 언스트앤영의 분석에 따르면, 세계 전체를 놓고 볼 때 국경 간 결제 규모는 2023년 190조 달러에서 2030년 290조 달러로 크게 증가할 것으로 예상된다.

해외 투자와 관련해 2020년대 들어 새로운 현상이 나타나고 있다. 원래 FDI란 오랫동안 저개발 국가 투자가 중심이었지만 이런 공식이 더 이상 통하지 않는다는 것이다. 예전에는 빈 땅이나 마찬가지인 개발도상국에 투자해 대박을 노렸다면, 이제는 이미 인프라가 근사하고 경제 시스템이 효율적인 나라에 투자하는 경향이 강해진다는 얘기다.

실제로 유엔무역개발회의UNCTAD 자료를 보면 2024년에 개발도상국에 대한 FDI는 전년보다 2%가 줄었다. 아프리카는 여전히 증가하긴 했다. 하지만 라틴 아메리카 및 카리브해 지역이 9% 감소하고 아시아의 개발도상국이 7% 줄어들면서 전체적으로 개발도상국 투자가 2% 감소했다.

이런 현상이 보여주는 것은 국제 투자가 예전처럼 윗물에서 아랫물로 흐르듯 일방향으로 이뤄지는 게 아니라는 것이다. 그리고 투자에 있어서 돈을 끌어오는 게 점점 더 중요해지면서 금융산업 여건이 낙후된 나라에 투자하는 걸 꺼리는 현상을 엿볼 수 있다. 게다가 러시아 대 우크라이나 전쟁을 비롯해 안보 불안에 시달리는 지역이 세계 각지에 많다는 것 역시 영향을 주고 있다. 그래서 여건이 나쁜 저개발국가로 투자금이 흘러가지 않고 대신 선진국으로 향하기도 한다는 것이다.

기술 패권 경쟁이 갈수록 치열해지는 것도 해외 투자의 방향이 달라지는 배경이 된다. 미국에서 바이든 행정부 때 시작된 반도체지원법CHIPS Act과 인플레이션 감축법IRA은 세계의 해외 투자금을 미국으로 빨아들인 소용돌이의 중심이다. 예전에는 미국이 해외에 투자하는 게 물이 위에서 아래로 흐르는 식의 자연스러운 이동이었지만 이제는 역류를 목격하는 셈이다.

우리나라의 경우 다행히 FDI와 관련해 수혜를 입는 쪽이다. 반도체를 비롯한 첨단 산업이 발달해 있고, 바이오 산업도 빠르게 성장중이기 때문이다. 한국무역협회에 따르면 2024년 한국에 유입된 FDI는 345억 달러로 5.7% 증가하며 역대 최고치를 기록했다. 이런 통계 역시 FDI가 과거처럼 저개발국가로만 흘러가는 게 아니라는 걸 보여준다. 한국은 이젠 개발도상국이 아니지 않은가.

국경을 넘어 투자하는 거대한 물결이 높아지면서 돈이 뻗어 나가는 흐름이 국경에 제약을 잘 받지 않는 추세가 두드러졌다. 자연스레 개별 국가가 기업들에 미치는 영향과 힘은 줄어들 수밖에 없다. 실질적으로 거대 글로벌 기업은 국적을 따지기도 어렵게 됐다. 투자자라면 글로벌 경제 전체의 흐름을 보는 게 중요하다. 내가 살고 있는 나라의 정책이 내 돈을 좌지우지하는 힘은 현저히 약해지고 있다.

'전무님은 외교관 출신' 글로벌 대관의 시대

    2024년 9월 한국무역협회^{KITA}가 바르샤바 사무소를 개설하는 현지 행사에 참석했다. 국내 대기업의 유럽 현지법인 관리자들을 여럿 만났다. 개중에서도 눈에 띈 인물은 삼성전자의 L부사장이었다. 검사 출신인 그는 2004년 삼성에 들어가 쭉 법무팀에서 일을 하다 2023년 벨기에 브뤼셀로 건너가 유럽대외협력팀장으로 근무중이다.

    법조인을 해외 주재원으로 보내는 건 예전에는 생각하기 어려웠다. 하지만 세상이 달라졌다. EU 집행위원회가 빅테크에 대한 규제를 강도 높게 가하고 있고, 그에 따라 삼성전자도 적지 않은 영향을 받고 있다. 수백억 원, 수천억 원이 왔다 갔다 한다. 그래서 브뤼셀 현지에서 EU의 동태를 지켜보고 재빠르게 대응할 필요가 커졌다. L부사장의 유럽 배치는 한국 기업들이 '글로벌 대관'의 중요성을 고려한 사례라고 할 수 있다.

    세계를 무대로 시장을 넓히는 글로벌 기업에게 본사가 있는 자국 정부의 영향은 갈수록 줄어들고 있다. 단지 생산시설을 해외로 옮겨서 그런 것만은 아니다. 갈수록 자국 경제보다 세계 경제의 흐름에 더 큰 영향을 받는다. 게다가 각국의 통상 규제는 갈수록 까다로워지고 있다. 대륙과 국가별로 규제 수위가 달라 면밀하게 대응해야 한다. 그렇게 하기 위해서는 해외 흐름에 밝고 외국에 인적 네트워크가 있는 인재들이 필요하다.

오랫동안 국내 대기업들의 대관 업무 상대는 주로 국회 보좌진이나 공정거래위원회, 산업통상자원부 공무원들 정도였다. 하지만 이제는 미국 하원의 보좌진, 미국무역대표부USTR, EU집행위원회 등의 동태를 살펴야 하는 시대가 됐다. 이젠 국제 무대에서 힘이 센 기관의 움직임을 민첩하게 파악하고 대화할 수 있는 통로가 마련돼 있어야 한다. 그래서 '글로벌 대관' 업무를 담당할 전문가들을 기업들이 대거 영입하고 있다. 국내 대기업뿐 아니라 선진국의 큰 기업들도 마찬가지다. 아예 '기업 외교'가 벌어지는 셈이다.

기업들이 군침 흘리는 인재는 단연 외교관이다. 파리에서 특파원으로 일하던 2020년 경제협력개발기구OECD 대표부에 나와 있던 윤영조 참사관이 갑자기 '귀국 인사'를 했다. 삼성전자 임원으로 이직을 하게 됐다는 것이었다. 그는 삼성전자 글로벌공공업무팀GPA·Global Public Affairs에서 부사장으로 일하는 중이다.

윤 부사장 위에서 삼성전자 GPA팀을 이끄는 김원경 사장도 외교관 출신이다. 그는 2012년 주미 한국대사관 경제 참사관으로 일하다 삼성전자로 건너가 2023년 사장으로 승진했다. 삼성전자 GPA팀에는 산업통상자원부 출신인 권혁우 상무도 일하고 있다. 특파원 시절인 2019년 스위스 제네바의 세계무역기구WTO 본부에 갔을 때 당시 공무원이던 권 상무를 만난 적이 있다. 그는 미국 변호사 자격증을 갖고 있고, 산업통상자원부에서 미주통상과장을 거쳤다. 기업이 탐내는 이력을 가진 사람이 아닐 수 없다.

현대차도 '글로벌 워치'를 위한 진용을 갖췄다. 윤석열 정부에서 의전비서관을 지낸 외교관 출신 김일범 부사장이 근무중이다. 김 부사장은 현대차의 GPOGlobal Policy Office란 조직을 이끈다. 현대차 GPO에선 외교부 전략기획관을 지낸 우정엽 전무와 청와대 외신대변인을 거친 김동조 상무도 일한다.

LG그룹도 외교관 출신 임원이 있다. 외교부 핵심 보직인 북미국장을 지낸 고윤주 전 제주도 국제관계자문대사를 2024년 LG화학 최고지속가능전략책임자CSSO 전무로 영입했다. LG화학의 핵심 사업인 석유화학, 첨단소재, 생명과학은 대외 변수 영향을 많이 받는다.

SK그룹은 제네바 대표부 근무 시절 통상 업무를 담당했고 외교부 본부에서 북미유럽경제외교과장을 거친 양서진 씨를 부사장으로 영입했다. 전국경제인연합회도 예전과 다르다. 처음으로 상근부회장을 외교관 출신인 김창범 전 인도네시아 대사가 맡았다. 과거에 경제계 인사가 맡던 자리지만, 이제는 달라졌다.

외교관 출신들은 오랜 해외 근무로 각국에 인적 네트워크를 갖추고 있다. 게다가 기업에만 몸담고 있던 사람들과는 달리 정무적 감각도 갖췄다. 기업에서 이런 인물들이 꼭 필요하게 됐다는 건 국내 요인이 차지하는 비중이 줄어들었다는 걸 뜻한다.

요즘은 전 세계적으로 기후변화가 뚜렷한 만큼 날씨와 기후를 둘러싼 갖가지 환경 규제에 기민하게 대응하는 것도 경영 활동에 필수 불가결한 요소가 됐다. 해외 생산시설에 직접적인 영향을 주기 때문이다. 이것 역시 근년에 생긴 변화다.

이제는 한국 대기업들이 외국의 고위 관료 출신을 직접 고용하기도 한다. 2020년대 들어 새로 나타난 현상이다. 대표적인 사례가 삼성전자가 마크 리퍼트 전 주한 미국대사를 북미 총괄 대외협력실장으로 영입했던 케이스다. 현대자동차는 2024년 주한 미국대사를 지낸 성 김(한국명 김성용)을 영입해 글로벌 이슈 대응에 대한 자문 역할을 맡긴 데 이어, 2025년에는 워싱턴사무소장으로 4선 미국 하원의원을 지낸 드류 퍼거슨을 영입해 눈길을 끌었다. SK그룹에서는 미국 무역대표부USTR 비서실장을 지낸 폴 딜레이니 부사장이 해외 대관을 총괄한다.

글로벌 대관 업무를 한다는 건 쉽게 말해서 주요국 정부의 정책 의도를 꿰뚫고 필요한 메시지를 전달하려 애쓴다는 것이다. 특히 트럼프 대통령이 집권 2기를 맞아 강도 높은 관세 폭격을 가하고 대외 정책을 수시로 바꾸자 기업들은 몸이 달아 있다. 거의 '첩보전'을 방불케 하는 정보 수집 활동이 전개되고 있다.

우리나라 대기업뿐만이 아니다. 미국, 유럽, 일본의 주요 기업들도 해외 정세 변화를 발 빠르게 읽어내고 지정학적 변화에 대응하기 위해 고급 인력을 영입한다. 2023년 스티븐 러브그로브 전 영국 국가안보보좌관을 영입한 미국 투자은행IB 라자드가 그런 사례다. 마이크로소프트MS는 2020년 뉴욕 유엔 본부에 현장 사무소를 만들어 놓고 꾸준히 정보를 수집하고 있다. MS는 유엔과의 관계를 전담하는 임원을 둘 정도다.

일본 기업들도 세계 정세에 안테나를 세우고 있다. 히타치·산토리·미쓰비시UFJ은행 등이 2020년대 들어 전직 외교관, 국제 관계 전문가, 해외 특파원 출신 언론인을 잇따라 영입했다. 그중 히타치와 산토리는 외교관을 영입해 '최고지정학책임자CGO'라는 직책을 신설해 화제를 모았다. 미쓰비시그룹은 사장급 고위 인사가 좌장인 '글로벌 정보 위원회'를 구성해 글로벌 동향을 주기적으로 점검한다. 미쓰비시케미컬은 '최고공급망책임자CSO'라는 직책을 만들어 국외발 변수를 점검하는 역할을 맡겼다.

요즘 전략 컨설팅 회사들이 앞다퉈 '지정학 컨설팅' 사업에 뛰어드는 것도 새로운 트렌드다. 이것도 2020년대 현상이다. 영국 주간지 이코노미스트는 "오랫동안 비밀스러운 '틈새시장'으로 존재했던 '지정학 자문'이 경영 컨설팅의 주류 영역으로 진입했다"고 했다.

세계 3대 전략 컨설팅사 중 하나인 보스턴컨설팅그룹BCG은 2024년 6월 '지정학 센터Center for Geopolitics'라는 내부 조직을 신설했다. 세계 각지에서 벌어지는 복잡한 지정학적 현상을 분석해 글로벌 기업들이 정무적인 판단을 내리는 데 도움을 줘서 수익을 내는 조직이다. BCG는 베테랑 컨설턴트인 니콜라우스 랑 글로벌 부회장에게 지정학 센터 운영을 맡겼다. BCG와 비슷하게 글로벌 회계·감사·컨설팅

기업인 언스트앤드영^{EY}도 '지정학 비즈니스 그룹'이라는 조직을 운영하고 있다.

BCG와 EY의 사례에서 보듯 예전에 국제 정치 분야 싱크탱크들이 운영했을 법한 지정학 연구 조직을 이제는 컨설팅 회사가 갖추게 됐다. 미·중 무역 전쟁, 러시아의 우크라이나 침공, 하마스와 이스라엘의 전쟁까지 지정학적 요인이 글로벌 비즈니스에 영향을 미치는 현상이 두드러지면서 다국적 기업에서 '지정학 전략^{geostrategy}'이 중요한 경영상 변수로 떠올랐기 때문이다. 컨설팅사들은 특정 지역에서 정치적 격변으로 소용돌이가 일었을 때 향후 사업이 어떻게 흘러갈지 시나리오를 분석해주고 돈을 번다.

2013년 워싱턴DC에서 설립된 비컨 글로벌 스트래티지스^{BGS}라는 회사는 아예 지정학 컨설팅을 핵심 사업으로 삼는 기업이다. 이 회사는 주로 인도·태평양 지역의 움직임에 대해 인적 네트워크를 가동해 면밀히 분석한 다음, 언론에 보도되는 내용보다 더 깊은 정보를 고객사에 전달한다. 이 회사의 공동 창업자 중 하나인 앤드루 샤피로는 오바마 행정부 시절 미 국무부 군사 담당 차관보를 지낸 거물이다. 이 회사에는 중앙정보부^{CIA} 간부나, 미 의회에서 핵심 보직을 맡았던 인물들이 다수 포진하고 있다.

지정학 컨설팅을 위해서는 인재가 필요하다. 2023년 골드만삭스는 재러드 코언이란 인물을 영입해 눈길을 끌었다. 코언은 국제 정치 무대에서 현장 경험을 20대 시절부터 쌓은 인물이다. 조지 W 부시 대통령 시절 콘돌리자 라이스 국무장관의 자문관으로 발탁됐고,

정권 교체로 국무장관이 힐러리 클린턴으로 바뀐 이후에도 같은 자리를 지켰다. 민간으로 나온 코언은 구글의 사내 싱크탱크인 '구글 아이디어스Google Ideas' 소장으로 일하며 대외 협력 업무를 맡더니 2023년 골드만삭스에 영입됐다.

골드만삭스가 코언을 끌어당긴 이유는 경험과 인맥이 풍부한 그를 앞세워 본격적으로 '지정학 컨설팅' 사업에 뛰어들기 위해서였다. 골드만삭스는 코언을 영입해 '골드만삭스 글로벌 어페어스Goldman Sachs Global Affairs'라는 조직을 신설하고 그를 공동책임자 중 한 명으로 임명했다. 코언은 "2020년대는 모든 것이 지정학적"이라고 말한다.

이전에도 골드만삭스는 정·관계 빅샷들을 영입한 전례가 있다. 파이낸셜타임스FT는 "리시 수낙 전 영국 총리, 헨리 폴슨 전 미국 재무장관, 맬컴 턴불 전 호주 총리 같은 거물이 거쳐간 곳이 골드만삭스"라며 "그래서 별명이 '거번먼트Government(정부) 삭스'"라고 했다. 수낙 전 영국 총리는 퇴임 후 2025년 7월 골드만삭스에 고문으로 다시 돌아갔다.

컨설팅사의 브레인 중에서는 기업 CEO나 고위 임원에게 '지정학 과외 선생님'으로 활동하는 고위 전관前官들이 많다. 기업 고객들이 글로벌한 정관계 인맥을 구축한 경험자를 직접 불러다 조언을 듣기 원하기 때문이다. 이런 사업을 위해 컨설팅사들은 거물을 영입하려 애쓴다. 2023년 영국계 컨설팅사 브런즈윅그룹이 로버트 졸릭 전 세계은행 총재와 파스칼 라미 전 EU 통상 담당 집행위원이라는 두

지정학적 요인이 경영상 판단에 미치는 영향

지정학적 요인으로 다음과 같은 결정을 내린 경험이 있습니까?	투자 연기	44%
	공급망 재편	41%
	시장 철수	34%
	투자 중단	32%

※ 2022년 글로벌 기업 CEO 1200명 대상 조사　　　　자료: 언스트앤드영(EY)

명의 빅샷을 영입한 게 대표적인 사례다.

거물을 영입한 컨설팅사는 해외에서 벌어지는 분쟁이 미치는 영향이나 외국 정부나 국제기구의 정책 의도와 배경을 일러주며 기업들의 미래 불확실성을 줄여준다. '수업료'는 비쌀 수밖에 없다. 영국 헤드헌팅 업체 오거스에 따르면, 전직 대사나 국방·안보 분야 고위 관료 출신은 지정학 컨설팅으로 시간당 수수료 2000~5000파운드(약 370만~930만 원)를 청구한다.

이런 거액의 수업료를 기업들이 지불하는 이유는 지정학적 변수가 실제로 사업에 지대한 영향을 미친다는 걸 실감하기 때문이다. 언스트앤드영EY이 2022년 말 글로벌 기업 CEO 1200명을 대상으로 실시한 설문 조사에 따르면, 응답자의 97%가 "지정학 위험으로 계획했던 투자 전략을 변경한 적이 있다"고 했다. 44%는 투자 연기, 41%는 공급망 재편, 34%는 시장 철수, 32%는 투자 중단을 단행했다고 답했다.

일례로 영국의 거대 에너지 기업 BP는 러시아의 우크라이나 침공 이후 보유중이던 러시아 국영 석유 회사 로즈네프트의 지분 19.75%

를 매각했다. 영국 정부가 푸틴 정권과 거래하는 영국 기업에 "관계를 끊으라"고 공개 요구했기 때문이다. 아이폰을 납품하는 애플의 핵심 협력 업체인 대만 폭스콘은 탈세 및 불법 토지 사용 혐의로 중국 당국 조사를 받은 적이 있다. 궈타이밍 폭스콘 창업자가 2024년 1월 대만 총통 선거를 앞두고 출마를 선언하자 친중계 표가 분산될 것을 우려한 중국 당국이 움직인 것으로 관측됐다.

2020년대 중반이 되면서 미국의 로펌, 컨설팅 기업의 문을 두드리는 한국 기업들도 늘어났다. 트럼프 행정부의 깊숙한 지점에 한국 기업들도 청진기를 대보고 싶어 하는 건 당연하다. 이런 수요를 감안해 워싱턴DC에 본사를 둔 '디 아시아 그룹TAG'이라는 정책 컨설팅사가 2025년 초 서울사무소 문을 열었다. TAG는 커트 캠벨 전 국무부 부장관이 2013년 설립한 회사다. TAG 서울사무소 초대 대표는 미국 시라큐스대 로스쿨 출신으로 김앤장법률사무소에서 일했던 임병대 전 LG전자 미국법인 전무가 맡았다.

요즘은 한국 근무 경험이 있는 미국의 고위 전관들이 인기 상한가다. 토니 블링컨 전 미국 국무장관이 미셸 플러노이 전 국방부 차관 등과 함께 2018년 출범시킨 '웨스트 이그젝 어드바이저스'란 회사는 2024년 헨리 해가드 전 국무부 에너지외교국장을 선임 고문으로 영입했다. 주한 미국대사관에 세 번 근무한 한국통인 해가드는 한국 기업들을 대리해 워싱턴DC에서 활동하는 것으로 전해졌다.

뿐만 아니라 웨스트 이그젝 어드바이저스는 2016~2019년 한국에서 근무한 빈센트 브룩스 전 주한미군사령관을 영입했다. 방산 사업 수주를 원하는 한국 기업에 어필할 수 있는 중량급 인사다. 앞서 소개한 비컨 글로벌 스트래티지스[BGS]라는 회사도 트럼프 1기 때 주한 미국대사를 지낸 해리 해리스 전 인도·태평양 사령관을 영입했다. 한국 기업을 겨냥해 미국의 컨설팅사들이 고위 전관을 충원하는 건 그만큼 한국 기업들이 성장했다는 방증으로 볼 수도 있다.

IX

돈의 폭발,
어떻게 대응하나

통화량을 알면 주식·부동산·금 가격이 보인다

 노벨 경제학상 수상자 밀턴 프리드먼(1912~2006)은 통화주의 이론을 정립한 학자다. 그는 "인플레이션은 언제 어디서나 화폐적 현상 Inflation is always and everywhere a monetary phenomenon"이라고 했다. 경제 활동의 산출량GDP이 증가하는 속도보다 통화량 증가율이 높을 때 발생하는 화폐적 현상이 바로 인플레이션이라는 것이다. 21세기 들어 화폐량이 원체 빠르게 늘어나고 있기 때문에 증가 속도를 염두에 두고 살아가는 게 현명하다. 돈의 가치 하락에 대비하려면 현금 이외의 자산에 투자해야 한다는 당연한 명제를 머뭇거리지 말고 실행해야 한다.

 먼저 통화량, GDP, 물가 3가지의 상관 관계를 살펴보자. 리치먼드연방준비은행의 1992년 보고서를 보면, 미국에서 1960년부터 1990년 사이 실질 경제 성장률(3%)과 물가 상승률(4.9%)을 합친 숫자가 통화량M2 증가율(8.1%)과 거의 비슷했다. 이걸 공식으로 단순화해보면 'M2 증가율=실질 경제 성장률+물가 상승률'이다. 시중에 풀린 돈이 늘어나는 속도가 실물 경제가 성장하는 속도보다 더 빨라서 그 차이만큼 화폐의 가치가 하락하는 인플레이션이 발생한다는 걸 의미한다.

예를 들어, 경제 활동 생산량이 3% 늘어나는 사이 유통되는 돈이 8% 늘었다고 가정해보자. 그러면 5%포인트의 차이가 생긴 것이며, 도식적으로 그 차이만큼 화폐 가치가 하락한다고 보면 된다. 따라서 단순히 저축만 해두면 눈에 보이는 금액은 그대로이거나 이자가 일부 붙을지라도 실제로 그 돈을 활용해 물건을 사거나 서비스를 이용할 수 있는 구매력은 시간이 갈수록 떨어지게 된다. 미국 노동통계국의 물가 데이터를 분석해보면 2000년 100달러의 구매력은 2024년에는 55.49달러로 낮아졌다. 가치가 45%쯤 하락했다.

그래서 인플레이션으로 화폐 가치가 하락하는 환경에서는 물가 상승의 영향을 줄이면서 이득을 얻을 수 있는 자산을 사들여야 위험을 낮출 수 있다. 주식을 사고 부동산을 매입해야 하는 이유가 여기에 있다. 기업의 매출과 이익은 물가 상승분을 반영해 대체로 증가하기 때문에 주가는 길게 보면 오른다. 부동산 역시 화폐 가치 하락과 연동해 가격이 오르는 경향이 나타난다.

위의 리치몬드연방준비은행의 연구는 1960년부터 30년간을 대상 기간으로 삼았다. 이 기간은 'M2 증가율=경제 성장률+물가 상승률'이었지만, 2000년대 이후로 미국에서는 'M2 증가율〉경제 성장률+물가 상승률'이 됐다. 통화량 증가 속도가 경제 성장률과 물가

상승률을 더한 것보다 더 빨랐다. 시중에 풀린 돈이 실물 경제 성장을 훨씬 초과해 늘어났는데도 불구하고, 곧바로 물가 상승으로 이어지지 않고 금융 시장에 잠겨 있어 잠재적 인플레이션 위험을 키웠다는 것을 의미한다. 따라서 투자자는 현금 가치가 녹아내리는 위험에 더 많은 경각심을 가지고 생산성이 높거나 실물 가치를 지닌 자산에 투자해야 할 필요가 이전보다 커졌다.

우리나라에서는 어떨까. 한국은행의 연간 통화량 수치가 나오기 시작한 1986년부터 2024년까지 38년을 놓고 보자. 그 사이 M2 증가율은 연평균 12.4%였다. 연평균 경제 성장률은 5.4%였으며, 소비자물가는 연평균 3.6%씩 올랐다. 38년간 'M2 증가율〉경제 성장률+물가 상승률'이었다는 얘기다. M2 증가 속도가 원체 빨랐으니 당연히 현금 이외의 투자자산을 사들였어야 손해를 면할 수 있었다.

주식을 현명하게 투자한 사람은 M2 증가 속도보다 훨씬 높은 수익을 뽑아냈을 것이다. 하지만 누구나 쉽게 주식 투자에 성공하지는 못한다. 주식은 같은 종목이더라도 언제 사고 파느냐에 따라 수익률 편차가 심하다. 그러니 한국에서 가장 대중적인 재테크 방식인 부동산 가격 상승률과 M2 증가 속도를 비교해보자. 한국부동산원의 아파트 매매 가격 실거래지수(2017년 11월 가격=100)가 산출된 가장 먼 과거인 2006년 1월부터 2025년 5월 사이 M2는 월평균 0.63%씩 증가했다. 이 기간 동안 월평균 아파트 실거래가 상승률은 서울 0.5%, 수도권 0.39%, 전국 0.34%였다. 역시나 서울 아파트의 값어치가 높다는 게 입증된다. 매월 0.5%씩 가격이 오르는 자산이란 꽤 매력적이다.

우리나라 통화량(M2)과 서울 아파트값 추이

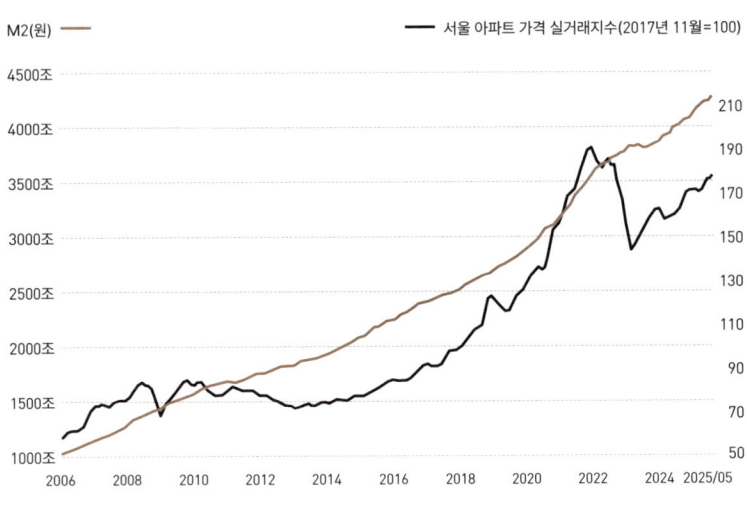

자료: 한국은행·한국부동산원

그래프로 M2와 아파트값의 장기 추세를 함께 그려서 보면 서울 아파트값이 M2와 엇비슷한 속도로 움직인다는 걸 알 수 있다. 월평균 상승률로 M2는 0.63%이고 서울 아파트값이 0.5%로 차이가 있는데도 불구하고 그래프로 그렸을 때 비슷한 속도로 움직이는 것처럼 보이는 건 이유가 있다. M2는 감소 없이 꾸준히 늘어나는 반면, 서울 아파트 가격은 하락하기도 했다가 솟구칠 때는 M2 증가 속도보다 더 빨리 상승하기 때문이다. 그래서 그래프로 M2 증가 속도와 서울 아파트값 상승 속도를 비교해보면 2011년부터 2017년 사이에는 M2 증가 속도에 비해 대체로 서울 아파트값 상승 속도가 더 느렸다. 특히 2012~2013년 무렵 서울 아파트값은 하락하기도 했다.

미국 통화량(M2) 대비 미국 상장사 시가총액 합계의 추이

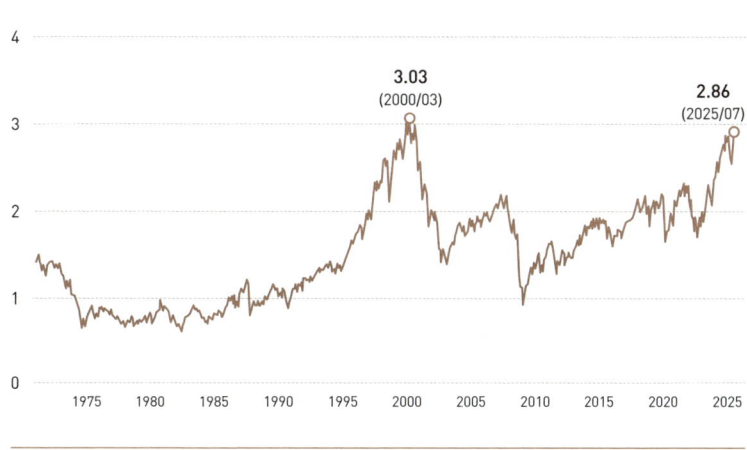

※ 시가총액/M2
자료: MacroMicro

하지만 2017년부터 2021년 사이는 서울 아파트값이 상승하는 속도가 M2 증가 속도를 앞질렀다. 이 시기는 집값이 엄청나게 뛰던 문재인 정부 시절이다. 하지만 2022년에는 과열된 집값이 조정되면서 서울 아파트값은 마이너스로 전환됐고, 당연히 M2 증가 속도보다 확 낮아졌다. 2023년부터는 다시 서울 아파트값이 상승하는 흐름이 뚜렷하다. 이재명 정부가 과감한 돈 풀기 정책을 계속 이어 나가면 2030년대가 시작하기 이전에 서울 아파트값 상승 속도가 통화량 증가 속도를 앞지르는 시기가 다시 찾아올 수도 있다. 이제는 요령 있는 투자자라면 이런 흐름을 보면서 투자 결정을 할 줄 알아야 한다.

부동산뿐 아니라 통화량이 포함된 지표로 투자 고수들은 주가 수준도 가늠한다. 상당수 투자 전략가들은 상장사 시가총액의 합계를 통화량M2으로 나눈 숫자의 추세를 본다. 이 숫자가 높으면 돈이 풀린 양에 비해 주가가 높다는 뜻이며, 낮으면 통화량에 비해 주가가 낮다는 뜻이다. 이건 주가의 장기적 추세를 따져보는 데 도움이 된다. 미국에서 1970~1980년대에는 시가총액/M2 비율이 1에 못 미치는 기간이 길었다. 하지만 1990년대 들어 1을 넘어서더니 1997년쯤부터 2를 넘었고 2000년 IT 버블이 터지기 직전인 그해 3월에는 3을 살짝 넘겼다. 이 숫자가 3에 근접하면 주가가 과열됐다는 신호로 여겨도 된다. 이 숫자는 IT 버블이 터지자 1.4 정도까지 후퇴했다가 2007년 2.1 정도까지 회복했다. 하지만 이듬해 글로벌 금융위기의 후폭풍으로 1에 못 미치는 수준까지 떨어졌다. 이후로는 장기 상승을 보이며 2025년 7월에는 2.86까지 올라갔다. IT 버블 시대의 시가총액/M2 비율에 가까워지고 있는 것이다. 투자자들로서는 증시가 다소 과열됐을 수도 있다는 점을 염두에 둬야 할 시기다.

시가총액 합계를 M2로 나눠보는 건 당연히 우리나라에서도 활용할 수 있는 지표다. 2025년 8월 기준 우리나라의 시가총액/M2는 0.69이다. 한국은 시가총액/M2 비율이 1을 넘긴 순간이 없다. 미국과 비교하면 통화량에 비해 얼마나 주가 수준이 낮은지 알 수 있다. 돈을 시중에 많이 풀어도 주식시장으로 가기보다는 부동산 시장으로 많이 흐르는 우리나라 자산시장의 특징이 나타난다고 볼 수 있다. 다만, 코로나 사태로 유동성이 늘어나 증시로 투자금이 쏠린 절정이었던 2021년 8월에 0.77까지 오른 적이 있다는 걸 감안할 필요는 있다. 이재명 정부가 경기 부양용 통화 팽창을 지향하기 때문에

0.9 가까이 오를 가능성은 충분히 있다. 만약 증시가 호조를 보여 1 가까이 오른다면 경계감을 가질 필요가 있다. 도달한 적 없는 영역이기 때문이다.

'투자의 신' 워런 버핏은 시가총액을 GDP로 나눠서 주가 수준을 판단한다. 이른바 '버핏 지수'다. 시가총액/GDP 비율을 본다는 건 실물 경제가 돌아가는 정도에 비중을 두고 주가 수준을 판단한다는 뜻이며, 시가총액/M2 비율을 주시하는 건 시중에 풀린 돈에 방점을 찍고 주가 수준을 본다는 의미다. 현명한 투자자라면 둘 다 고려한다.

시가총액의 합계를 M2로 나눠보는 것과 비슷하게 미국에서는 S&P500지수를 M2로 나눠서 장기간 추이를 보기도 한다. 이것 역시 통화량 대비 주가 수준을 파악하는 데 도움이 된다. S&P500지수를 10억 달러 단위까지의 미국 M2로 나눠보면 2025년 7월 기준 0.285다. 이 숫자가 코로나 사태 이후 최저점이었던 건 0.174였던 2022년 10월이었다. 또 최근 10년 사이 최저점은 0.151이었던 2016년 2월이었다. 그래서 2025년 들어 주가 수준은 통화량에 비해 상당히 과열됐다는 판단이 가능하다. 시간이 오래 지난 다음에도 이런 방식의 자산 시장에 대한 진단은 계속 유효할 것이다.

금金도 통화량을 통해 장기적인 가격 향방을 점쳐 볼 수 있다. 대체로 금값도 미국의 M2와 장기적인 추세는 엇비슷하다. 그래도 1970년대 이후 추이를 보면 M2 증가 속도와 비교해 금값 상승 속도가 더 빠른 구간이 있고, 더 느린 구간이 있다. 이건 향후 금값이 조정되거나 강세를 보일 수 있다는 신호를 미리 감지할 수 있다는

금값 대비 미국 통화량(M2)의 추이

※ 10억 달러 단위의 M2/트로이온스당 금값   자료: Incrementum

뜻이기도 하다. 이를테면 1990년대 후반부터 2008년 사이에는 통화량 증가 속도가 금값 상승 속도를 앞질렀다. 이건 2010년대 초반 금값이 크게 오를 것이라는 예고로 해석됐고, 실제로 그렇게 됐다. 2020년대 초에는 통화량이 급격히 늘어난 것에 비해 금값 상승 속도가 더뎠는데, 이걸 가리켜 2020년대 중반 이후 금값이 뛸 수밖에 없다고 장담한 전문가들이 있었다. 이런 전망은 이미 현실화됐다. 국제 금값은 2025년을 시작할 때 트로이온스당 2644달러였는데 9개월 만에 3600달러를 넘어설 정도로 가격이 급등했다.

M2/금값 비율을 따져보기도 한다. 미국의 10억 달러 단위의 M2를 트로이온스당 금값으로 나눈 지표다. 이 수치가 높으면 통화량에 비해 금값이 낮다는 뜻으로 해석돼 향후 금값이 오를 것으로 내다볼

수 있다. 반대로 이 수치가 낮으면 통화량에 비해 금값이 높으니 앞으로 금 가격이 내리막을 걸을 가능성이 높다고 점칠 수 있다. M2/금값 비율은 금값이 꽤 많이 올랐던 2011년 무렵 6 미만으로 떨어졌다. 그보다 10년 전인 2001년 19를 넘나들었던 것에 비하면 꽤 많이 낮아진 셈이었다. 즉 금값이 오버슈팅이라고 볼 여지가 컸고, 실제로 금값은 2011년부터 2015년까지 지속적으로 우하향하면서 내렸다. 2020년대 들어서는 2022년 말부터 금값이 강세를 보이고 있다. 2022년 말 M2/금값 비율은 12.5 내외였는데, 이후 통화량 대비 금값이 빠르게 올라 2025년 8월에는 6.47까지 내려왔다. 금값이 추가로 상승해 M2/금값 비율이 5 안팎까지 내려간다면 그 다음부터는 금값이 내려갈 가능성에 비중을 두는 게 현명하다.

쭉 살펴본 것처럼 통화량은 각자가 자산을 쌓아가는 데 중요한 나침반이 된다. 부동산, 주식, 금, 원자재의 가격 추이와 M2 증가 속도를 비교해보라. 훨씬 정밀하게 경제를 분석하고 전망할 수 있다.

'돈의 홍수' 시대에는 상인이 선비를 누른다

내 주변에는 뒤늦게 사회에 대한 불만을 키우거나, 체념을 하게 된 소위 '모범생'들이 여럿 있다. 학교 다닐 때 공부를 열심히 했고, 또 잘했던 사람들이다. 엇나가지 않고 바른 생활을 해왔다. 학교에서는 교사나 교수의 가르침, 집에서는 부모의 말을 충실히 따랐던 사람들이다. 대체로 괜찮은 학교를 나왔다. 이들은 교수, 공무원, 교사, 공기업 직원과 같은 반듯한 직업을 갖고 있다. 공공 부문이나 교육계에 많다. 평범하게 살지만 건전한 상식을 지키고 사회적 가치를 수호해 온 버팀목 같은 사람들이다.

이들 중 적지 않은 수가 불만 내지 체념을 갖게 된 건 돈이 흔해진 '21세기 머니 빅뱅'과 관련 있다. 자산 쌓기에 상대적으로 뒤떨어져 쓴맛을 본 사례가 꽤 있다. 이들은 돈을 감지하는 촉수가 민감하게 발달한 민간 부분 고소득 월급쟁이나 의사, 변호사 같은 전문직들에 비해 자산 불리기 경쟁에서 뒤처졌다.

한마디로 요약하면 '나는 열심히 살았고 사회적 위치도 나쁘지 않은데 왜 점점 뒤로 밀려나는가'라는 의문이다. 이런 '범생이'들 중 상당수는 좋게 말하면 투기나 탐욕과 거리를 둔 '현대 사회의 수도승'처럼 살았다. 돈 되는 투자처라면 눈에 불을 켜는 사람들과는 다르다. 무주택자도 제법 있고, 잘하면 집 한 채 마련한 정도다. 집이 있더라도 중앙부처 고위직이 아닌 한 서울 강남에 수십억 원짜리를 보유한 경우가 많다고 하긴 어렵다.

글로벌 금융위기 이전까지는 이런 모범생들의 삶의 질이 괜찮았다. 사회적 위치가 준수했고, 민간 기업과의 급여 격차도 지금처럼 벌어지지 않았다. 연금 혜택도 좋았다. 직업 안정성도 높아 1990년대 후반 외환위기 때 쓸려 나가지 않을 수 있었다. 규제를 다루는 이들은 민간에서 일하는 사람들을 호령하면서도 경제적 보상이 나쁘지 않았다. 이를테면 금융감독원에서 일하면 급여는 민간 금융회사만큼 나오고, 권한은 많았으며, 퇴직 후 갈 곳도 제법 있었다.

그런데 세상이 바뀌었다. 시점은 2010년대 이후이고 변화의 핵심은 통화량의 엄청난 증가다. 앞부분에서 설명했듯 한일 월드컵이 열리던 2002년만 하더라도 국내총생산 GDP과 광의의 통화 M2는 액수가 거의 같았다. 하지만 2024년에는 M2가 GDP보다 무려 1500조 원 정도 많다. 이건 천지개벽이라고 봐야 한다. 불어난 통화량이 국민들에게 고르게 퍼지면 좋겠지만 현실에서는 그럴 수 없다. 눈치 빠른 이들은 시장의 유동성을 자기 주머니에 집어넣으며 재산을 엄청나게 불렸다. 산업화된 사회에서 자본화된 사회로 넘어가는 무대 전환이 우리 사회에서는 너무 빨랐다.

이런 대변혁에 둔감했던 사람들, 모범생으로 살아온 사람들 가운데는 '머니 파티'에서 소외된 이들이 한둘이 아니다. 내 주변에는 박사학위를 받느라 30대 중후반까지 국내외에서 공부하며 본격적으로 돈을 버는 활동을 늦춘 사람들이 있다. 이들은 대체로 "서울에 집 사는 걸 포기했다"며 우울해한다. 부모가 거액을 물려주지 않는 한 이들의 경제적 처지는 궁하다. 지식을 쌓거나 전달하며, 사회 시스템을 만들거나 재정비하는 역할을 맡은 이들의 낭패감이 크다.

특히, 2010년 대학 등록금 동결제가 시행된 이후 대학 교수의 직업 가치가 예전만 못하다는 건 부인하기 어렵다. 서울 시내 대학의 한 공대 교수는 "학부를 막 졸업한 제자가 SK하이닉스에 취업해서 받는 첫 연봉이 30대 후반까지 어렵게 공부한 다음 교수가 됐을 때 받는 돈과 비슷하니 누가 대학원에 진학하겠냐"고 했다. 지식을 쌓고 후학을 가르치는 일의 값어치가 떨어진다는 건 분명 문제다.

그런데 나름 똑똑하다는 이런 사람들도 원인을 제대로 진단하지 못하는 경우가 있다. 특정 정권의 정책 실패로 간주하거나, 특정 사회 집단의 이기주의로 여긴다는 말을 들었다. 그리고 도저한 배금주의라는 식의 푸념도 있다. 하지만 이런 건 원인이 아니라 결과에 가깝다.

가장 결정적인 원인은 돈이 흔해졌다는 것이다. 통화량이 엄청나게 불어나 돈값이 떨어지고 자산의 명목 가격이 뛰었기 때문에 '먹물'들의 삶이 고달파졌다. 물질 만능주의가 더 심각해지는 것 역시 이런 현실을 반영한 차후 결과다. 게다가 대기업 다니면 일찍 잘리는 줄 알았는데 요즘은 임원 승진 안 되더라도 잘만 다닌다는 걸 지켜보고 있다. 사람들의 머릿속에서 관념이 변한 게 아니다. 돈을 둘러싼 현실이 달라졌다.

한국의 기술 대기업들은 해외에서 엄청난 돈을 벌어왔다. 그런 돈이 기초 자산으로 신용도가 높아져 어마어마한 대출이 이뤄져 통화량이 급격히 늘었다. 기업도 빚을 많이 냈고 임직원도 빚을 냈다. 돈이 많이 돌다 보니 돈 장사하는 은행, 증권사, 보험사, 카드사도 돈 세느라 바빴다. 나라의 경제 체력이 획기적으로 향상됐으니까 돈 잔치가 벌어진 것이다.

이제부터라도 경제 성장률이나 임금 인상률의 속도가 아니라 통화량^{M2}의 증가 속도에 맞춰 살아야 남들보다 자산이 쪼그라들지 않는다는 걸 깨달아야 한다. 이제는 긴 인생에서 월급이 늘어나는 건 큰 의미가 없다는 걸 알아차린 사람들이 늘어났다. 아파트, 땅, 주식의 명목 가격이 불어나는 속도가 열심히 일해서 월급 인상되는 것보다 훨씬 빠르다.

대기업 직원 중에서는 "은행 대출 받을 때 필요하니까 직장을 유지할 뿐"이라고 말하는 사람들이 드물지 않게 있다. 이런 사람들 중에서 "임원 되느라 고생하느니 그 노력을 부동산이나 주식에 쏟는 게 내 인생에 더 도움 된다"고 말하는 걸 들어봤다. 다소 극단적으로 들린다. 공공 부문이나 교육계에 종사하는 이들 중에서는 이런 '금융을 둘러싼 실용적 마인드'에 이질감을 느끼는 사람들이 적지 않다.

물론 예외야 당연히 있다. 공무원이나 공기업 직원 중에도 투자 귀재가 있다. 교수들 중에서도 재테크의 달인이 있다. 반대로 대기업에서 고연봉을 받지만 자산 불리기로 연결을 못 시킨 사람들도 물론 있다. 여기서는 대체적인 경향과 시대의 변화를 이야기한다. 내가 아는 사람들 중에는 다음과 같은 사례들이 있는데, 돈이 흥청망청 흔해지기 전에는 보기 어려운 경우들이다.

미국 아이비리그에서 박사학위를 받고 서울 시내 대학의 교수가 됐지만 마흔이 넘어서도 수입이 대기업 대리 정도인 무주택자, 서울대를 나와 싱글로 살다가 40대가 되어서야 '이제 집을 사야겠다'고 생각했지만 높은 집값 앞에서 좌절한 대학 강사, 학창 시절 공부 못하는 동생한테 '너 그렇게 살지 말라'고 훈계했으나 서울 요지에 자가를 마련한 동생에 비해 자산이 모자란 채 서울 변두리에 사는 행정고시 출신 고위 공무원….

개발도상국 시절 목에 힘주던 직종의 사람들이 조금씩 초라해지고 있다. 대한민국이 대기업의 거침없는 성장으로 부자 나라가 됐기 때문에 그 과실을 민간에서 차지하는 건 어쩌면 당연하다. 또한 공공 부문 종사자가 권력이 줄어들고 버는 돈의 액수도 상대적으로 줄어드는 건 정부 주도형 국가에서 민간 자본형 국가로 변신하는 과정에서 필연적으로 나타나는 체질 변화로 볼 여지도 있다. 한국은 이 변화가 매우 짧은 기간에 이뤄졌다. 그래서 빠른 시대적 장면 전환에 대해 어지러움을 느끼는 사람들이 꽤 있다. 정신 바짝 차려야 한다.

여전히 서생의 문제 의식으로 무장하고 살아가는 사람들 중에서는 세상이 달라졌다는 걸 모르거나 인정하지 않으려는 경우도 봤다. 돈이 흔해진 시대에 자신은 대쪽 같은 선비 정신으로 살아도 될지 모른다. 문제는 자식 세대의 후생까지 영향을 준다는 것이다. 우리 사회에서는 자산 계급화가 빨리 진행되고 있다. 부모 자산이 적으면 자식의 자산도 적을 확률이 점점 더 높아지는 세상이다. 특파원으로 유럽에서 4년을 사는 동안 수백 년 내려오는 귀족 계급이 비공식적이지만 여전하다는 걸 감지하게 됐다. 우리도 자본주의의 성숙화 단계라 그런 세상에 접어들고 있다. 그리고 페이지가 넘어가는 속도가 빠르다.

통화량이 폭발하는 시대에는 상인이 선비를 이긴다. 그리고 상인 마인드로 무장한 사람이 높은 사회적 계급으로 뛰어오르게 마련이다. 유럽의 귀족 계급도 과거에는 권력 엘리트 성격이 강했지만, 그 후손들은 거대 자산가의 모습으로 현재를 살아간다. 사실 우리 땅에서는 필요 이상 오랫동안 사회 시스템을 유지하고 규율을 만드는 이들이 힘과 돈을 독차지해왔다. 그래서 의대로 쏠리고 문과가 경시되는 현상은 달라진 우리의 의식 구조를 반영한다. 통화량이 폭발하면서 이제야 사농공상의 순서가 실질적으로 바뀐다는 인상도 받는다. 돈의 힘은 강하다.

그러나 지식의 가치를 유지하는 사람들을 지나치게 위축되게 만드는 현상이 나타나는 건 아쉽다. 돈 앞에서 지성이 굴욕당하는 느낌을 갖게 하는 사례가 속출한다. 종합하자면 거대하게 불어난 통화량이 지성을 파괴하는 시대가 됐다고 생각한다. 열심히 일하는 게 아름답다고 말하기 어려워지는 시대가 되고 있다. 진리를 추구하는 길이 훨씬 고행길이 됐다. 코인으로 대박난 사람들을 보며 성실하게 살아온 사람들은 허탈감을 느낄 수밖에 없다. 도서관에서 밤낮으로 공부해 쌓아 올린 노력과 고민의 가치가 점점 낮아지고 있는 것이다.

세상에 여러 가치가 있고 병존해야 다양성이 확보된다. 그러나 요즘은 '부자가 되는 것'의 가치가 다른 가치를 압도하고 있다. 너무 흔해진 돈이 만든 병폐다. 사회적 가치를 위해 일하는 이들이 금전적 보상에서 뒤처지는 현상을 바로잡을 방법은 별로 없다. 돈이 흔해지는 속도가 현격하게 낮아지지 않는 한 방법을 찾기 쉽지 않다. 그나마 현실적인 방법을 찾자면 미국처럼 억만장자들의 기부를 이끌어내는 것 정도다.

이제는 '백면서생 직업군' 중에서도 사회적 공기의 역할을 방기하고 자산 불리기에만 매몰된 사람들이 늘었다. 공직자나 공공 부문 종사자 가운데 일부가 안정된 직장을 지렛대 삼아 본업을 등한시하면서 부동산, 주식 투자에 열심이다. 공기업에 다니는 지인이 하는 말이다. 한 동료는 보유하고 있는 상가, 아파트, 오피스텔 사진을 책상 옆면에 붙여 놓고 엑셀로 월세 수입과 세금을 계산하느라 바쁘다고 한다. 이런 사람들에게 사명감을 요구하기는 쉽지 않다. 이것 역시 돈이 흔해진 시대의 어두운 이면이다.

세대 갈등도 제법 날카롭다. 중앙부처 고위 공무원 중에는 서울 강남에 자가를 가진 이들이 꽤 있다. 원래 금수저였거나, 고시 합격이 커다란 사회적 대우를 받을 때 부유한 가정의 배우자를 맞았거나, 스스로 일찌감치 재테크를 잘한 경우다. 이들은 대개 40~50대 이상일 뿐 젊은 공직자 중에서는 드물다. 행정고시 출신 30대 중앙부처 사무관들은 재산으로 세종시에 집 한 칸 정도 갖고 있는 경우가 적지 않다. 그러니 어렵다는 고시에 합격하고도 사표 내고 민간기업으로 이직하는 사례가 줄을 잇는다. 박봉의 지방직 공무원들의 고충은 말할 것도 없다.

결국 '대출 공화국'이 된 대한민국에서 빚 내기에 대한 거부감이 컸거나, 빚을 많이 내기 위해 필요한 소득과 자산이 부족한 사람들은 '돈의 홍수' 시대에 휩쓸려 갔다고 해도 과언이 아니다. 2020년대에도 여전히 감당할 수 있는 빚마저도 두려워하거나 거부감을 표시하는 이들을 종종 만날 수 있다. 소득 불평등 시대가 지나가고 자산 불평등 시대가 왔다는 걸 잊으면 자신만 손해다. 지금은 금융이 경제의 중심축인 세상이다.

거대한 시한폭탄 가계부채, 무너져 내릴까

　엄청나게 불어난 통화량이 남긴 흔적이자 그림자이자 폐기물이 바로 빚이다. 우리나라에는 천문학적인 가계부채가 쌓였다. 절대적인 수치가 매우 높다. 2024년 말 기준 1983.4조 원에 달한다. 갓난아기까지 포함해 국민 1인당 평균 3800만 원쯤의 빚을 짊어지고 있다는 얘기다. 늘어나는 속도 역시 빠르다. 2024년 한 해 동안에만 62.3조 원 늘었다. 1년 사이 모든 국민이 122만 원씩 빚을 늘린 셈이다.

　다른 나라와 비교하면 우리는 얼마나 빚이 많은 걸까. 미국 워싱턴DC에 있는 연구기관인 국제금융협회IIF가 발간한 '세계 부채Global Debt' 보고서를 보자. 2024년 4분기 기준 우리나라의 GDP 대비 가계부채 비율은 91.7%에 달했다. 세계 38개국(유로존은 하나의 나라로 간주) 중 100.6%인 캐나다 다음으로 2위였다. 캐나다가 1위인 이유는 간단하다. 토론토, 밴쿠버 등 핵심 도시에 부동산 가격이 천문학적으로 오른 탓에 빚내서 집을 산 사람이 많았기 때문이다. 현대인의

주요국 GDP 대비 가계부채 비율

캐나다	100.6%	미국	70.9%
한국	91.7%	일본	65.7%
홍콩	88.5%	중국	60.1%
영국	76.7%	유로존	51.6%

*2024년 4분기   자료: 국제금융협회(IIF)

삶에 가장 중요한 기반 여건은 역시 집이다. 집에 돈이 많이 들어가고, 집이 빚을 불러일으키는 건 필연이다.

IIF 집계에서 다른 나라들의 GDP 대비 가계부채는 어떨까. 집값이 터무니 없이 비싸다는 홍콩도 88.5%로 우리나라보다 낮다. 영국은 런던의 악명 높은 집값이 반영됐지만 76.7%이며, 세계 원톱 국가 미국도 70.9%다. 일본(65.7%), 중국(60.1%), 유로존(51.6%)은 영미권보다도 더 빚을 덜 지고 있다.

어떤 이들은 우리나라의 엄청난 가계 빚이 폭발해 금융시장이 무너질 수 있다고 우려한다. 액수만 보면 걱정을 하지 않을 수 없다. 그러나 결론부터 이야기하자면 그럴 가능성은 현저히 낮다고 본다. 동의하지 않는 사람들도 있을 것이다. 하지만 의견이 다르더라도 금융시장이 견딜 것이라고 생각하는 근거가 어떤 것인지 경청해보는 것도 스스로에게 도움이 될 수 있으리라 본다.

가계부채의 큰 줄기는 당연히 주택담보대출이다. 2024년 말 기준 주택담보대출은 민간 금융회사들이 내준 게 844조 원, 주택금융공사와 주택도시기금이 내준 게 225조 원이다. 이건 전체 가계부채의

55.5%에 이른다. 그런데 금융당국이 그나마 일을 제대로 해온 게 있다. 집값 대비 대출금 비율을 말하는 LTV를 어느 정도 잘 관리해 왔다는 것이다. 우리나라의 LTV 한도는 지역에 따라 40~70% 사이에 있다.

주택담보대출이 걸려 있는 집의 평균적인 LTV는 공식 통계가 주기적으로 나오지는 않는다. 다만 2023년 3분기 기준 한국은행이 집계한 자료로는 은행이 44.8%, 제2금융권이 56.8%다. 이 정도는 상당히 엄격하게 관리돼 있다고 봐야 한다. 집값이 10억 원이면 은행 대출의 경우 4억 5000만 원 이하로 묶여 있다는 의미이기 때문이다. LTV가 70%를 넘는 대출의 비율은 2023년 상반기 기준 은행 5.6%, 제2금융권 6.3%다. 모두 10% 이내로 상당히 낮은 수준이다.

이와 달리 주요 선진국은 LTV가 상당히 높다. 국토연구원의 조사에 따르면 대부분 85~100% 사이가 LTV 한도다. 실제 평균적인 LTV도 70~90% 사이에 있다. 네덜란드와 핀란드 87%, 캐나다와 스웨덴 85%, 미국 80%, 프랑스 79%, 영국과 호주 75%, 일본과 독일 70% 등이다. 이런 선진국들은 전세가 없기 때문에 세입자들이 허리가 휠 정도의 비싼 월세를 낸다. 월세를 내기 싫으면 집값의 70~90%에 달하는 빚을 내고 집을 산다. 외국에선 전세가 없는 데다, 장기적으로 돈의 가치 하락으로 집의 명목 가격이 오를 것으로 보고 우리나라보다 LTV 규제를 훨씬 느슨하게 적용한다. 외국에 비하면 우리는 LTV 브레이크가 더 단단하게 달려 있는 셈이다.

게다가 전체 가계부채의 61.9%(2024년 3분기)가 주택담보대출이라

국가별 집값 대비 대출액 비율(LTV)

국가	LTV 한도	실제 평균 LTV
일본	100%	70%
영국	100%	75%
네덜란드	100%	87%
프랑스	100%	79%
캐나다	95%	85%
미국	90%	80%
독일	80%	70%
호주	80%	75%
한국	70%	53%

자료: 국토연구원·사우디아라비아중앙은행 등

이건 안전한 담보가 확보돼 있다는 뜻이 된다. 또한 가계부채가 고소득자에게 집중돼 있다는 점도 안정성을 높이는 요인이다. 소득 상위 20%에 가계부채가 집중돼 있다. 이건 불평등을 키우는 요인이긴 하다. 하지만 역설적으로 갚을 수 있는 사람이 많이 빌린 결과이므로 펑크가 날 확률은 줄인다. 게다가 은행들은 저금리 시대에 '대출잔치'로 벌어들인 막대한 돈으로 충분한 충당금을 쌓아뒀다. 만일의 사태에 대비할 만한 충격 흡수 능력을 갖췄다. 1990년대 말 외환위기 때 교훈은 살아 있다.

이런 사정들을 고려해보면 선진국들에 비해 우리나라가 가계부채가 많다고 해도 금융시장이 무너질 확률이 높다고 말하기 어렵다.

집값이 절반으로 폭락해야만 구조적인 파국이 시작될 수 있다는 얘기인데, 확률적으로 너무 낮다. 주택의 명목 가격이 장기 추세로 볼 때 계속 오른다는 점도 생각해봐야 한다. 설령 급격히 부동산 가격이 하락하는 일이 발생한다고 치자. 정부와 한국은행이 통화량을 잔뜩 늘려 경기를 부양하고 규제를 가능한 대로 풀어 집값이 계속 고꾸라지지 않게 유도할 것이다. 정부가 파국으로 치닫도록 내버려둘 것 같은가. 엄연히 유주택자가 무주택자보단 많다. 정치적 선택은 다수를 향한다. 그리고 집주인이 무너지면 세입자도 피해를 본다.

구조적인 위험성은 낮다고 하더라도 그래도 정부는 부동산으로 가는 대출을 더 강하게 제어할 필요가 있다. 가계부채가 너무 불어나 빚 갚는 데 허덕이느라 소비에 제약을 가하는 현상이 누가 봐도 분명하기 때문이다. 해외 투자은행들도 우리나라 가계부채에 대해 금융 시스템상 위험을 가져올 가능성은 낮다고 진단하면서도, 소비 부진을 야기해 잠재 성장률을 낮출 것이라는 경고를 계속 내놓고 있다.

해결 방법은 어떤 게 있을까. 양대 대출 규제인 LTV와 DTI 가운데 LTV는 그대로 두더라도 DTI를 더 강하게 조일 필요가 있다고 생각한다. LTV는 집값 대비 대출금 비율이며, DTI는 소득 대비 부채의 원리금을 갚는 비율을 말한다. LTV를 크게 손을 대지 않아도 되는 이유는 일단 선진국보다 낮은 수준이기 때문이다. 또 LTV를 너무 낮게 잡으면 당장 자본이 부족하지만 소득은 준수한 젊은층이 집을 사는 데 장벽이 될 수 있다.

DTI는 다르다. 정부가 부채 증가 속도를 조절해 거시 경제의 안정을 도모하는 차원에서 보다 엄격하게 규제할 필요가 있다. 2025년 기준으로 은행에서 대출금이 1억 원을 넘으면 대출 원리금 갚는 액수가 소득의 40%까지로 제한된다. 만약 연봉 1억 원인 사람이라면 원리금 갚는 액수가 연간 4000만 원(매월 약 333만 원)을 넘지 못하는 액수까지만 대출이 가능하다는 얘기다. 이것은 기존 DTI에서 좀 더 강화된 DSR이라는 개념이 적용됐기 때문이다. 2024년 9월부터 적용된 DSR은 은행의 경우 주택담보대출은 물론이고 신용대출의 원리금 갚는 액수까지 고려해 대출금을 정한다.

하지만 여기엔 함정이 있다. DTI든 그보다 강화된 DSR이든 세전 소득(원천소득징수영수증의 총소득)을 기준으로 정하고 있다. 최대 대출액을 정할 때 원리금이 소득의 40%까지만 가능하다고 하더라도 이건 세전 기준이다. 따라서 상한선이 40%가 아니라 실질적으로 주머니에 들어오는 세후 소득으로는 50% 안팎이라고 봐야 한다. 실질 소득의 절반을 빚 갚는 데 쓴다면 다른 씀씀이가 위축될 수밖에 없다.

대출 원리금 외에도 세금과 공과금까지 사실상 원천징수하듯 나가는 돈을 생각하면 실제로 가용할 수 있는 돈은 세후 소득의 40%가 될까 말까 할 정도로 낮아진다. 당연히 소비가 위축될 수밖에 없다. 소득을 반영한 대출 총량은 줄여야 맞다. 그런 점에서 정부가 2025년 6월 도입한 주택담보대출 6억 원 한도 설정은 우격다짐이긴 해도 방향만 보면 옳은 정책이다.

우리는 가계부채 규모가 엄청나다는 걸 인정하지 않을 수 없다. 하지만 실제보다 과장되는 제법 커다란 요인이 하나 있다는 걸 염두에 둘 필요는 있다. 이건 우리나라만의 특징과 연결이 된다. 그건 바로 자영업자들의 부채다. 우리나라는 인구 대비 자영업자가 지나치게 많고, 이들은 개인 자격으로 주택담보대출이나 신용대출로 돈을 끌어와 사업을 한다. 사업에 투입되는 돈이지만 가계부채로 잡히는 빚이 꽤 된다는 얘기다.

우리금융경영연구소에 따르면, 가계대출 가운데 주택 구입 목적의 비율이 우리나라는 60.2%로서 글로벌 평균 66.8%보다 낮다. 집을 사기 위해서 우리가 엄청난 빚을 내는 걸로 생각하지만 그런 빚의 비율은 의외로 글로벌 평균보다 낮다는 얘기다.

그런데도 불구하고 GDP 대비 가계부채 비율이 다른 선진국들보다 높은 건 자영업자들의 사업용 빚이 가계부채로 분류되는 경우가 적지 않기 때문이다. 우리금융경영연구소의 계산으로는 자영업자 부채는 가계부채의 20%이며, 전체 민간 신용의 28.9%에 달한다. 가계부채 규모가 20%쯤 과장돼 있다는 얘기다. 우리나라 가계부채의 20%는 385조 원에 해당한다.

왜 이런 현상이 생길까. 선진국에서는 동업으로 법인을 세우는 문화가 일반화됐지만 우리나라는 특유의 불신 풍조 탓에 동업에 대한 거부감이 크다. 다들 각개약진으로 혼자 사업을 벌인다. OECD 자료를 보면 2022년 기준 우리나라의 전체 취업자 가운데 자영업자 비율은 23.5%다. 미국(6.28%), 캐나다(7.24%), 독일(8.75%), 일본(9.6%)

등 주요 선진국의 2~3배에 달할 정도로 많다. 이런 현상은 동업으로 기업화가 활발한 다른 선진국에서 기업부채로 잡히는 빚 덩어리가 우리나라에서는 가계부채로 잡히게 만드는 결과를 가져온다. 그래서 기업부채는 양호하게 보이게 하고 가계부채는 심각하게 보이게 만든다.

장기적으로는 동업으로 법인을 세우는 걸 장려해 자영업자 비율을 낮춰야 사회 구조가 선진국형이 된다. 전체적인 빚의 구조도 건전해진다. 동업을 늘리려면 사회적으로 신뢰 수준이 높아져야 한다. 법인 설립을 더 간편하게 해주고, 동업으로 분쟁이 생겼을 때 다툼 수위를 줄이는 제도적 장치가 필요하다.

돈을 빌려 신용을 창출한다는 건 자본주의 사회에서 필연적으로 일어나는 일이다. 이 과정에서 개인은 대출을 활용해 자신의 이익을 극대화하려는 욕심을 낸다. 그리고 욕심을 내는 게 무리만 아니라면 스스로에게 이로운 결과를 가져올 확률이 높다. 그리고 이건 경제 발전의 밑거름이기도 하다. 국가는 탐욕스러운 개인들에 맞서 신용 창출을 적정 수준에서 제어해 모두가 위험해지는 구조적 함정에 빠지지 않게 해야 한다.

서울 아파트값, 영원히 불패일까

 경제부 기자 생활을 제법 했으니 경제 현상을 둘러싼 이런저런 질문을 많이 받는다. 그중 "아파트 가격은 앞으로도 계속 오를까요?"라는 물음은 꼭 빠지지 않는다. 평범한 사람이라면 살아가는 동안 구입하는 재화 가운데 가장 비싼 게 집이니까 관심이 없을 수 없다.
 집값을 둘러싼 관점은 누가 절대적으로 옳고 틀리다고 할 수 없다. 가격이란 누군가의 마음에 들게 움직일 수 없다. 앞날을 점치는 건 더더욱 어려운 일이다. 겸허함을 갖고 들여다보는 자세가 중요하다.
 집은 사고파는 재화다. 돈을 치러야 소유할 수 있는 물건이다. 시장에서 다뤄지는 기본적 원리가 자동차와 책과 우유와 스마트폰과 같다는 얘기다. 우리나라의 통화량은 1986년부터 2025년까지 88배쯤 늘었다. 이렇듯 시간이 갈수록 통화량이 불어나 돈의 가치가 꾸준히 하락해왔다. 모든 재화가 돈의 가치 하락으로 명목상 표시되는

아파트 매매 가격 실거래지수 변화

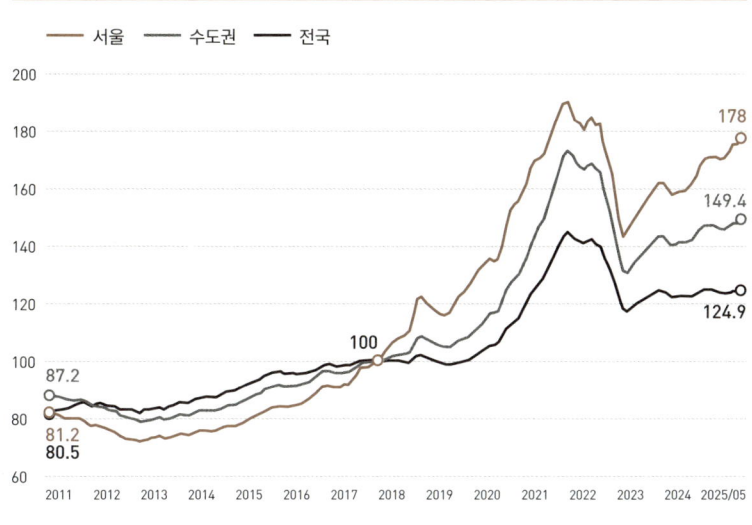

※ 2017년 11월 가격을 100으로 지수화   자료: 한국부동산원

가격 단위가 불어날 수밖에 없다. 이런 간단한 원리를 집이라고 해서 피해 가지는 않는다.

2003~2004년 무렵 이전에 통화량^{M2}과 GDP의 증가 속도가 엇비슷할 때는 경제도 빨리 성장하고 집값도 그만큼 빨리 뛰었다. 그러나 2010년대 이후에는 경제 성장 속도는 느려지는 가운데 통화량이 증가하는 속도가 빨라졌다. 돈이 많이 풀리며 집값이 오르는 속도 역시 가팔라졌다.

한국부동산원이 만든 서울의 아파트 매매 가격 실거래지수를 보자. 2017년 11월 가격을 100으로 간주한 지수다. 이 지수가 산출된 가장 과거 시점인 2006년 1월에는 58.4였다. 이후 꾸준히 올라

2025년 5월에는 178이었다. 여기서 시간을 주목하자. 아파트 가격지수가 58.4에서 100에 도달하는 시간이 12년 가까이 걸렸지만, 100에서 178이 되기까지는 불과 7년 6개월밖에 안 걸렸다.

이 지수를 보면 19년 사이 서울 아파트값이 3.05배가 됐다는 걸 알 수 있다. 2006년 초 5억 원 하던 아파트라면 2025년 초에는 15억 2500만 원 정도로 올랐다는 얘기다.

성장률이 낮아질지언정 경제 규모가 꾸준히 성장하고 소득이 늘어나서 신용(대출)의 규모도 커졌다. 통화량이 늘어나는 주된 이유 중 하나가 집을 사기 위해 대출을 일으키기 때문이다. 집값이 안 오르고 버틸 재간이 있을까.

그런데 왜 집값은 시간이 가면 하락할 것으로 기대하거나 혹은 그렇게 될 것으로 믿고 있는 사람들이 꽤 있을까. 일단 높은 가격 자체에 대해 저항감을 가진 이들이 제법 있는 것 같다. 워낙 비싼 물건이니까 거부감을 가질 법하다. 돈을 만지는 은행, 보험사, 카드사 같은 대형 금융회사 직원 중에서도 "서울의 아파트값을 인정할 수 없어서 사지 않는다"고 말하는 사람들을 여럿 만났다.

언론 보도는 이런 사람들이 확신을 갖도록 만든다는 인상을 받는다. 월급을 모아서 한 푼도 안 쓰고 10년을 훨씬 넘게 모아야 한 채 사는 게 가능하다는 식의 보도를 한다. 값이 터무니없다는 생각을 굳히게 만든다. 특파원 생활을 하면서 보니 주요 선진국에서는 이런 식의 보도를 하지 않는다. 생짜로 맨손에서 월급만 모아서 집을 사는 사람이 어디에 있는가. 부모 도움도 받고, 맞벌이를 해서 자본력을 키우며, 월급 많이 주는 직장에 취업해 대출을 낼 수 있는 여력을 끌어올려 매입한다. 다른 나라라고 해서 다르지 않다.

그렇다면 다른 나라와 비교한 집값 수준은 어떨까. OECD(경제협력개발기구)에 따르면, 2015년 집값을 100으로 지수화했을 때 2022년에 OECD 회원국 평균 집값은 168이었고, 우리나라는 115였다. 7년 사이 OECD 평균 집값이 68% 오르는 사이 우리나라는 15%밖에 안 올랐다는 얘기다. 이런 데이터는 우리가 체감하는 것과 꽤 다르다. 그 이유는 '서울의 아파트'만 과도하게 비쌀 뿐, '한국의 집'은 저렴한 편이기 때문이다.

국내 집값은 서울과 경기도 요지의 아파트가 많이 올랐을 뿐이다. 수도권 빌라나 단독주택, 그리고 대다수 비수도권 지역의 집값은 물가 상승률 수준에서 크게 벗어나지 않는다. 전국을 보면 OECD 통계가 보여주듯 다른 나라보다 집값 상승세가 훨씬 완만하다. 집값이 사회 문제가 되는 건 누구나 갖고 싶어 하는 '서울의 아파트'가 비싸기 때문이다. 돌려 이야기해 보자. 사회 문제로 여겨질 만큼 누구나 서울의 아파트를 원하니 가격이 낮아지기 어렵다.

이건 서울과 대한민국만의 문제가 아니다. 어느 선진국에서나 청년층은 수도 안에서 자가를 마련하기 어렵다. 잘사는 나라의 거대 도시에서 집값이 저렴할 수 없다. 뉴욕, 런던, 시드니, 토론토까지 갈 것도 없다. 하노이, 마닐라, 자카르타, 쿠알라룸푸르만 해도 시내의 중산층 주거 지역은 꽤 비싸다. 남의 시선에서 벗어나 잠을 자고, 밥을 먹고, 샤워를 하고, 배설을 하고, 살림살이를 들여 놓을 수 있는 독립 공간을 거대 도시 안에서 누구나 저렴한 값에 확보한다는 건 배급 사회에서나 가능하다. 공간은 한정된 재화다.

차분히 생각해보자. 전 세계를 통틀어 서울과 수도권만큼 잘 살면서 이 정도로 지나치게 밀집된 곳은 몇 군데 안 된다. 대한민국은 고도로 발전하면서 불려놓은 부富의 사이즈가 엄청나다. 그리고 좁은 국토에 워낙 산이 많아 평지가 적은 가운데 인구가 많다는 특성이 있다. 국토, 인구, 집값의 연결고리로 보면 독일, 프랑스보다는 홍콩, 싱가포르에 훨씬 가깝다. 수도권 과밀은 낮춰야 한다. 하지만 현상을 놓고 차분히 보면 집값이 비쌀 이유가 많다.

높은 집값을 인정할 수 없다는 반감 내지는 크게 하락할 거라고 믿는 기대감이 생기는 바탕에는 실제로 집값이란 게 오르락내리락한다는 것도 한몫한다. 가만 생각해보라. 가격이 오르기도 하고 내리기도 하는 재화는 생각보다 많지 않다. 버스 요금, 택시 요금은 내려가지 않는다. 긴 시간 동안 고정돼 있다가 계단식으로 올라가기만 한다. 음식, 옷, 가전제품, 자동차 등 다른 대부분의 재화들도 오르면 올랐지 내리진 않는다.

값이 오르내리는 재화는 집, 석유, 가스를 비롯해 몇 가지 안 된다. 이런 재화들 중에서 석유, 가스와 같은 에너지원은 사용하고 나면 사라지는 데다, 공급량의 등락이 크기 때문에 긴 시간 동안 반드시 우상향하지는 않는다. 이와 달리 집은 땅 지분이 실재하고 주거 공간을 쉼 없이 제공하기 때문에 내재된 가치가 계속 이어지니까 다르다. 흘러내릴 때가 있어서 계속 흘러내렸으면 좋겠다는 기대를 키우기도 하지만 그렇게 되지 않는다. 집값이 내릴 때도 있지만 그 기간은 상승기 때보다 짧다. 하락할 때 하락 폭은 상승할 때 상승 폭보다 작다. 그 결과 집값 추이 그래프를 그리면 톱니 모양으로 우상향한다.

그래서 1~2년 단위로 쪼개서 보면 내리는 기간이 생길 수밖에 없다. 하지만 시간을 3~5년 이상 조금만 길게 보면 오르는 추세를 보인다. 집도 재화이며, 금융 현상의 영향을 많이 받기 때문이다. 부동산 전문가들은 대체로 건설업과 관련된 사람들이 많다. 그들은 건설업황과 관련해 주택 시장을 말하고, 공급과 규제에 방점을 찍어 해설한다. 그런 요인들이 작동하는 건 당연하다. 하지만 그런 해설을 듣다 보면 금융이 미치는 영향이 과소평가되는 인상을 받는다.

집값 변동은 다분히 '금융 현상'이다. 집값에 가장 크게 영향을 미치는 요인은 '돈을 얼마나 융통할 수 있는가'다. 당장 정부가 '주택담보대출 6억 원 제한' 조치를 취하니 고가 아파트 거래 시장이 움찔하지 않는가. 1~2년 단위로 보면 규제나 세제도 상당한 영향을 미치고, 공급량도 꽤 영향을 미치지만 지나고 보면 그런 건 불어나는 돈의 힘에 비하면 영향이 작다.

전 세계 GDP는 2000년 33조 달러였고 계속 불어나 2024년에는 105조 달러로 불어났다. 이렇게 경제 규모가 커지는 가운데 내로라 할 만큼 잘사는 나라인 대한민국에서, 그것도 극도로 밀집된 인구가 사는 서울과 수도권에서, 누구나 원하는 주거 수단인 아파트의 명목 가격이 추세적으로 하락할 수 있다는 건 현실성이 부족하다.

강성훈 한양대 정책학과 교수가 2017년 내놓은 논문을 보면 우리나라에서 집을 한번 샀다가 매도하기까지의 평균 기간은 약 9년이다. 건국 이래 9년이란 시간 구간을 어디에 갖다 놓아도 집값이 하락한 적은 단 한 번도 없다. 이건 누구나 원하는 '서울의 아파트'가 아니라 그보다 훨씬 가격이 낮은 범주인 '대한민국의 집'으로 봐도 그렇다. 산더미처럼 불어나는 통화량을 인간이 이겨낼 재주는 없다.

이쯤에서 나오는 질문이 있다. 젊은 세대의 인구가 줄어드는데 수요가 무너져 집값이 폭락할 것 아니냐는 의문이다. 이런 생각이 강한 사람들은 "사줄 사람이 없는데 어떻게 오를 수 있느냐"라고 강조한다. 얼핏 합리적인 의문인 듯하지만 면밀히 따져보면 그렇지 않다. 우리나라 인구는 2020년에 피크를 찍고 하락을 시작한 지 벌써 5년이 됐다. 특히, 서울 인구는 감소하기 시작한 지 무려 30년이 넘었다. 인구 감소가 집값을 끌어내리는 요인이라면 진작 나타났어야 맞다. 그러나 현실은 그렇지 않다. 물론 감소하는 인구가 주택시장에 영향을 안 줄 수는 없다. 지방 중소도시나 읍면에서는 수요 감소가 이미 나타나고 있다. 심지어 광역시도 이런 영향에서 자유롭지 않다. 지방에서 젊은이들이 줄어드니까 나타나는 현상이다.

그러나 수도권은 다르다. 통계청에 따르면, 서울 인구는 역대 최고점이었던 1992년 1093만 명이었지만, 2024년에는 933만 명이 됐다. 32년 사이에 160만 명이나 감소했다. 같은 기간 경기도는 661만 명에서 1369만 명으로 2배 이상으로 늘었다. 특히, 서울은 2010년 이후엔 15년간 한 번의 예외 없이 매년 인구가 감소하기만 했다. 이

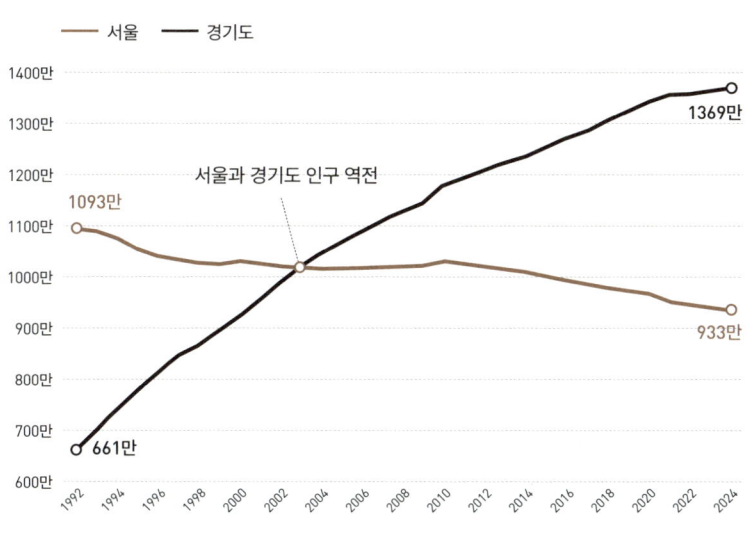

감소하는 서울 인구와 늘어나는 경기도 인구

자료: 통계청

게 뭘 의미할까. 서울의 주거비를 감당 못해 경기도로 나간 사람이 많고, 지방에서 수도권으로 올라오는 사람들도 서울 시내로 진입하지 못하고 경기도를 찾는 사람이 많다는 얘기다. 서울 집값이 조금이라도 조정될 기미가 보이면 서울로 들어오려고 눈을 부릅뜨고 있는 대기 수요자가 서울 바깥에 너무나도 많다.

오히려 역설적으로 2020년부터 전체 인구가 감소하기 시작했기 때문에 수도권, 특히 서울 아파트에 대한 수요는 점점 더 커지고 있다는 점을 주목해야 한다. 지방 부자들이 서울 아파트를 매입하려는 열기가 뜨겁다. 그 이유가 인구 감소에 따른 불안감 고조로 지방 부동산에 대한 수요 감소가 본격화됐고, '1가구 1주택'을 반강제하는 정책이 오래 지속되니 기왕이면 서울 집에 돈을 묻어 놓자는 심리가 작용하기 때문이라는 건 상식의 범위에 있다.

그리고 '사줄 사람이 없다'는 논리에는 오류가 있다. 이 논리가 통하려면 주택 매수자가 모두 한 번만 사고 더 이상 구입하지 않아야 한다는 전제가 필요하다. 하지만 현실은 그렇지 않다. 원래부터 주택 시장은 여러 번 사고파는 사람과 사고파는 데 전혀 참여하지 않는 사람들로 양분된다. 한 번만 사고 안 사는 사람은 현실에서 미미하다.

우리나라에서 유주택 가구는 56~57%이고, 무주택 가구는 43~44% 정도다. 수도권 무주택 가구 중에서는 자본이 모자라거나, 집값 하락에 베팅하고 있거나, 월세로 살면서 주식 같은 자본 투자를 하기 위해 주택 매매를 아예 하지 않는 경우가 적지 않다. 반면, 집을 한 번이라도 사서 거래하기 시작한 사람은 여러 차례 사고팔면서 거래를 이어간다. 1주택을 유지하는 경우라면 갈아타기 위해 살던 집을 팔고 새로 사기를 반복한다. 아니면 투자용으로 주택을 추가 매입해 다주택자가 된다. 그래서 한 번 집을 사들이면 적어도 2~3번 이상 거래하는 경우가 태반이다.

통계도 뒷받침한다. 우리나라에서 집 한 채에 대한 평균 보유 기간이 9년쯤이다. 30대 초중반에 첫 집을 산 사람이라면 1주택만 유지하더라도 일생 동안 3번은 산다는 얘기다. 평균 보유 기간은 서울과 수도권은 더 짧다. 집을 한 번만 사고 안 사는 사람은 극히 드물다. 나이가 60이 된 사람 10명을 무작위로 세워놓고 일생 동안 집을 구입한

횟수를 물어본다고 치자. 그러면 대답은 '1, 1, 0, 1, 0, 0, 1, 1, 0, 1' 식이 아니라 '6, 0, 5, 0, 2, 0, 0, 4, 7, 0' 식으로 나온다고 봐야 한다.

'사줄 사람이 없다'는 이야기는 '한 번 사고 멈춘다'와 '새로 시장에 진입하는 사람이 없다'는 두 가지 전제를 필요로 하지만 실제로는 그렇지 않다. 대한민국 인구가 훨씬 더 많이 줄어든다 하더라도 수도권은 주택 시장에 새로 진입할 수요자가 끊기기 어렵다. '사줄 사람이 없다'는 주장은 사본 적 없으니 체험 부재로 거래 현장을 이해를 못한 채 원하는 결론을 향해 머릿속에서 이론과 도식을 굴린 결과가 아닌지 되돌아볼 필요가 있다. 재차 이야기하지만 서울 인구는 최고점보다 무려 160만 명이나 줄어들었다. 그리고 통화량이 늘어나는 속도는 인구가 감소하는 속도와 비교할 수 없을 정도로 훨씬 빠르다.

물론 서울이나 수도권에서도 고점에서 집을 샀다가 물리는 바람에 가격이 하락해 어려움을 겪는 경우가 있다. 어떤 사람이 12억 원에 집을 샀다가 시세가 10억 원으로 떨어졌다고 치자. 그러면 투기를 해서 2억 원을 손해봤다고 조롱하는 온라인 댓글들을 본다. 물론 이 사람은 투자 타이밍이 현명하지 않았다. 하지만 이런 경우 첫 주택 구매자가 아닐 가능성이 적지 않다. 즉, 수년 전에 6억 원에 샀던 집이 9억 원까지 오르니까 팔고 대출을 더 내서 12억 원짜리를 샀을 수 있고, 그렇다면 손해 봤다고 단정 짓기 어렵다. 다시 말하지만 집은 한 번 사본 사람은 계속 사고팔고, 한 번도 안 사는 사람은 죽을 때까지 안 산다. 물론 생애 첫 집을 사서 상당 기간 낭패를 볼 수도 있다. 이런 경우 단기적으로 장부상 손해가 생긴 건 맞다. 하지만 결국 시간이 지나면 불어난 통화량의 힘을 받아 회복하는 경우가 많다. 그리고 그 사이 주거 공간을 제공받는다.

사회적 시류의 변화도 읽어내야 한다. 요즘 돈이 흔해졌지만 과거와 같이 상업용 빌딩에 대한 투자가 영 시들하다는 점을 눈여겨보라. 뉴욕이든, 도쿄든, 서울이든 오피스 공실이 넘쳐난다. 이유는 두 가지다. 하나는 재택 근무가 꽤 일반화됐다. 코로나 시절에 집에서 일해보니 할 만하다는 걸 다들 실감했다. 사무실 출근을 매일 하지 않는 사람들이 꽤 늘었다. 집은 더 중요해졌고 오피스 수요는 줄었다. 다른 하나는 갈수록 온라인 커머스가 확고하게 자리잡다 보니 오프라인 가게를 열려는 수요가 좀처럼 살아나지 않는다는 것이다. 두 가지 모두 일시적인 바람이 아니다. 구조적인 변화다. 오피스와 상가 투자 열기가 다시 타오르기 쉽지 않다.

그래서 큰돈을 번 사람들이 2010년대 이전에는 빌딩을 즐겨 샀지만 2020년대에는 '경제적 신분'을 보여주는 강남 아파트 매입에 열을 올린다. 부유층 고객이 많은 한 은행 PB는 이렇게 말했다. "코인이나 주식으로 100억 원쯤 번 사람들이 꽤 있어요. 그걸로 빌딩은 여전히 삐까번쩍한 걸 사기는 어렵지만 아파트를 산다면 남한테 자랑할 만한 좋은 걸 살 수 있어요. 그러니까 강남 아파트가 천정부지로 오르는 거죠." 강남 아파트값이 오르면 서울 시내 나머지 지역의 아파트값이 순차적으로 키 맞추기에 들어간다.

여기까지 읽었어도 여전히 내 생각에 동의하지 않는 이들도 있을 것이다. 존중한다. 그리고 최근 10년 사이에 너무 급작스럽게 집값이 오른 나머지 좌절한 사람들이 많다. 역대 정부에서 정책 실패도 적지 않았다. 아쉬운 게 너무 많다. 그래도 어찌 됐건 현상을 놓고 볼 때 지금까지의 수도권 아파트 가격은 여기서 설명한 대로 굴러왔다. 앞으로 어떻게 될지 누구도 100% 확신하기는 어렵지만 완전히 방향이 바뀔 수 있을까? 통화량이 감소하고 신용 창출의 총량이 줄어드는 시대가 우리가 죽기 전까지는 다가오기 어렵다.

게다가 전세가 소멸해가고 월세 시대가 굳어지는 방향으로 가고 있다. 서울에서 강남이 아니더라도 아파트 월세를 200만~300만 원씩 내는 경우가 속출하고 있다. 월세 내느니 내 집을 갖고 주택담보대출 원리금을 갚는 게 낫겠다는 생각을 누구나 한다. 그러니 공급이 한정된 서울의 아파트 수요가 줄어드는 건 구조적으로 어렵다.

미래 대비는 감속과 후진의 구별부터

미래에 어떤 일이 벌어질지 인간은 모른다. 뭔가를 알고 대비하기는 어렵다. 그래도 모두가 공통적으로 내다보는 건 대한민국의 앞날이 그다지 밝지 않다는 것이다. 눈부시게 빨리 성장해 온 지난 수십 년과 비교하면 미래는 그만한 장밋빛이 아닐 것이라고 다들 느끼고 있다. 인구가 2020년 5183만 명으로 최고점을 찍은 이후 감소세로 돌아섰다. 생산가능인구가 감소하며 활력이 점점 떨어지고 있다.

우리나라 잠재 성장률은 2000년대 초반 5% 정도였지만 2020년대 들어서는 2% 정도로 뚝 떨어졌다. 잠재 성장률이란 자본·노동 등 한 나라의 생산 요소를 전부 활용했을 경우 달성할 수 있는 경제 성장률을 말한다. 2024년과 2025년 우리나라의 잠재 성장률은 2.08%, 2.02%로 간신히 2%에 턱걸이했다. 하지만 2026년부터는 1%대로 떨어질 전망이다.

대외 여건마저 나쁘다. 기술 집약 상품을 수출하는 제조업체들의 역량을 무기로 자유무역의 수혜를 톡톡히 누린 나라가 대한민국이다. 하지만 2020년대 들어 세계화 속도가 둔화되고 보호 무역주의가 고개를 들면서 전 세계적으로 교역이 썩 활발하지 않다. 밖에서 큰돈을 벌어올 수 있게 해줬던 한미 FTA는 트럼프 탓에 사라졌다. 악재가 아닐 수 없다.

이럴 때일수록 냉정해져야 한다. 무엇보다 개인들에게 중요한 건 감속과 후진을 구별해야 한다는 것이다. 한국 경제는 어디까지나 감속하고 있다. 결코 후진하고 있는 게 아니다. 버스에 비유하면 예전처럼 빨리 못 달릴 뿐 여전히 앞으로 가고 있다. 2024년 우리나라의 경제 성장률은 2%였다. 저성장이라고 질타하고 먹고살기 힘들다고 아우성이지만, 유럽 주요국이나 일본에 비하면 꽤 높다. 왜 이걸 강조하냐고? 감속과 후진을 구별하지 않는 사람들이 의외로 꽤 있어서 하는 이야기다.

2% 경제 성장은 퍼센티지로 표현하니 작아 보일 뿐이다. 2023년 우리나라 GDP가 2520조 원가량이다. 이듬해 2% 성장했으니까 한 해 동안 우리 땅에서 새로 생겨난 금전 가치가 50조 원에 달한다는 얘기다. 신용은 그만큼 증가한다. 이렇게 경제 규모를 늘려가고 있는데도 소득, 통화량, 투자, 자산이 축소될 수 있을까?

만약 경제 성장이 마이너스이거나 그렇게 될 것으로 단정지어 버린 개인이 있다면 스스로 확률 낮은 쪽에 위험하게 베팅하는 것과 매한가지다. 한 해 동안 이 땅에서 새로 창출된 수십조 원의 가치를 나눠 가지는 경쟁에서 스스로 빠지겠다고 선언하는 것과 다름 없다.

2025년은 저성장에 따라 성장률이 잘해야 1%일 것으로 예상된다. 그래도 앞으로 전진하는 것이지, 결코 뒤로 후퇴하는 게 아니다. 성장 속도가 낮더라도 절대적인 경제 규모가 조금이라도 확대되는 건 개인에게 더 많은 기회를 제공하는 기반이 된다. 게다가 우리보다 먼저 선진국이 된 나라들은 대부분 저성장을 겪고 있다. 모바일 전환에서 앞서 가면서 빅테크를 내세운 미국만 예외일 뿐 유럽 선진국과 호주, 캐나다, 뉴질랜드, 일본 등이 죄다 비슷하다.

물론 인구 구조가 다른 선진국들보다 훨씬 악성으로 변하는 건 맞다. 하지만 인구 총량이 줄어도 GDP가 곧바로 감소하지는 않는다. 우리 스스로가 그걸 증명한다. 2020년에 인구 피크를 찍었지만 이후 5년이 지났는데도 경제 규모는 지속적으로 커졌다. 인구가 줄어들면서 GDP 총량이 커지면 1인당 GDP는 더 빠른 속도로 올라가게 되니 국민 개개인은 더 잘살게 될 수도 있다.

게다가 인구가 줄어도 경제 활동이 위축되지 않도록 생산성 향상을 위한 기술적 진보와 제도적 논의가 이뤄지고 있다. 우리는 제법 잘사는 나라인 만큼 인구 밀도가 낮아지면 쾌적해져서 삶의 질이 올라갈 수도 있다. 비관하면 안 된다.

게다가 노동력이 부족하면 여성과 고령자들의 경제 활동 참가율이 높아지게 마련이라는 점도 계산에 넣어야 한다. 인구가 줄어들면 실업률이 낮아지고 인력이 귀해져 임금이 상승하는 효과도 나타날 수 있다. 이런 연구 결과나 실제 사례는 꽤 있다. 일본만 하더라도 젊은층 인구 감소로 거의 모든 대졸자들이 직장을 잡는 데 성공하고 있다. 2024년 일본 실업률은 2.5%로서 사실상 완전 고용이 이뤄지고 있다. 우리의 미래가 밝다고 말하는 게 아니다. 단지 '생각보다 어둡지 않을 가능성'이 충분하다고 강조하고 있는 것이다.

물론 성장 속도가 떨어지면 국민은 고통스럽다. 기대만큼 충분히 성장하지 못해서 생기는 사회적 갈등도 다양하게 파생된다. 그렇다고 하더라도 조금씩이라도 전진하고 있는 건 분명하다. 그런데도 마치 대한민국이란 버스가 뒤로 후진하고 있는 것처럼 생각하는 비관론자들이 적지 않다. 이건 정신을 바짝 차리고 봐야 하는 문제다. 전 세계적인 공황이 발생하지 않은 상황에서 경제 성장률이 마이너스가 되기는 어렵다.

한국은행은 고령화와 생산성 하락이라는 두 가지 요인으로만 2040년대가 되면 경제 성장률이 1%에 못 미칠 것으로 전망한다. 매우 낮은 전망치인 건 분명하다. 그래도 어쨌든 그때까지는 큰 이변이 발생하지 않는 이상 꾸역꾸역 성장을 이어 나간다는 것이다. 인공 지능을 비롯해 새로운 기술의 출현은 예상치 못한 추가 성장을 이끌 가능성이 있다.

그래서 벌써 경제가 축소된다고 생각하거나 부동산·주식 같은 자산 가격이 하락할 것으로 단정 짓는 건 위험하고 무모하다. 소득과 신용이 불어나고 있는 흐름이 엄연히 유지되고 있기 때문이다. 그리고 속도가 상황에 따라 달라질 뿐 통화량은 항상 늘어나고 돈의 가치는 추세적으로 하락한다.

나는 재테크에 재주가 없는 편이다. 다만 주변에서 돈을 많이 불린 사람들을 꽤 많이 본다. 그들의 공통점은 긍정적인 사고 방식을 갖고 있다는 것이다. 미래를 밝게 보는 사람이 돈을 벌 확률이 높다는 것만큼은 분명하게 느끼고 살아간다.

미래에 커다란 경제 위기가 우리에게 닥칠 수 있다. 중요한 건 그런 '대형 경제 재난'이 발생하더라도 치유되는 속도가 빠르다는 점이다. 글로벌 금융위기, 코로나 사태는 분명 충격이 엄청났다. 우리나라가 1990년대 후반에 겪은 외환위기도 그랬다. 당장은 고통스럽다. 하지만 시간이 지나놓고 보면 상당히 빨리 치유됐다고 다들 느낄 것이다. 기껏해야 2~3년이면 상당 부분 진압됐다. 중앙은행이 금리를 빠른 속도로 내리고 정부는 재정을 뿌려대며 서둘러 응급처치를 하기 때문이다. 이 포인트가 중요하다.

조금 더 긴 역사를 보면 분명한 시사점이 있다. 시계를 1873년으로 돌리자. 이해 유럽에는 커다란 경제 위기가 닥쳤다. 오스트리아를 시작으로 유럽 주식시장이 잇따라 무너졌다. 공포는 미국으로 옮아 붙어 뉴욕에서 뱅크런이 벌어졌다. 19세기 중반의 투자 과열이 갑자기 꺼졌다. 이때 시작된 '장기 불황 Long Depression'이라는 이름의 침체는 23년이나 지속됐다.

하지만 20세기 들어서는 경제 위기 회복 속도가 확실히 빨라졌다. 1929년 대공황은 10년 만에 마무리됐다. 1970년대 오일 쇼크 이후로는 치료가 더 신속해졌다. 선진국 중앙은행들이 과감한 금리 처방으로 '해결사' 역할을 해낸 덕분이다.

중앙은행이란 건 현대적인 발명품이다. 20세기 초입엔 전 세계 중앙은행이 18개였지만 21세기는 170개 이상으로 늘어났다. 20세기 동안에만 적어도 152개국에서 중앙은행 시스템을 새로 장착했다는 것이다. 무의촌無醫村이 넘치다가 동네마다 의사가 상주하면서 조금만 아파도 빨리 나을 수 있게 된 것과 비슷하다.

장기간 경기가 나쁘거나 커다란 위기가 오면 중앙은행이 앞장서 해결한다. 방법은 간단하다. 금리를 팍팍 낮춰 시중에 돈이 돌게 한다. 통화량이 확 늘어나게 해서 치유 속도를 높이려 애쓴다. 글로벌 금융위기 이후 중앙은행 역할은 더 확대됐다. 양적완화라는 초유의 돈 풀기로 준準재정정책까지 집행하기 시작했다. 세계의 중앙은행들은 연방준비제도의 돈 뿌리기 작전을 보고 배운다.

앞으로 저성장이 이어진다면 금리는 낮게 유지될 것이고, 그러면 대출로 탄생하는 돈이 계속 많아지게 마련이다. 또한 위기가 닥치면 또다시 한국은행과 기획재정부는 막대한 유동성을 시중에 풀어놓을 것이다. 이재명 정부는 돈을 푸는 데 주저하지 않겠다고 스스로 밝히고 있다. 이런 돈 늘리기 처방들이 어떤 결과를 낳았는지 우리는 피부로 느껴왔다.

그리고 한국 기업들의 실력을 과소평가하지 말자. 중국이 빠른 속도로 뒤쫓아오거나 일부 역전한 건 맞다. 그러나 우리 기업들이 차지한 영토가 순식간에 사라지기는 어렵다. 새로운 무기를 꺼낼 수도 있다. 우리 기업들은 수출로 해외에서 여전히 많이 벌어 오고 있다. 해외에 투자해 놓은 자산에서는 배당금과 수익금이 국내로 쏟아져 들어온다. 2024년 한 해 경상수지 흑자 폭은 990억 달러였다. 국내에서 나간 돈보다 들어온 돈이 130조 원 이상 더 많았다는 얘기다. 부자 나라다. 쌓아놓은 게 많다. 한순간에 무너지기 어렵다.

일본이 그렇게 오랫동안 저성장에 시달렸어도 전성기를 구가하던 1980년대에 해외에 투자해놓은 자산에서 들어오는 수익이 아직도 상당하다. 일본의 2024년 경상수지 흑자 폭은 29조 2615억 엔으로 사상 최대치였다. 이건 원화로 환산하면 약 270조 원대다. 경제 규모와 인구로 보면 일본이 우리나라의 2.5배 수준인데, 경상수지 흑자 폭은 2배로 차이가 더 좁혀진다는 걸 알 수 있다. 쉽게 이야기하면 해외에서 벌어온 돈을 국민들이 균등하게 나눠 가지면 한국인이 일본인보다 더 많은 돈을 손에 쥔다는 뜻이다.

게다가 인공 지능을 중심으로 한 기술 발전 속도가 빨라서 어떤 방향으로 경제가 움직일지 예단이 쉽지 않다. 또한 가상화폐와 스테이블 코인이 세계를 흔들어놓을 수도 있다. 지금은 5년, 10년 전만 하더라도 예상하지 못한 새로운 경제 영토가 신기술에 의해 생겨나고 있다. 어느 순간에 가서는 무한경쟁과 제로섬 게임의 시대가 끝나고, 협력과 공존의 가치가 각광받으며, 문명의 패러다임이 바뀔 가능성도 있다. 이 모두가 개인에게는 새로운 기회가 될 수 있다.

경제는 하락론, 비관론, 폭락론이 긍정적인 전망보다 솔깃하고 설득력 있게 들린다. 그게 인간의 심리다. 그래서인지 대한민국 경제가 이미 마이너스 성장을 하고 있는 것처럼 호도하는 사람들이 있고, 그런 일종의 상술에 넘어가 비관론에 푹 절여진 사람들이 꽤 있다. 조심해야 한다. 엄연히 성장을 이어가고 있는 시기에 인구 감소,

잠재 성장률 저하와 같은 비관적 단어에만 빠져 있다가는 큰코다칠 수 있다. 내가 잘 살고, 자식들이 잘 사는 것을 방해하는 마음가짐이다. 세상이 새로운 방향으로 움직일 때 생기는 기회를 놓치게 될 가능성이 높아진다.

비관론자와 달리 긍정적 기대와 창의적 협업 마인드를 가진 개인은 저성장 시대에도 새로운 가치를 창출하고 성공을 이룰 가능성이 높다. 지금 시대를 살아가는 한국인이라면 노인이 될 때까지는 느릿느릿하더라도 경제가 계속 성장한다고 여기는 게 맞다. 현재의 경제 상황을 후진이 아닌 감속으로 이해하자.

에필로그

'보여주기식 자본주의'는 이제 그만

연말 연초에 주변 사람들한테 어떤 덕담을 하시나요. 몇 년 전 겨울이었습니다. 가장 실용적인 덕담을 새해 인사로 하고 싶었습니다. 막연히 듣기 좋은 말은 질리잖아요. 단체 카톡방에 넘쳐나는 '새해 복 많이 받으라'는 인사는 상투적이죠. 몰개성합니다. 듣는 즉시 뇌리에 구체적인 영감으로 가득 찰 수 있는 덕담이 필요하다 느꼈습니다. 그래서 '한 해 동안 건강하시고 돈 많이 버세요'라는 덕담을 '개발'했습니다. 반응이 괜찮았습니다.

40대에 들어서 체감하고 또 체감하는 건 건강과 돈의 중요함입니다. 건강을 유지하고 신체에 흠결이 생기지 않는 것, 그리고 삶의 지난함을 극복할 수 있을 정도의 자산을 쌓는 것이 현실의 관점에서는 어떤 가치보다 소중하다고 여깁니다.

알고 있습니다. 사랑, 효도, 우애, 성취감, 헌신, 기부, 동료애 등 인생에서 소중한 다른 가치가 한둘이 아니라는 걸요. 하지만 모든 건 건강과 돈에서 출발합니다. 무병하고 탄탄한 신체에 적당히 계좌에 돈이 담겨 있어야 효도를 할 수 있고, 사랑도 나눌 수 있고, 기부도 할 수 있고, 봉사도 할 수 있는 것 아닐까요.

가만 보면 건강과 돈 중에서 사람들 간 편차가 훨씬 큰 건 돈입니다. 건강은 스스로의 관리가 중요하긴 해도 유전적인 영향이 제법 큽니다. 애초에 불가항력적이고 통제 불가능한 요인이 적지 않습니다. 그리고 가장 건강이 나쁜 상태와 최상의 상태 사이를 1과 100 사이로 지수화하면 대기업 오너든 평범한 월급쟁이든, 대통령이든 말단 공무원이든 고만고만한 범위에 죄다 몰려 있습니다.

돈은 다릅니다. 개인 간 편차가 훨씬 큽니다. 자산의 격차는 건강의 격차보다 수백 배, 수천 배로 벌어질 수 있는 것이구요. 한 사람의 인생에 국한해서 보더라도 살아가는 동안 수중의 돈이 수백 배, 수천 배로 불어나기도 합니다. 역으로 갑자기 수십 분의 1로 쪼그라들기도 하죠. 돈은 개인의 의지, 노력, 통찰력, 탐욕, 실수에 의해 오르고 내리는 정도가 심합니다.

돈을 지키거나 불리려면, 혹은 잃지 않으려면 어떻게 해야 할까요. 대하大河처럼 흘러가는 세상사의 흐름을 꿰뚫어야 합니다. 이 책에는 돈과 경제가 흘러가는 양상이 담겨 있습니다. 너무 길게 봐도, 너무 짧게 봐도 놓치는 것들이 생길 수밖에 없는 게 돈과 경제입니다. 지금의 흐름을 예리하게 캐치하려면 1990년대부터 보는 건 너무 길고, 2020년대 이후로만 보는 건 근시안이 될 수밖에 없다고 생각합니다. 이 책에서는 '2010년대 이후' 또는 '글로벌 금융위기 이후'라는 표현이 자주 등장합니다. 시간의 길이를 그 정도로 15~17년쯤을 잘라서 돈의 물줄기를 보는 게 21세기를 딱 4분의 1 흘려 보낸 지금 시점에서 의미가 있다고 봅니다.

현재를 살아가는 대부분의 경제 주체들에게는 21세기의 '두 번째 25년'을 어떻게 보내느냐가 중요합니다. 그렇기 때문에 '첫 번째 25년' 동안 무슨 일이 있었는지 먼저 반추할 필요가 있습니다. 특히, 우리 사회에서 정책을 주도하는 주체가 20세기 후반에는 문벌 엘리트 중심의 행정부였지만, 21세기 들어서는 선거를 통해 대중의 지지를 얻은 입법부로 바뀌었다는 점을 주목해야 합니다. 쉽게 말해 기획재정부 관료들의 힘은 빠졌고, 국회의원들이 우리 삶에 미치는 영향력은 커졌습니다. 이렇게 권력의 축이 이동한 건 우리가 자산을 일궈나가는 데도 적잖은 변화를 가져올 수 있다는 걸 알아야 합니다.

쭉 살펴봤듯 통화 정책상 초저금리와 재정정책상 정부의 돈 뿌리기가 결합하면서 우리는 '이지 머니' 시대를 관통하고 있습니다. 가히 '돈의 홍수'라고 표현해도 과언이 아니죠. 2010년대에 비해 요즘 금리가 조금 높아졌다고 하더라도 인간 사회의 긴 역사를 놓고 보면 여전히 돈을 끌어오기 쉬운 세상입니다. 게다가 이재명 정부는 시중에 굴러다니는 돈을 늘리겠다고 공개적으로 목소리를 키우고 있죠. 도널드 트럼프는 연방준비제도가 금리를 더 내려야 한다고 거칠게 쪼아대는 사람입니다.

지금의 '이지 머니 터널'이 얼마나 더 지속될지에 대해서는 아무도 모릅니다. 다만, 막연하게 터널 안에서 마냥 시간을 보내는 사람보다는 터널이 어떻게 달라지는지 촉각을 곤두세우며 10m 앞이라도 예측해 보려는 사람이 미래에 웃고 있을 확률이 높습니다. 지금의 '쉬운 돈의 터널' 안으로 접어들었다는 걸 남보다 일찍 깨달은 사람들은 자산을 크게 불렸습니다. 반면 예전의 산업 시대 공식대로 움직인 사람들은 뒤처졌습니다. '돈의 터널'은 넓혀졌다 좁혀졌다를 반복하며 요철을 거듭하는 경향이 있습니다. 손을 내밀어 두드려보며 터널 안의 가시거리를 넓히려는 노력을 하는 사람에게 이 책이 약간의 가이드 역할을 할 수 있다면 그걸로 큰 만족입니다.

돈의 생리는 간단합니다. 벌어와야 생기는 겁니다. 그냥 되는 건 없습니다. 기업들이 돈벌이를 잘 해야 도로에 좋은 차가 더 많이 굴러다니고, 더 살기 좋은 아파트가 늘어납니다. 그래서 지금이 분기점이 될지 모릅니다. 한국의 대기업들이 21세기 들어 보여준 훌륭한 퍼포먼스를 앞으로도 계속 이어갈 수 있을지가 관건입니다.

그런 차원에서 건강의 의미를 끌어오고 싶습니다. 이제는 과거 어떤 시절보다 '나라의 건강'에 관심을 기울여야 할 때라고 생각합니다. 대한민국은 비실비실한 유년기를 거쳤지만 청소년기에 무척 잘 자라서 성년이 된 지금은 키도 크고 체력도 좋다고 비유할 수 있겠죠. 이제는 늙어가기 시작했기 때문에 국가 차원의 '저속 노화'를 고민해야 할 때입니다. 겉으로 보여주기보다는 지혜로운 두뇌를 가진 모델로 진화해야 합니다. 그게 '건강하고 부유하게 늙어가는 모델' 입니다.

이런 이상향을 달성하기 위한 키 포인트는 '눈에 보이지 않는 곳에서의 가치 창출'에 달려 있다고 생각합니다. 한국인들이 잘하는 건 '눈에 보이는 것'입니다. 산업화가 한창이던 시절에는 나사를 열심히 조였고, 재봉틀 앞에 오래 앉아 있었습니다. 산업화를 이뤄낸 이후에도 기술집약형 물건 생산에 집중해 번영을 구가했습니다. 휴대전화와 자동차가 대표적이죠. 반도체도 작긴 하지만 공장 생산물입니다. 여기까지는 우리가 잘해 왔습니다. 한국인은 뭘 하든 남의 눈에 그럴듯하게 보여야 한다는 강박에 시달립니다. 눈에 보이는 걸 제작하는 비즈니스는 훌륭하게 해왔습니다.

앞으로 더 품격 있는 나라, 더 많은 돈을 버는 나라, 세계 표준을 앞서서 만들어가는 나라가 되려면 '눈에 안 보이는 무형의 가치'에서 앞서가야 합니다. 그러나 토양이 너무 허약합니다. 지식 산업과 서비스 산업이 선진국이라고 하기엔 민망한 수준입니다. 국민들은 책을 너무 안 읽습니다. 그리고 남의 지식 자산을 돈 내고 이용하려 들지 않지요.

게다가 '이지 머니'로 아파트와 빌딩을 사는 데 열을 올립니다. 금융산업 역시 선진국 수준이라고 하기에는 민망하죠. 이 시대의 대세인 인공지능AI에서도 우리는 앞서가는 나라가 아닙니다. 눈에 보이지 않는 생성형 AI 사업 모델에서는 뒤처져 있습니다. 우리는 여전히 물건 찍어내는 '산업시대 공업국가 마인드'에 머물러 있습니다.

늙어가면서도 돈을 잘 버는 나라가 되려면 '보이지 않는 곳'에서 실력이 출중해야 합니다. 이제는 지식이 값어치를 인정받는 사회로 바꿔 나가야 합니다. 서비스업을 고차원적으로 키워야 합니다.

그런 점에서 통화량 팽창은 우리의 번영을 과시하게 해준 발판이지만 길게 볼 때 독이 될지도 모릅니다. 넘쳐나는 돈으로 우리는 껍데기를 치장하고 있습니다. 비싼 아파트와 고급차와 해외여행 같은 걸로 '티 내기'에 집착하죠. 겉은 더할 나위 없이 삐까번쩍해졌습니다. 하지만 묻고 싶습니다. 여기서 그만 멈출 건가요.

이제는 지금 수준의 번영을 계속 이어가기 위해서라도 고도의 지식 사회로 넘어가야 합니다. 성장이 빨랐던 시대의 달콤한 기억을 뒤로 넘기고 '무형의 가치'를 추구해야 합니다. 그게 '더 건강하고 더 돈 많은 대한민국'을 위한 창의적인 전환이라고 생각합니다. 그 시작은 책 읽기입니다.

2025년 9월
손진석

돈의 대폭발
경제 공식이 바뀐다

초판 1쇄 발행 2025년 10월 31일
초판 9쇄 발행 2025년 12월 1일

지은이 손진석

책임편집 윤소연
내지 디자인 박은진
표지 디자인 유어텍스트

마케팅 임주성
경영지원 이지원

펴낸곳 플랜비디자인 | **펴낸이** 최익성
출판등록 제2016-000001호
주소 경기도 화성시 동탄첨단산업1로 27 동탄IX타워 A동 3210호

전화 031-8050-0508 | **팩스** 02-2179-8994
이메일 planb.main@gmail.com | **인스타** @planb_designcompany

© 손진석, 2025
ISBN 979-11-6832-216-5 (03320)

- 이 책 내용의 일부 또는 전부를 재사용하려면 반드시 저작권자와 플랜비디자인 양측의 동의를 받아야 합니다.
- 책값은 뒤표지에 있습니다.

※ 이 책은 관훈클럽정신영기금의 도움을 받아 저술 출판되었습니다.